KB115596

현대적 교양을 위한 새로운 이해

논어論語

정민호 해석·주해·해설

明文堂

'論語'를 내면서

　나는 요즈음 여러 권의 '논어'를 내놓고 옛날의 기억을 더듬으면서 하나하나 읽다가 문득 논어가 현대사회에 어떤 영향을 미치는가 하는 귀결에 닿게 되었다. 나는 한 권의 논어가 모두 509장으로 되어 있다는 사실도 알게 되었다. 「구슬이 서 말이라도 꿰어야 구슬이다」하는 속담을 되새기며, 공자의 좋은 말이라도 생활에 쓸모가 없다면 소용이 없다는 사실도 알게 되었다.

　그래서 현대인과 논어, 현대인이 인용할 수 있는 논어의 구절, 우리가 글을 쓸 때도 그 구절을 인용하여 쓰지 않겠는가? 하는 마음에서 현대적 새로운 번역에 손을 대기 시작했다.

　한 권의 논어를 통독하고 난 다음의 내 소감은 진리란 역시 변하지 않구나 하는 마음이었다. 공자의 말이 오래도록 우리들의 가슴에 남아 생활하는 가운데 마음의 양식이 되어주길 기대하는 마음이 간절하다.

2024년 榴花節에

丁巳 鄭旼浩 識之

목차

● [부록]

현대적 교양을 위한 새로운 이해 **논어**論語

제1편

學而(학이)

│ 篇名說 │

학이學而는 편명篇名이며, 논어의 총 20편 중에 가장 중요한 편으로 인정되고 있다. 내용들은 거의 학문과 관계되는 것으로 사람은 배워야 훌륭하게 될 수 있음을 밝히고 있다.

(1)

子曰, 學而時習之면 不亦說乎아? 有朋이 自遠
자 왈   학 이 시 습 지   불 역 열 호   유 붕   자 원

方來하면 不亦樂乎아? 人不知而 不慍하면 不亦君
방 래   불 역 낙 호   인 부 지 이 불 온   불 역 군

子乎아?
자 호

{풀이}

　공자께서 말씀하시기를, 『배우고 때때로 복습과 예습을 하면 또한 기쁘지 아니한가? 벗이 있어 멀리서 나를 찾아오니 또한 즐겁지 아니한가? 남이 나를 알아주지 않더라도 노여워하지 않음이 또한 군자가 아니겠는가?』

[子]: 공자를 지칭함. [時習]: 그때그때 익히고 배운 것을 복습을 하다. [說]: 여기서는 悅과 같은 뜻이다. [不亦~乎]: 또한 ~하지 않는가. [人]: 여기서의 '人'은 '남'이란 뜻이다. [慍]: 성을 내다. 노여워하다. [君子]: 도덕적 인간형. 요즈음은 '지성인'이란 뜻과 비슷함.

{해설}

학문과 도덕을 스승으로부터 배워 나날이 익히고 공부하면서 자기 몸을 갈고 닦아 「修身齊家 治國平天下」할 수 있는 군자의 인간형을 만들어 가는데 기쁨을 느낀다는 말이다. 더구나 '남이 알아주지 않아도 노여워하지 않는다.' 「人不知而不慍」은 공자께서 실천궁행實踐躬行하는 근본적인 생활태도였다.

(2)

有子曰, 其爲人也孝弟요 而好犯上者는 鮮矣
유자왈 기위인야효제 이호범상자 선의

니 不好犯上이요, 而好作亂者는 未之有也니라. 君
불호범상 이호작란자 미지유야 군

子務本이요, 本立而道生하나니 孝弟也者는 其爲,
자무본 본립이도생 효제야자 기위

人之本與인저!
인지본여

{풀이}

　유자有子가 말하기를, 『효성과 우애가 있는 사람이 윗사람에게 도리에 어긋난 행동을 하는 사람은 드물 것이니, 윗사람에게 도의에 어긋난 행동을 하지 않는 사람이 법을 어기고 사회질서를 어지럽힌 사람은 아직 없었다. 군자는 기본이 되는 일에 힘써야 하며 모든 일에 근본이 서야만 도가 생겨나니, 효성과 우애는 바로 인仁을 실천하는 근본이 되는 것이로다!』

{주해}

[有子]: 공자의 제자. 성은 有요, 이름은 若이다. 공자의 13세 아래다. [孝弟]: 孝는 부모를 섬기는 일, 弟는 형제간의 우애를 말함. [好犯上]: 윗사람에 거역하고 아랫사람을 업신여김. [鮮]: 드물다. [作亂]: 난동을 일으키다. 사회질서를 어지럽히다. [務]: 힘쓰다. [本]: 근본, 혹은 기본.

{해설}

　효제孝弟를 인仁사상의 실천적 기본이라고 강조한다. 바로 인간의 애정을 강조하고 있다. 군자君子는 학식과 도덕을 갖춘 사람. 즉, 도덕적 인간형. 子는 고유명사 아래에 붙이는 존칭접미사. 여기서는 효성과 우애로서 윗사람을 섬기고 아랫사람을 사랑하라는 도덕적 규범을 강조하고 있다. 즉, 도덕성道德性의 실천을 강조하고 있음.

(3)

子曰, 巧言令色이 鮮矣仁이니라.
자 왈 교 언 영 색 　 선 의 인

{풀이}

공자께서 말씀하시기를, 『교묘한 말솜씨와 아첨하는 얼굴빛을 가진 사람에게는 어진 사람이 드물 것이니라.』

{주해}

[巧言]: 교묘한 말솜씨. [令色]: 남에게 아부하는 얼굴빛. [鮮]: 여기서는 드물다. 부족하다의 뜻으로 쓰였음.

{해설}

인인지안택야仁人之安宅也라고 했듯이, 인仁은 사람이 편히 살 수 있는 보금자리이다. 그래서 인은 인간의 사회성을 위해 절대적 존재라고 말할 수 있다. 그런데 말솜씨에만 능하고 남의 앞에서 아부하는 얼굴빛을 보인다거나 공순이 아닌, 지극히 저자세를 편다거나 손을 비비며 임하는 사람들에는 대체적으로

홀륭한 사람이 드물다는 것이다.

(4)

曾子曰,「吾日,三省吾身하나니 爲,人謀而不忠
증자왈　　오일 삼성오신　　　　위 인모이불충
乎아? 與,朋友交而不信乎아? 傳,不習乎아?」니라.
호　　여 붕우교이불신호　　전 불습호

{풀이}

　증자가 말하기를, 『나는 하루에 나를 세 번씩 반성하고 있다. 남을 위하여 일하는데 정성을 못다 하지나 않았는가? 벗들과 함께 사귀면서 신의를 다 못하지나 않았는가? 공부를 제대로 익히지 않고서 남에게 전하지나 않았는가?』이다.

{주해}

[曾子]: 공자의 수제자. 이름은 삼參, 자字는 자여子與. 공자보다 46세 연하임. [三省]: 하루에 세 번씩 자기를 반성함. [省]: 살피다(성). [人謀]: 남을 위해서 일을 도모하다. [謀]: 꾀(모), 도모할(모). [不忠]: 부실하다. 정성을 다하지 못함. [不習]: 제대로 익히지 못하다. 공부를 제대로 하지 못한 체. [傳]: 전하다. 가르치다.

증자는 한 인간으로서 인간의 성실성을 말하고 있다. 자신이 하루에 세 번씩을 반성하는데 남과의 대인관계에 있어서 성실성을 말하고 있다. 그는 이 성실성을 위하여 자신이 혹시 불충하지나 않았는가, 벗들과 교유交遊할 때 불신하지나 않았는가, 아니면 내가 공부한 것을 다른 사람에게 잘못 전하지나 않았는지 자기가 하루에 세 번씩 자신을 반성한다는 것이다.

(5)

子曰, 道 千乘之國하되 敬事而信하며 節用而愛
자왈 도 천 승 지 국   경 사 이 신   절 용 이 애
人하며 使民以時니라.
인   사 민 이 시

{풀이}

공자께서 말씀하시기를, 『천승千乘의 나라를 다스리는데 있어서 정사를 신중히 하여 백성들의 신의를 얻어야 하며, 비용을 절약하여 백성들의 수고를 덜며, 시기를 잘 맞추어 백성을 부려야 한다.』

[道]: 다스리다. 예교禮教로서 선도하다. [千乘之國]: 제후의 나라. 즉, 전차戰車 천 대를 가질 수 있는 나라. 천자天子의 나라는 만승萬乘이고, 대부大夫의 나라는 백승百乘이다. [敬事]: 정사를 경건하고 신중하게 처리한다. 경敬은 경警, 경신敬愼의 뜻이다. [節用]: 쓰임을 절약하다. 비용을 절도 있게 쓰다.

{해설}

　공자가 나라를 다스리는 데 있어서 도덕적인 행동을 강조하고 있는 대목이다. 나라를 다스리는데도 도덕적 행위를 강조하는데, 주제는 '敬事而信'과 '節用而愛人'과 '使民以時'의 이 3가지 항목을 제시하고 있다. 정치를 신중하게 처리하는 것과 국가 경제를 절약하고, 백성에게 부역을 시키되 때를 보아 농번기 같은 시기를 피해서 하라는 것이다. 여기서 공자의 애민愛民사상과 치국治國 정치이념이 잘 나타나 있다.

(6)

子曰, 弟子, 入則孝하고 出則弟하며 謹而信하며
자 왈　제자　입 즉 효　　　출 즉 제　　　근 이 신

汎愛衆하되 而親仁이니 行有餘力이어든 則以學
범 애 중　　　이 친 인　　　행 유 여 력　　　즉 이 학

文이니라.
문

{풀이}

　공자께서 말씀하시기를, 『청소년들은 집에 들어가면 부모에게 효도하고, 밖에 나가면 어른께 공손하며 모든 일에 삼가고, 남에게 믿음을 주며 모든 이를 널리 사랑하되 특히 어진 사람을 가까이하고, 그러고도 남음이 있거든 곧 글을 배워라.』

{주해}

[弟子]: 남자후생자男子後生者, 즉 청소년靑少年. [入則孝]: 가정에 들어오면 부모께 효도하다. 효도는 사람의 근본이기 때문. [出則弟]: 집 밖으로 사회에 나가면 남에게 공손하다. [謹而信]: 행동을 신중히 하여 변함이 없음. [汎]: 넓게. [衆]: 여러 사람, 즉 대중. [餘力]: 남은 힘, 즉 남은 시간이나 여유. [學文]: 글을 배우다. 여기서 '文'은 선왕의 유문遺文(春秋, 六經)을 말함.

{해설}

　여기서는 공자의 교육사상과 교육이념이 잘 나타나 있다. 가정과 사회에서 청소년들의 행동강령을 말하고, 효도가 덕행의 바탕과 실천적 행위의 으뜸임을 강조하고 있다. 그 첫째의 강령이 '효孝'이고, 두 번째 '애중愛衆', 즉 사회 대중을 아끼고 사랑하

라는 교육이념으로 이런 바탕 위에 섰을 때 비로소 공부를 해야
올바른 사람으로 성장할 수 있고, 이런 바탕에서 글을 배워야 수
신제가修身齊家 할 수 있음을 강조하고 있다.

(7)

子夏曰, 賢賢易色하며 事父母하되 能竭其力하
자하왈 현현역색　　사부모　　능갈기력

며 事君하되 能致其身하며 與朋友交하되 言而有
　사군　　능치기신　　여붕우교　　언이유

信이면 雖曰未學이라도 吾必謂之學矣라 하리라.
신　　수왈미학　　오필위지학의

{풀이}

　자하子夏가 말하기를, 「어진 사람을 어질게 생각하여 섬기되 호색
하듯 그렇게 좋아하며, 부모를 섬기되 힘을 다할 것이며, 임금을 섬기
되 몸을 바쳐 충성을 다할 것이며, 벗과 사귀되 언행에 믿음이 있으면
그가 비록 글을 배우지 않았다 하더라도 나는 반드시 그를 학문이 있
는 사람이라고 말하리라.」

{주해}

[子夏]: 공자의 제자. 성은 복卜, 이름은 상商, 자字가 자하子夏이다.

[賢賢]: 어진 사람을 어진 사람으로 알아주다. 앞의 賢은 동사, 뒤의 賢은 명사. [易色]: 호색하는 마음을 현현賢賢과 바꾸다. [竭]: ~를 다하다. [致其身]: 공직에 자기 몸을 던져 봉사하다. 충절을 다하되 자기 몸을 돌보지 않는다.

{해설}

　자하는 공자의 제자로서, 이 글을 통해 유교의 형이상학적 관념을 피력하고 있다. 여러 일반 사람들이 색을 좋아하듯이 어진 사람을 그렇게 사랑하고, 부모와 임금 섬기기를 힘과 몸을 바치라고 했으며, 벗을 사귀기를 신의로서 하게 되면, 비록 글을 배우지 않았더라도 나는 그를 학문이 있는 사람으로 간주하겠다는 그의 사상이 잘 나타나 있다. 사실상 공부를 하여도 사상이 올바르지 못하면 사회에 쓰이지 못함은 물론, 오히려 암적 존재가 되는 사람이 있으니 오늘날의 사회에서도 반성할만한 내용이다.

(8)

子曰, 君子, 不重則不威니 學則不固니라. 主忠
자왈 군자 부중즉불위　　학즉불고　　　주충

信하며 無友, 不如己者요 過則, 勿憚改니라.
신　　무우 불여기자요 과즉 물탄개

공자께서 말씀하시기를, 『군자는 언행이 무겁지 않으면 위엄이 없으니 학문도 견고하지 못하다. 충과 신의를 주로 하되 나만 못한 사람을 사귀지 말며, 자신에게 허물이 있거든 고치기를 꺼려 하지 말라.』

{주해}

[重]: 행동이 신중함. [威]: 위엄을 말함. [固]: 견고함. 단단함. [無友不如己者]: 자기보다 못한 자를 친구로 삼지 말라. [過]: 자기에게 있는 허물. [勿憚改]: 자기에게 있는 허물을 고치는 것을 꺼려 하지 말라.

{해설}

군자는 어디까지나 언행이 신중해야 한다. 언행이 신중하지 못하면 그의 학문도 굳건하지 못하다. 성실과 신의를 중요하게 여기며 자기에게 허물이 있다면 바로 고치라고 했다. 다시 말해서, 학문을 통해서 자신을 반성하라는 말이다.

(9)

曾子曰, 愼終追遠이면 民德이 歸厚矣리라.
증 자 왈 신 종 추 원   민 덕   귀 후 의

{풀이}

증자가 말하기를, 「부모의 상喪을 정성껏 모시고 조상을 추모追慕하면 백성의 덕이 한결 두터워지게 되리라.」

{주해}

[愼終]: 부모의 상을 정성껏 치르다. [追遠]: 조상의 제사를 충심으로 모시고 추모하다. 추원감시追遠感時. [民德]: 백성의 올바른 덕행. [厚]: 돈후敦厚. 두터워지다.

{해설}

부모의 상을 정성껏 모신다는 것은 부모에 대한 효도의 일환이며, 조상을 추원追遠하는 것도 조상에 대한 예의의 일종이다. 조상과 제사는 유교문화의 절대적인 도덕으로 여기고 피할 수 없는 조상에 대한 효도로 여기어왔다. 그러므로 '民德'이 후하게 되는 것도 이러한 사회 풍조에서 올바른 도덕적 판단에서 이루어지고 정리되는 것으로 이해하고 있는 것이다.

(10)

子禽이 問於 子貢曰, 夫子至於 是邦也하여 必
자 금   문 어 자 공 왈   부 자 지 어 시 방 야   필

聞其政하시니 求之與아? 抑與之與아? 子貢曰, 夫
문 기 정   구 지 여   억 여 지 여   자 공 왈 부
子는 溫良恭儉,讓以得之시니 夫子之求之也는 其
자   온 량 공 검 양 이 득 지   부 자 지 구 지 야   기
諸異乎人之求之與인저!
제 이 호 인 지 구 지 여

{풀이}

자금子禽이 공자에게 물어 말하기를,『선생님께서 어느 나라에 가
시든지 그 나라를 통치하는 사람에게 반드시 정치에 관한 것을 들으
시는데, 그것은「선생님께서 직접 청하신 겁니까? 아니면 그 나라를
다스리는 사람에게 요청을 받았기 때문입니까?」자공이 대답하기를,
「선생님께서는 온화하시고 선량하고, 공손하고 겸양하시기 때문에 스
스로를 청하신 것입니다. 그러나 선생님께서 듣기를 요구하시는 것은
다른 사람이 청하는 것과는 다릅니다!」했다.』

{주해}

[子禽]: 공자의 제자. 성은 진陳, 이름은 강亢, 진인陳人이다. [子貢]: 공
자의 제자. 성은 단목端木이요, 이름은 사賜이다. 말솜씨가 뛰어났다
고 함. [夫子]: 대부를 지나는 사람을 부르는 호칭이었으나 선생님이
란 말과 같다. 여기서는 공자를 가리킨다. [是邦]: 여기서는 공자가 가
는 모든 나라라는 뜻임. [溫]: 온후하다. [其諸]: 어조사로 쓰임. '아마',
'혹은'으로 풀이하기도 한다.

여기서는 공자의 제자 두 사람의 대화이다. 즉 자금子禽과 자공 子貢이 서로 묻고 대답하는 형식으로 되어 있다. 내용인즉, 공자 께서 철환천하하실 때, 임금이 공자에게 묻는 것인가? 아니면 공 자께서 스스로 그 나라의 임금에게 물은 것인가 하는 내용이다.

(11)

子曰, 父在에 觀其志요 父沒에 觀其行이나 三年
자 왈 부 재 　관 기 지 　부 몰 　관 기 행 　　삼 년
을 無改於父之道라야 可謂孝矣니라.
　무 개 어 부 지 도 　　가 위 효 의

{풀이}

공자께서 말씀하시기를, 『부친이 살아계실 때에는 그 뜻을 살피고, 돌아가시면 생존 시에 행적을 살필 것이나, 삼 년 동안 아버지의 도를 고치지 않아야 비로소 효자라 할 수 있을 것이니라.』고 하셨다.

{주해}

[父在]: 아버지가 생존할 때. [觀]: 관찰. 살피다. [志]: 뜻. 의중. [沒]: 죽다. 죽은 다음에. [行]: 살아 있을 때의 행적. [三年]: 부모의 삼년상.

효도는 백행百行의 근본이기 때문에 부모의 뜻을 거역하지 말고, 돌아가신 후 삼 년 안에 유업을 바꾸지 말라는 뜻으로 풀이된다. 이것이 효자의 관찰법이라고 주자朱子는 말했다.

(12)

有子曰, 禮之用이 和爲貴하니 先王之道, 斯爲美
유자왈　예지용　　화위귀　　　선왕지도 사위미

는 小大由之가 有所不行이니라. 知和而和하고 不
　소대유지　유소불행　　지화이화　　불

以禮節之면 亦,不可行也니라.
이예절지　　역 불가행야

{풀이}

유자有子가 말하기를, 「예를 지킴에 있어서 조화를 이루는 것이 가장 존귀하니, 선왕의 도가 아름답다고 하는 것은 크고 작은 것이 다 조화에 기초를 두었기 때문이니라. 그러나 조화만 알고 조화에 치우치게 되고 예의로써 조절하지 않으면, 또한 순조롭게 이루어지지 않는다.」고 했다.

[禮]: 예절. 생활을 절도 있게 하는 의칙儀則. '천리지절문天理之節文'이라고 했다. [和]: 조화. [小大由之]: 작은 일이나 큰일 모두가 화和에 의거해야 한다는 말. [不以禮節之]: 예로서 조절하지 않으면 안 된다는 말. [亦不可行也]: 역시 예로서 조절해야 한다.

{해설}

　예절을 지킨다는 것은 조화를 잘 지켜야 한다는 것이다. 예는 인간의 욕망을 조절하고 사양한다는 정신에서 나온다. 그래서 사양하는 마음은 바로 예의 끝이라고까지 했다. 그러니 예절과 조화의 관계를 설명하고 있는 것이다. 결국 예의 근본정신은 적절한 조화에서만 이루어진다고 했다. 즉, 예禮와 화和의 상관관계를 말하고 있다.

(13)

有子曰, 信近於義면 言可復也며 恭近於禮면
유 자 왈　신 근 어 의　　언 가 복 야　　공 근 어 예

遠恥辱也며 因不失其親이면 亦可宗也니라.
원 치 욕 야　　인 불 실 기 친　　　역 가 종 야

{풀이}

　유자有子가 말하기를, 『언약한 것이 정의에서 벗어나지 않아야 말대로 실천할 수 있으며, 공손함도 예절에서 벗어나지 않아야 치욕을 멀리할 수 있는 것이며, 의지하는 사람이라도 친근함이 있으면 역시 그를 존경하고 모실 수 있다.』고 했다.

{주해}

[義]: 정의. 올바른 의미. [近]: 매우 가깝다. [復]: 실천하다. 천踐, 복覆과 같음. [因]: 의지할 사람(朱子의 학설임). [宗]: 으뜸, 존경. 존경하다.

{해설}

　신信은 약속한 것을 실천한다는 뜻이다. 그 신信은 실천할 수 있는 것이라야 실천할 수 있다는 것이다. 그래서 정의에서 벗어나지 않아야 실천할 수 있다고 했다. 공손함은 또 친근함을 잃지 않아야 하며, 그래야 존경을 할 만하고 또 존경을 받을 수 있다. 친구 간의 가벼운 부탁이라도 저버리지 않는 정도의 친분이라면 좋다는 뜻이다.

(14)

子曰, 君子는 食無求飽하고 居無求安하며 敏於
자왈 군자   식무구포   거무구안   민어

事而愼於言이요 就有道而正焉이면 可謂,好學也
사이신어언   취유도이정언   가위호학야

已니라.
이

{풀이}

　공자께서 말씀하시기를, 『군자로서 배불리 먹기를 구하지 않으며,
편안하게 거처하기를 구하지 않으며, 모든 일에 민첩하고 말을 삼가
며, 도道 있는 자에게 나아가 자신을 바로잡는다면 가히 배우기를 좋
아하는 사람이라 할 수 있느니라.』

{주해}

[飽]: 배부르도록 먹다. [敏於事]: 일을 민첩하게 처리함. '於'는 목적어
앞에 온다. [就有道]: 도道 있는 곳에 좇아 나아가다. [好學]: 배우기를
좋아하다.

{해설}

　군자는 자기 한 몸만 배부르게 하는 안일한 생활을 해서는 안
되며, 좋은 일은 곧 실천하되 말을 앞세우지 말고, 자기 한 몸의

편안함만 내세우지 말아야 하며, 모든 사람의 평화와 안락과 행복을 위해 일해야 한다. 현자야말로 자신의 잘못을 바로잡으려고 노력하는 사람이라면, 비록 배우지 않아도 학문을 좋아하는 군자라 할 수 있다는 뜻이다. 공자야말로 철저한 실천주의자였다. '敏於事, 而愼於言'은 즉, 말보다 민첩한 행동이 중요하다고 강조하고 있다.

(15)

子貢曰, 貧而無諂하며 富而無驕하면 何如이니
자공왈 빈이무첨   부이무교   하여

까? 子曰, 可也니라 未若貧而樂하며 富而好禮者
자왈 가야   미약빈이락   부이호례자

也니라. 子貢曰, 詩에 云, 如切如磋하며 如琢如磨라
야   자공왈 시 운 여절여차   여탁여마

하니 其斯之謂與인져! 子曰, 賜也는 始可與言詩
기 사지위여   자왈 사야   시가여언시

已矣로다 告諸往而知來者로다.
이 의   고저왕이 지래자

{풀이}

　자공子貢이 말하기를, 『가난해도 아첨하지 않고, 부유하지만 교만하지 않으면 어떠합니까?』 공자께서 말씀하시기를, 『참 좋은 말이다. 가난하여도 도를 즐거워하는 사람이 부유해도 예를 좋아하는 사람만

같지 못하느니라.』 자공이 다시 말하기를, 시경에 이르기를, 「끊는 것
과 같고 가는 것 같이하며, 쪼는 것 같고 닦는 듯이 한다고 하였는데,
그것이 바로 이와 같은 것을 두고 한 말입니까?」 공자가 말씀하시기
를, 『사야, 너야말로 함께 시를 논할 만하구나, 정말 너는 옛것을 모
두 일러주었더니 앞을 아는 사람이로다.』 하셨다.

{주해}

[諂]: 아첨하다. 남에게 굽실거리다. [驕]: 교만하다. 방자하다. [何
如]: 어떠합니까? [未若]: ~하지 못하다. [詩]: 시경을 말함. [切]: 베다.
[磋]: 갈다. [琢]: 다듬다. [磨]: 갈고 문지르다. 절차탁마切磋琢磨를 이
름. [賜]: 자공의 이름. [諸往]: 지난 일들.

{해설}

　자공과 공자의 대화로 이루어지고 있다. 자공이 먼저 가난하
면서 아첨하지 않는 것과 부자이면서 교만하지 않는 것을 비교
하여 공자께 물었다. 공자는 이 말을 받아 가난해도 아첨하지
않는 것보다 부자이면서 예를 아는 부자가 더 위라는 말에 자공
은 다시 시경의 이야기를 까내서 공자에게 넌지시 말한다. 공자
는 자공의 말을 받아서 사양과 함께 시 이야기를 하게 되어 반가
우며, 비로소 너와 시 이야기를 논할만 하구나 하고 넌지시 추켜
올린다. 정말 너는 앞을 아는 사람이라고 덧붙인다.

(16)

子曰, 不患, 人之不己知요 患, 不知人也니라.
자 왈 불 환 인 지 불 기 지 환 부 지 인 야

{풀이}

공자께서 말씀하시기를,『남들이 나를 몰라준다고 걱정할게 아니라, 내가 남을 모르는 것을 걱정하라.』

{주해}

[患]: 걱정하다. [不己知]: ~不知己의 뒤바뀐 형태이다. 자기가 알지 못함을…. [患]: 걱정하다.

{해설}

첫 장에 '人不知而不慍, 不亦君子乎'와 관계가 있다. 학문은 자기 수양이기 때문에 누가 나를 알아주든 안 알아주든 아무런 상관이 없다. 남이 나를 알아주지 않는다고 서운해 할 것은 없으나, 내가 남을 잘 알아보지 못하면 자신을 올바로 평가할 수 없고 발전할 수 없다는 뜻이다.

제2편

爲政(위정)

| 篇名說 |

위정자爲政者는 성현군자聖賢君子라야 될 것이며 효孝, 경敬, 신信, 용勇을
위정의 덕이라 말하고 있다. 공자에게 있어서는 정치는 예禮인 동시에
예술藝術이며, 인간에 의한 인덕仁德의 구현이다.

(1)

子曰, 爲政以德이 譬如北辰이 居其所이어든 而,
자왈 위정이덕 비여북신 거기소 이

衆星이 共之니라.
중성 공지

{풀이}

공자께서 말씀하시기를,『덕으로써 다스림은 마치 북극성이 제자리
에 있으되 여러 별들이 함께 그쪽을 좇음과 같으니라.』

{주해}

[政]: 올바르게 고치고 다스리는 것이 政의 원래의 뜻이다. [德]: 올바
른 도에 입각하여 실천하는 좋은 행위, 업적. [譬如]: 비유해서 마치~

와 같다. [北辰]: 북극성北極星. 이 북극성은 절대적 존재이며 하늘의
한 축으로 보고 있다. [居其所]: 제자리에 있음. 자기의 본 위치. [共]:
拱과 같다. 손끝을 마주잡고 절한다.(정현鄭玄의 설) 주자朱子는 '향한
다'로 풀이했음.

{해설}

　인도정치는 백성들로 하여금 심복心服하고 스스로 따르게 해
야 한다. 이것을 밤하늘의 북극성을 중심으로 한 여러 별들의
관계에 비유하고 있다.
　정치의 이상형은 정치의 모든 것을 덕德으로 다스려야 한다.
그래서 정치는 탄압이나 강요로 되는 것이 아니다. 만약 그러면
그것은 학정虐政에 지나지 않는다. 덕치德治로서 인정仁政을 펴
나가야 한다는 것이다. 이것이 공자의 이념으로 통하는 정치적
인 사상인 것이요, 왕도정치의 이상인 것이다.

(2)

　子曰, 詩三百을 一言以蔽之하니 曰, 思無邪니
　자 왈　시 삼 백　　일 언 이 폐 지　　　왈　사 무 사
라.

공자께서 말씀하시기를,『시경 3백 편의 내용을 한 마디로 말해서 사악한 생각은 하나도 없느니라.』했다.

{주해}

[詩三百]: 시경에 있는 311편이 있었으나 그중에 6편은 제목만 남아 있다. 그래서 현재 남은 것은 305편이다. [蔽]: 덮는다. 한 마디로 말해서. [思無邪]: 시詩의 내용이나 정신이 사악邪惡함이 전혀 없다.

{해설}

시경에 있는 305편의 시는 세계에서 가장 오래된 시이다. 옛날로부터 전해 내려오는 민요적인 시를 공자 시대에 와서 공자께서 정리하였으니, 이것이 시경詩經이다. 고대의 시가는 대개 자연 발생적으로 흘러나오는 순수한 감정이기 때문에 사악함이 전혀 없다는 뜻이다.

(3)

子曰, 道之以政하고 齊之以刑하고 民免而無恥
자왈 도지이정 제지이형 민면이무치
니라 道之以德하고 齊之以禮면 有恥且格이니라.
도지이덕 제지이례 유치차격

{풀이}

공자께서 말씀하시기를, 『법으로 정치를 이끌고 형벌로 다지면 백성들이 빠져나가되 염치를 안 느낀다. 그러나 덕으로 이끌고 예禮로서 질서를 다지면 염치를 느끼고 또한 착하게 된다.』고 했다.

{주해}

[道]: 즉 도導, 백성을 인도한다. [政]: 정치. 정령政令. [齊]: 평등하게 다룬다. [恥]: 염치, 수치. [禮]: 예의. 진眞과 선善을 달성하는 것.

{해설}

공자의 왕도정치에 대한 사상을 피력하고 있다. 도덕적 정치요 형벌로서 다스리는 정치는 아닌 것이며, 백성 스스로가 염치나 도덕성을 느끼고 왕도에 순종하는 것이 공자의 왕도의 기본정신이다. 그래서 '有恥且格'이라고 했다. 즉 예로서 다스리는 자각적 정치형태를 공자는 말하고 있다.

(4)

子曰, 吾十有五而志于學하고 三十而立하고
자 왈 오 십 유 오 이 지 우 학   삼 십 이 입

四十而不惑하고 五十而知天命하고 六十而耳順
사 십 이 불 혹   오 십 이 지 천 명   육 십 이 이 순

하고 **七十而從心所欲**하되 **不踰矩**니라.
　칠 십 이 종 심 소 욕　　　 불 유 구

{풀이}

　공자께서 말씀하시기를, 『나는 15세에 학문에 뜻을 두었고, 30세에 자립을 하였고, 40세에 남의 말에 유혹되어 흔들림이 없었고, 50세에 천명을 알게 되었고, 60세에 남의 말을 순순히 듣게 되었고, 70세에 마음 내키는 대로 좇아도 법도에 넘지 않게 되었느니라.』 했다.

{주해}

[吾,十有五]: 내 나이 15세. [于]: 어於, 호乎와 같이 조사로 쓰임. [立]: 자립. 학문을 터득하여 사회인으로서 자립하다. [不惑]: 신념이 확고하여 현실적으로 미혹迷惑됨이 없음. [知天命]: 인간의 모든 운명을 하늘이 명하는 바라는 것을 알았다. [耳順]: 남의 말이나 의견, 주의 주장을 잘 받아들인다는 뜻. [從心所欲]: 마음에 하고자 하는 바. [不踰矩]: 법도를 넘어서지 않는다.

{해설}

　공자가 자술하는 자기의 이력서를 보는 것 같은 글이다. 그래서 공자의 전반적인 과정을 피력하고 있다. 이 과정 속에서 진정한 공자의 사상을 알 수 있으며, 오늘날까지 그 연대적 기록이

그대로 우리의 삶의 과정이 되기도 했다. 공자의 이 단계적 인
생의 과정 속에는 공자가 자신의 노력에 의해 인간과 학문을 완
성하고 인간으로서 독립된 인격을 설명하고 있는 것이다. 그가
말하는 '아비생이지지我非生而知之'란 말속에서 그가 한 인격이
되기까지 일생을 두고 노력했다는 사실을 알 수 있게 된다.

(5)

孟懿子,問孝한데 子曰, 無違니라 樊遲,御러니 子,
맹 의 자 문 효   자 왈 무 위   번 지 어   자

告之曰, 孟孫이 問孝於,我어늘 我,對曰, 無違호라.
고 지 왈 맹 손   문 효 어 아   아 대 왈 무 위

樊遲曰, 何謂也니까? 子曰, 生,事之以禮하며 死,葬
번 지 왈 하 위 야   자 왈 생 사 지 이 례   사 장

之以禮하며 祭之以禮니라.
지 이 례   제 지 이 례

{풀이}

  맹의자孟懿子가 효에 관하여 물으니 공자께서 말씀하시기를, 『어긋
남이 없어야 하느니라.』번지樊遲가 수레로 모시자, 공자께서 말씀하
시기를, 『맹손이 나에게 효에 관하여 묻기에 '어김이 없어야 한다.'고
말해주었다.』그러자 번지가 묻기를, 『어떤 뜻으로 그렇게 말씀하셨습
니까?』하니 공자께서 말씀하시기를, 『살아계실 때에는 예로써 섬기

며, 죽은 뒤에는 예로써 장사 지내며, 제사에는 또 예로써 제사 지내
는 것이다.』했다.

{주해}

[孟懿子]: 노나라 사람. 이름은 하기何忌, 의懿는 시호, 자子는 존칭이
다. [無違]: 예도에서 벗어나지 않음. [樊遲]: 번樊은 성이요, 이름은 수
須. 공자의 제자. [御]: 마차를 몰다. [孟孫]: 맹의자.

{해설}

　그가 효도에 대하여 묻자, 공자는 '어기지 말아야 한다'고 대
답했다. 그것은 아버지가 살아계실 때는 아버지를 섬기고, 돌아
가신 뒤에는 장례와 제사 등의 질서를 어긋남이 없어야 함을 강
조하고 있다. 그것이 바로 효도라고 공자께서 말씀하셨다.
　그래서 중정中正의 도리를 다하여 분수에 어긋남이 없는 것이
바로 효도라고 했다.

(6)

孟武伯이 **問孝**한대 **子曰, 父母**는 **唯其疾之憂**시
니라.
맹무백　　문효　　자왈　부모　　유기질지우

　맹무백孟武伯이 효에 대하여 물으니 공자께서 말씀하시기를, 『부모는 오로지 자식의 질병을 걱정하시니라.』

{주해}

[孟武伯]: 맹의자孟懿子의 아들. 이름은 설泄. 백伯은 장자라는 뜻. [疾之憂]: 건강을 걱정하다. 부모는 오직 자식이 병들까봐 걱정하다. (朱子의 견해)

{해설}

　부모는 항상 자식의 건강을 걱정하게 된다. 아들이 어떤 병에 걸리지 않나 하는 걱정과 함께 자식의 건강을 부모는 항상 기원함으로, 자식은 자기의 건강을 챙기는 것이 바로 부모님께 효도하는 일이 되는 것이다.

　증자가 효경에서 '신체발부身體髮膚, 수지부모受之父母. 불감훼상不敢毁傷, 효지시야孝之始也'라는 말이 바로 이 구절과 연결된다. 그것은 자식이 부모에 효도하는 일은 바로 자식이 건강해야 한다는 것에 있기 때문이다.

(7)

子游,問孝한대 子曰, 今之孝者는 是謂能養이니
<small>자 유 문 효　　　자 왈　금 지 효 자　　　시 위 능 양</small>

至於犬馬하여도 皆能有養이니라 不敬이면 何以別
<small>지 어 견 마　　　　개 능 유 양　　　　　불 경　　　하 이 별</small>

乎아?
<small>호</small>

{풀이}

　자유子游가 효에 대하서 묻자, 공자께서 대답하시기를,『지금의 효
라는 것은 부모를 잘 봉양하는 것이라고만 생각하고 있는데, 그러나
개와 말들도 다 먹여 기르고 있으니, 공경하지 않으면 무엇으로 구별
할 수 있겠는가?』

{주해}

[子游]: 공자의 제자. 성은 언言, 이름은 언偃, 오吳나라 사람으로 공자
보다 45세 아래이다. [能有養]: 사람만이 부모를 봉양할 뿐 아니라 견
마犬馬도 먹여 키운다는 뜻. (朱子의 견해)

{해설}

　효도는 단순히 자식이 부모를 봉양하는 것으로 그치는 것이
아니라, 자식은 부모를 공경해야 한다는 것이다. 단순히 봉양하

는 것만으로 효도라 한다면, 개와 짐승들도 자기를 낳아준 어미에게 먹여 키울 수 있다는 것이다.

즉 효도는 물질보다 정성스런 마음으로 부모를 받들어야 한다는 뜻이다.

(8)

子夏問孝한대 子曰, 色難이니 有事어든 弟子服
자 하 문 효　　자 왈　색 난　　유 사　　제 자 복

其勞하고 有酒食이어든 先生饌이 曾是以爲孝乎
기 로　　　유 주 식　　　선 생 찬　　증 시 이 위 효 호

아?

{풀이}

자하子夏가 효에 대해서 물으니 공자께서 말씀하시기를, 『부모의 표정을 보고 행하기는 참으로 어렵다. 무슨 일이 있으면 그 수고를 대신하고, 좋은 술과 맛있는 음식이 생기면 먼저 드시게 하는 것만으로 어찌 효도를 다했다고 하겠는가?』

{주해}

[色難]: 즐거운 얼굴빛으로 어버이를 섬기기는 어렵다. [弟子]: 자제,

혹은 연소자. [服其勞]: 대신 그 수고를 맡음. [食]: 밥. 밥을 뜻할 때는 '사'로 읽음. [先生]: 여기서는 연장자를 말함. [饌]: 음식을 드림. [曾]: 곧, 이에. [是以]: 이것만으로, 이것으로는.

{해설}

부모를 섬길 때는 물질보다는 정성스런 마음이 있어야 한다고 강조하고 있다. 표정이나 동작에 사랑하고 존경하는 마음씨가 나타나야 한다는 것이다. 공자는 제자들에게 '그것은 꼭 그렇다'고는 가르치지 않았다. 즉, 부드러운 안색과 존경심으로 부모를 섬길 뿐 아니라 원만한 인간관계를 가지고 사회활동과 동시에 부모를 섬겨야 한다고 말하고 있다.

(9)

子曰, 吾與回로 言 終日하나 不違如愚러니 退而,
자 왈 오 여 회 언 종 일 부 위 여 우 퇴 이

省其私한데 亦足以發하나니 回也不愚로다.
성 기 사 역 족 이 발 회 야 부 우

{풀이}

공자께서 말씀하시기를, 『내가 회回와 더불어 온종일 이야기했어도 그가 나의 말을 한마디도 되묻지 않아 마치 어리석은 사람 같더니,

그가 물러간 후에 그의 사생활을 살펴보니 내 말대로 실천하고 있더라. 회回는 정녕 어리석은 사람이 아니었다.』

{주해}

[回]: 공자의 수제자. 성은 안顏, 자는 자연子淵, 노나라 사람. 공자보다 30세 아래. 논어에 안회顏回의 덕행을 말한 곳이 여러 번 나온다. [不違]: '무소괴문어공자지언無所怪問於孔子之言'은 공자의 말을 듣기만 할 뿐 의아하게 생각하는 일이나 물어보는 일이 없었다. [退]: 물러나다. 공자와 면담하다가 물러나다. [省其私]: 안회의 사생활을 살펴보면. [發]: 공자의 말에 대한 도리를 언행으로 표현하다.

{해설}

안회顏回는 공자의 수제자이다. 공자의 많은 제자 중에 가장 칭찬을 많이 한 사람이다. 그는 호학好學하고 덕행德行이 높았다. 공자의 가르침에 한마디도 반문한 적이 없어 공자는 그가 바보처럼 보였는데, 나중에 보니 공자의 말을 빠짐없이 실천하고 있는 사람이었다. 그래서 공자는 그를 '안회는 어리석은 사람이 아니다' 하고 그를 인정해주었다. 안회는 스승의 말을 듣고 진리를 이미 터득하여 실천하고 있었다는 뜻이다.

(10)

子曰, 視其所以하며 觀其所由하며 察其所安이
자 왈　시 기 소 이　　　　관 기 소 유　　　　찰 기 소 안

면 人焉廋哉리오! 人焉廋哉리오!
　인 언 수 재　　　　인 언 수 재

{풀이}

　공자께서 말씀하시기를,『사람의 그 행동하는 바를 보고 동기를 살
피고 만족하는 것을 관찰하면, 그의 사람됨을 어찌 자기라는 인간을
감추어 숨길 수 있겠는가! 숨길 수 있겠는가!』

{주해}

[視]: 직시. [所以]: 행하는 바. 행동. 행위. [觀]: 視보다 상세히 본다는
뜻. [所由]: 지내온 바. 내력. [察]: 깊이 살펴본다. [所安]: 속으로 만족
하고 기쁘게 여김. [人焉廋哉]: 어찌 숨길 수 있으랴. 人焉廋哉를 반복
해서 사용했다. [廋]: 숨기다. 감추다.

{해설}

　사람은 자기의 본성을 감추고 남에게 위선, 가장을 하고 나타
나기 일쑤이다. 때로는 남의 눈을 속여 악한 행위를 저지를 때
도 있다. 그러나 어떤 동기에 있어서는 그 본성이 나타나기 마

련이다. 언젠가는 인간의 됨됨이 마음과 행동을 감출 수가 없으며 때를 보아 본성이 드러나게 된다. 그러므로 인간은 마음과 행동을 항상 바르게 해야 한다는 것이다.

(11)

子曰, 溫故而知新이면 可以爲師矣니라.
자 왈 온 고 이 지 신 　 가 이 위 사 의

{풀이}

공자께서 말씀하시기를, 『옛것을 익혀서 새로운 것을 알면 능히 남의 스승이 될 수 있느니라.』

{주해}

[溫故]: 溫은 익힘, 故는 古. 식었던 것을 다시 데운다는 뜻으로, 옛것을 익힌다는 의미. 즉, 옛날의 학문을 찾아 연구하고 익히다. [知新]: 새로운 뜻이나 원리를 알아서 새로운 것에 적용하다.

{해설}

이 구절은 많이 알려진 글귀다. 학문을 연구하고 그것을 새로운 것으로 창조하는 원리가 들어있는 말이다. 그래서 '溫故知

新'은 많은 뜻이 함축되어 들어있다. 인류의 문화가 창조되고 발전되고 하는 것이 이 원리에 의하여 전파된다고 생각한다. 어느 누가 문화를 창조하면 그것을 다시 되새기어 좀 더 좋은 것이 되도록 발전시키는 것이 바로 이 '온고지신'의 정신이다. 이러한 정신을 가진 사람이면 남의 스승이 될 수 있다고 공자는 말하고 있는 것이다.

(12)

子曰, 君子는 不器니라.
자 왈 군 자 　 부 기

{풀이}

　공자께서 말씀하시기를,『군자는 한 가지 구실밖에 못하는 그릇 같은 존재가 아니다.』

{주해}

[不器]: 한 가지 기능만 가진 그릇 같은 존재가 아니다.

{해설}

　'君子不器'는 군자는 그릇 같은 존재가 아니라는 말이다. 즉,

한 가지 일만 할 줄 아는 전문가나 기술자는 아무리 일에 능통해도 결코 군자가 될 수 없다는 말이다.

(13)

子貢이 問,君子한데 子曰, 先行其言이요 而後從
자 공 문 군 자 자 왈 선 행 기 언 이 후 종
之니라.
지

{풀이}

자공子貢이 군자에 대하여 물으니 공자께서 말씀하시기를, 『자기가 말하고자 하는 바를 먼저 실행하고 나서 그 다음에 말을 해야 하느니라.』

{주해}

[子貢]: 공자의 제자. 성은 단목端木, 이름은 사賜, 위인衛人으로 공자보다 31세 아래임. 말솜씨가 뛰어남. 노魯, 위衛에 외교활동을 성공적으로 한 인물임. [先行其言]: 자기가 하고자 하는 말에 앞서 행동으로 실천한다. 자기가 한 말에 대해서는 책임을 진다. [而後從之(言)]: 그리고서 말이 뒤를 좇는다.

자공子貢은 말을 잘하는 사람이다. 자칫 말부터 앞세울 수가 있기 때문에 그에게 '언행일치言行一致'를 교육했던 것이다. '先行其言'이라고 자기가 한 말에 대해서는 꼭 그대로 행하라는 공자의 제자 가르침을 확실하게 하고 있는 것이다.

(14)

子曰, 君子는 周而不比하고 小人은 比而不周니
자 왈 군 자 주 이 불 비 소 인 비 이 부 주
라.

{풀이}

공자께서 말씀하시기를,『군자는 두루 사귀어도 편당을 짓지 않으며, 소인은 편당을 지으나 두루 사귀지는 않는다.』

{주해}

[周]: 무사 공평하며, 충신忠信으로 넓게 감싼다. [比]: 편당적이고 사적私的인데 얽매임. [小人]: 대도大道나 대의大義에 살지 않고 사리私利에만 밝음.

　군자의 이상은 모든 사람에게 보편적인 사랑으로 대하고, 소인은 개인의 사리사욕의 이익만을 헤아려 좇아가는 대인관계를 하므로 편협하다.

(15)

子曰, 學而不思則罔하고 思而不學則殆니라.
　자 왈　학 이 불 사 즉 망　　사 이 불 학 즉 태

{풀이}

　공자께서 말씀하시기를,『배우고 생각하지 않으면 진리를 이해할 수 없고, 생각만 하고 배우지 않으면 사상이 위태롭게 된다.』

{주해}

[思]: 생각. 깊은 사려. 사색과 연구. [罔]: 이치를 모르고 어둡다. [殆]: 위태롭고 불안하다. 튼튼하지 못함.

{해설}

　배움이란 선인先人들의 학문과 예술을 공부하는 것이다. 그래서 그 시대의 문화와 예술을 이해하는 것인데, 배우기만 하고 아무런 생각과 깊은 사려가 없으면 그 본래의 진리를 이해할 수 없고, 반대로 여러 가지 생각만 하고 배우지를 않으면 학문으로서 쌓아가지를 못한다. 그래서 배움과 동시에 깊은 사려를 가지고 깊이 사고하여야 비로소 학문으로서 체득하게 된다는 말이다.

(16)

子曰, 攻乎異端이면 斯害也已니라.
자 왈 공 호 이 단 사 해 야 이

{풀이}

공자가 말씀하시기를, 『이단을 행하면 해로울 뿐이다.』 하셨다.

{주해}

[攻]: 전공하다. [異端]: 경서가 아닌 다른 잡서를 말함.

{해설}

정통적인 유학서가 아닌 다른 잡서. 즉, 다른 학설이나 기술서 등의 잡서를 말하는데, 올바른 도덕서가 아닌 여러 가지 잡서를 읽으면 해로울 뿐이라는 것이다.

(17)

子曰, 由야 誨女,知之乎인저? 知之爲,知之하고
자왈 유 회여지지호 지지위 지지
不知爲,不知가 是知也니라.
부지위 부지 시지야

{풀이}

　공자께서 말씀하시기를, 『유由야! 네게 '안다는 것'에 대해서 가르
쳐주랴? 아는 것을 안다고 하고, 모르는 것을 모른다 하는 것이 참
아는 것이니라.』

{주해}

[由]: 공자의 제자. 자字는 자로子路, 또는 계로季路, 성姓은 중仲, 이름
은 유由, 노魯나라 사람으로 지나치게 용맹스러웠다. 학문의 깊이가
부족하여 공자가 그를 탓하는 구절이 논어論語에 자주 나온다. [誨]:
가르치다. [女]: 汝와 같으며, '너'. [知之]: 之는 대명사로 '이것을'이란
뜻으로 형식적인 목적어로 쓰였음.

유由(子路)는 공자의 제자로서 논어에 자주 등장하는 인물이다. 성격이 급하고 용맹을 좋아하여 공자가 그를 사랑은 하나 그의 행동과 학문에 깊이가 없어 항상 걱정하고 있었다. 이에 대해 하루는 공자가 자로子路에게 참된 '앎'에 대하여 설명하면서 이렇게 말했다. '자기가 아는 것을 안다고 하고, 모르는 것을 모른다고 하는 것이 참다운 앎이다'라고 말하여, 자로가 경솔한 행동을 나무라는 스승의 가르침이 한층 돋보인다. 요즈음 같이 자기를 내세우는 시대에 모르면서도 안다고 큰소리치는 현대인들에게 큰 경종이 되고 있다.

(18)

子張이 學干祿한대 子曰, 多聞闕疑오 愼言其餘
자장   학간록   자왈 다문궐의   신언기여

則, 寡尤며 多見闕殆오 愼行其餘하면 則, 寡悔니
즉 과우   다견궐태   신행기여   즉 과회

言, 寡尤하며 行, 寡悔면 祿在其中矣니라.
언 과우   행 과회   녹재기중의

{풀이}

자장子張이 벼슬을 얻는 방법을 배우고자 하니 공자께서 말씀하시

기를, 『많이 들어서 의문을 없애고, 그리고 나도 남음이 있어 말을 삼간다면 허물이 적으리라. 많이 보아서 불안함을 적게 하고, 그리고도 남음이 있어 삼가 행동하면 뉘우침이 적을 것이다. 말에 허물을 적게 하고 행동을 조심해서 후회를 적게 한다면 그 가운데 녹祿이 있느니라.』했다.

{주해}

[子張]: 공자의 제자. 성은 전손顓孫이요, 이름은 사師. 진陳나라 사람. [干]: 구하다. [祿]: 관록. 벼슬. [闕疑]: 의심스러운 것을 빼놓음. [寡]: 적다. [尤]: 허물. [殆]: 위태로움. [愼行]: 신중히 실천함. [悔]: 뉘우침. 후회. [祿在其中]: 벼슬은 그 가운데 저절로 생김.

{해설}

벼슬을 얻고자 하는 자장에게 공자는 이렇게 가르치고 있다. 「말과 행실을 스스로 단속하면 뉘우칠 일이 적을 것이며 세상 사람들의 비난을 받을 일도 없게 된다. 이렇게 되면 벼슬을 애써 구하지 않아도 저절로 얻게 된다.」

공자는 이와 같은 교훈은 공직자가 되고자 하는 사람이 갖추어야 할 최소한의 인격을 강조하고 있다.

（19）

哀公이 問曰, 何爲則, 民服이니까? 孔子,對曰, 擧
애공   문왈 하위즉 민복   공자 대왈 거

直錯, 諸枉則, 民服하고 擧枉錯, 諸直이면 則, 民不
직조 저왕즉 민복   거왕조 저직   즉 민불

服이니라.
복

{풀이}

애공哀公이 묻기를, 「어떻게 하면 백성들이 따르게 할 수 있습니
까?」하니, 공자께서 대답하시기를, 『곧고 올바른 사람을 등용해서 곧
지 않는 사람들 위에 놓으면 백성들은 복종하지만, 곧지 못한 사람을
등용하여 곧은 사람 위에 앉히면 백성들이 따르지 않습니다.』했다.

{주해}

[哀公]: 노나라 임금. 이름은 장蔣, 애哀는 시호. [民服]: 백성이 심복
함. [擧直]: 마음이 정직한 사람을 등용함. [錯]: 갖다놓다. 치置, 조措
의 뜻임. [擧枉]: 사악한 사람을 등용함. 枉는 사악하다.

{해설}

공자가 13년 동안 철환천하를 하다가 실패하고 노나라로 돌
아왔다. 노나라의 애공은 공자를 반갑게 맞이하면서 백성들이

복종하게 하는 방책을 물었다. 그래서 공자는 마음 곧은 사람을 등용하여 백성들 위에 앉히게 되면 백성들이 스스로 따르게 될 것이지만, 곧지 못한 사람을 등용하여 백성들의 위에 앉히면 백성들은 따르지 않는다고 했다. 결국 공자는 나라에서 사람을 잘 써야 한다는 뜻을 펴고 있다.

(20)

季康子가 問하되 使民,敬忠以勸이면 如之何이니
계 강 자   문   사 민 경 충 이 권   여 지 하

까? 子曰, 臨之以莊則,敬하고 孝慈則,忠하고 擧善
    자 왈   임 지 이 장 즉 경   효 자 즉 충   거 선

而敎,不能則勸이니라.
이 교 불 능 즉 권

{풀이}

　계강자季康子가 묻기를, 『백성들로 하여금 공경과 충성하도록 권하려면 어떻게 하면 됩니까?』 공자께서 말씀하시기를, 『장중한 태도로 백성 앞에 임하면 공경할 것이고, 위정자가 어버이께 효도하고 백성을 자애로 대하면 그들은 충성을 다할 것이고, 위정자가 덕망 있는 이를 발탁하여 무능한 이를 가르치게 하면 백성들은 저절로 선행에 힘쓸 것입니다.』 했다.

[季康子]: 노나라의 대부. 이름은 비肥, 강康은 시호. 권력의 소유자임.

[敬忠]: 위정자를 공경, 나라에 충성. [如之何]: 어떻게 해야 합니까?

[臨之]: 백성 앞에 임하다. [莊]: 장중. 위엄. [孝慈]: 임금이 어버이에 효도하고 아랫사람을 사랑하는 것. [擧善]: 선한 사람을 등용. [教不能]: 무능한 사람을 가르쳐 능력을 길러주는 일. [勸]: 힘쓰다.

{해설}

　　나라와 임금에게 백성들이 따르게 하려면 덕을 갖추고 솔선수범해야 하며, 백성들에게 인격으로 대하고 덕이 있는 사람을 등용하여 윗자리에 앉혀야 한다는 내용의 글이다. 그것이 공자의 정치사상이기도 하다.

(21)

或이 謂 孔子曰, 子奚不爲政이니까? 子曰, 書云,
　　혹　　위 공 자 왈　자 해 불 위 정　　　　자 왈　서 운

孝乎인저! 惟孝하며 友于兄弟하여 施於有政이라 하
효 호　　　　유 효　　　우 우 형 제　　　시 어 유 정

니 是亦 爲政也이니 奚其爲 爲政이리오?
　시 역 위 정 야　　　해 기 위　위 정

{풀이}

  어떤 사람이 공자에게 묻기를, 『선생님께서는 어찌 정치를 하지 않습니까?』하니 공자께서 대답하시기를, 『서경에 효도해라! 오로지 효도해라! 그리고 형제에게 우애하라. '효제孝弟를 행동으로써 정치에 나타내는 것이 바로 정치에 참여하는 것이다.'라고 했거늘, 어찌 따로 정치를 할 것이 있겠느냐.』

{주해}

[或]: 어떤 사람이. [奚]: 어찌(해). 어찌하여. 왜. [書云]: 서경군진편書經君陣篇에 말했다. [孝乎]: 효행을 찬미하는 말. [施]: 베풀다.

{해설}

  어떤 사람이 공자께 왜 정치를 하지 않느냐는 질문에 공자는 정치가 별것이냐. 정치를 하기 전에 부모에게 효도하고 형제간에 우애 있게 지내고, 이런 가정의 질서에서 근본을 삼고 있는 것이 바로 정치이기 때문에 당신이 하고 있는 일 모두가 바로 정치인 것이다. 그렇기 때문에 이런 사상과 행위를 따로 두고 정치를 한다고 하겠느냐. 그래서 정치는 바로 언행일치와 함께 효도와 우애를 하는 것, 정치도 이에 속한다고 말하였다.

(22)

子曰, 人而無信이면 不知其,可也라 大車,無輗하
자왈 인이무신   부지기 가야   대 거 무 예

며 小車,無軏이면 其何以,行之哉리오.
소 거 무 월   기 하 이 행 지 재

{풀이}

공자께서 말씀하시기를, 『사람에게 믿음이 없으면 아무 쓸모가 없
는 것이다. 마치 큰 수레에 예(마구리)가 없고, 작은 수레에 멍에(막
이)가 없는 것과 같으니 무엇으로 나아갈 수 있겠는가.』했다.

{주해}

[不知其可]: 그 가능성을 알 수 없음. [輗]: 큰 수레의 멍에(예). 말과
수레의 연결 부분. 마구리. [軏]: 작은 수레의 멍에(월). 말과 수레의
연결 부분. 막이.

{해설}

사람에게는 신의가 있어야 한다는 말을 공자가 강조했으니,
이것이 수레에 비유되었다. 수레를 끌고 가는 것은 말이나 소인
데, 수레와 말과의 연결 부분이 없으면 수레를 끌고 갈 수 없듯
이 사람도 인간과 인간의 관계는 신용, 곧 믿음이 있어야 한다고

강조하고 있다. 인간과 인간의 연결 부분이 믿음(信)이다.

(23)

子張이 問하되 十世를 可知也니까? 子曰, 殷因
자장 문 십세 가지야 자왈 은인

於.夏禮하니 所損益을 可知也며 周因於.殷禮하니
어 하 례 소 손 익 가 지 야 주 인 어 은 례

所損益을 可知也이니 其或繼周者면 雖.百世라도
소 손 익 가 지 야 기 혹 계 주 자 수 백 세

可知也리라.
가 지 야

{풀이}

　자장子張이 공자께 묻되, 「10세世 앞의 일을 알 수 있겠습니까?」 공
자께서 대답하시기를, 『은殷나라는 하夏나라의 예禮를 따랐으니 그 손
익損益된 바를 짐작할 수 있고, 주周나라는 은殷나라의 예禮를 따랐으
니 비교해보면 못한 것 잘한 것을 알 수 있다. 그러니 앞으로 주나라의
바른 예禮를 이어받을 왕조가 있다면 백세 이후라도 알 수 있을 것이니
라.』

{주해}

[子張]: 공자의 제자. 성은 전손顓孫, 이름은 사師, 자字가 자장子張. 진

인陳人으로 공자보다 48세 연하임. [十世]: 곧 10대. 1대를 30년으로 잡고 1세대라 한다. 또 열 번의 왕조가 바뀌는 것을 말하기도 함. [可知也]: 알 수 있습니까? [因]: 인하여. 좇아서. 바탕으로 하고. [禮]: 예의 풍습, 정치, 사회 및 문물제도 전반을 가리킴. [損益]: 손해와 이익. 잘되고 못됨. [夏·殷·周]: 3대라고도 한다. 하夏(기원전 2200-1760년) 우왕禹王이 건국, 은殷(기원전 1761-1122년)은 탕왕湯王이 건국, 주周(1122-221년, 무왕武王이 각각 건국한 나라임) 공자의 유교는 이 주周를 이상국으로 삼고 있다.

주周나라는 말기에 가서 나라의 기강이 무너지고 제후들이 나타나고 춘추전국시대를 맞아 난세로 분열되었는데, 진시왕秦始王이 천하를 통일하게 되었다. (기원전 221년) [즉, 하·은·주─춘추시대─오월─전국시대─진시황 천하통일]

{해설}

　인류의 문화는 역사의 기록으로 남고, 그 역사를 보면 문화의 변천을 알 수 있다. 하夏나라의 문화유물이 은殷나라에 전해지고, 은殷나라의 문화가 주周나라에 전해지고 있으니, 이 3국의 문화를 보아 앞으로의 문화와 역사를 뚫어볼 수 있다고 공자는 말하고 있다. 즉, 역사의 변천 과정을 통해 살펴보면 먼 미래를 꿰뚫어 볼 수 있음을 말하고 있다.

(24)

子曰, 非其鬼而祭之는 諂也요 見義不爲는 無
자 왈 비 기 귀 이 제 지 첨 야 견 의 불 위 무

勇也니라.
용 야

{풀이}

공자께서 말씀하시기를, 『자기 조상의 귀신도 아닌데 무턱대고 제
사를 지내는 것은 아첨이다. 정의를 보고서도 실천하지 않는 것은 용기
가 없기 때문이다.』

{주해}

[鬼]: 죽은 사람의 영혼. [祭]: 천자天子는 천신天神을 제사 지내고, 제
후제후諸侯는 지기地祇를 제사 지내고 사대부士大夫, 서민庶民은 선조의 영
혼을 제사 지낸다. [諂也]: 아첨이다. 諂은 아첨할 첨.

{해설}

자기 조상이 아닌데 제사를 지내는 것은 복을 받기 위한 아첨
된 행동이요, 자기가 판단해서 옳은 일이라고 생각되는데도 하
지 않는 것은 용기가 없기 때문이라고 공자는 말하고 있다.

제3편

八佾(팔일)

┃ 篇名說 ┃

'팔일八佾'은 무악舞樂의 이름인데, 고대 중국에서 예와 악을 가지고 정치의 요체로 삼았다. 그래서 팔일편八佾篇을 위정편爲政篇 다음에 배열했다.

(1)

孔子謂,季氏하시되 八佾을 舞於庭하니 是可忍
공 자 위 계 씨   팔 일   무 어 정   시 가 인

也인댄 孰,不可忍也리오.
야   숙 불 가 인 야

{풀이}

공자께서 계씨季氏가 뒤뜰에서 팔일무八佾舞를 추게 하는 것을 보고 말씀하시기를, 『이런 일을 감히 하는 것을 보면, 무슨 짓인들 하지 못하리오.』

{주해}

[季氏]: 노나라의 대부 계손씨季孫氏를 말함. 당시 제후로서 세도가였

다. [八佾舞]: 천자만이 하는 예악이었다. 여덟 줄로 늘어서서 추는 무악. [庭]: 자기 집에 있는 선조先祖 사당의 뜰. [忍]: 참는다. 묵인하다. [孰]: 어느 것. 무엇. 누구. [孰不可忍也]: 누군들 묵인하고 그것을 참아 하지 않으리오. 곧 천자天子만이 할 수 있는 일을 감히 하지 않으리오.

{해설}

천자만이 할 수 있는 팔일무를 일개의 세도가라는 이유로 질서를 어기면서까지 행하는 것을 보면, 장차 천자의 자리도 능히 엿볼 수 있다는 계씨의 방자한 행동을 개탄하고 있다. 이렇게 예악이 악인에게 유린당하는데 대한 공자의 분노를 볼 수 있다.

(2)

三家者는 以雍徹이러니 子曰, 相維辟公이어늘 天
삼 가 자   이 옹 철   자 왈 상 유 벽 공   천

子穆穆을 奚取於 三家之堂고?
자 목 목   해 취 어 삼 가 지 당

{풀이}

삼가三家(노나라 삼대부)의 사람들이 옹가雍歌(시경 주송의 편명)를 부르며 제사를 끝내자 공자께서 말씀하시기를,『〈시경〉에 말하기를,「제후

는 제사를 돕고 천자는 매우 흐뭇한 표정이라.」고 하거늘, 어찌 삼가三家의 사당에 이를 취하며 쓰는가?』했다.

{주해}

[三家]: 노나라의 삼대부. 즉 계손, 숙손, 맹손을 말함. [雍]: 시경의 주송周頌의 편명임. [徹]: 제사를 끝내고 음식을 물리는 것. (撤)과 같음. [相]: 제사를 돕는 것. 상相은 조助. [辟公]: 제후. 벽은 군주를 뜻함. [穆穆]: 용모 자태가 의젓함. [奚]: 어찌. [堂]: 사당 묘廟. 선조에게 제사를 드리는 곳. 묘당.

{해설}

천자의 제사 때 쓰는 노래를 삼환三桓이 외람되게도 자기 조상의 제사에 도용함을 보고 공자가 무례함을 탓하는 내용이다.

노나라의 삼대부인 계숙, 숙손, 맹손은 환공의 자손이지만 대부는 제후의 제사를 지내지 못한다는 규범을 어겼다. 그들은 환공의 제사를 지내면서 천자의 제가인 옹雍편을 읊었던 것이다.

(3)

子曰, 人而不仁이면 如禮에 何며 人而不仁이면
자 왈 인 이 불 인   여 례 하   인 이 불 인

如樂何오.
여 악 하

{풀이}

공자께서 말씀하시기를, 『사람이 어질지 않으면 예禮가 있다 한들 무엇 할 것이며, 사람이 어질지 못하면 악樂(예악)이 있다 한들 무슨 소용이 있겠는가.』

{주해}

[禮]: 사람은 예를 알아야 한다. [人而不仁]: 인간이긴 하나 인仁을 지니지 못함. [如禮何~如何]: 예의는 차려서 무엇하랴.

{해설}

공자 사상의 모티브는 인仁이다. 사람이 아무리 훌륭하다 하더라도 인仁이 없으면 인간으로서 아무 가치가 없으며, 어떠한 예악이 있다 하더라도 아무런 소용이 없다는 말이다. 인간이 불인不仁이면 예禮나 악樂은 다 무엇에 쓸 것인가. 인간 사회에서 기본이 되는 것이 바로 인仁이라야 한다.

(4)

林放이 問, 禮之本한대 子曰, 大哉라 問이여 禮與
임방　문　예지본　　　자왈　대재　문　　　예여

其奢也론 寧儉이요 喪與其易也론 寧戚이니라.
기 사 야　영검　　상 여 기 이 야　영 척

{풀이}

　임방林放이 예禮의 근본에 대해 묻자 공자께서 말씀하시기를,『참
좋은 질문이로다. 예는 사치라기보다는 차라리 검소해야 하고, 부모
의 상을 당하면 형식을 갖추기보다는 진심으로 슬퍼해야 하느니라.』

{주해}

[林放]: 노魯나라 사람으로, 공자의 제자. [奢]: 사치. [儉]: 검소하다.
[易]: 형식을 갖추다. [與其-寧]: ～하느니 보다 차라리～해라. [戚]: 진
심으로 슬퍼하다.

{해설}

　모든 생활에서 예는 근본으로 생각하고 있었다. 그 예는 형식
보다는 마음속에서 우러나오는 성의라는 것이다. 진정한 의미
에서 예禮와 상喪은 본심에서 우러나와야 한다고 했고, 소박하
게 그러나 참다운 정성精誠을 기울이라고 주장한다. 형식보다는

성의誠意이다.

(5)

子曰, 夷狄之有君이 不如,諸夏之亡也니라.
자 왈 이 적 지 유 군 불 여 제 하 지 무 야

{풀이}

　공자께서 말씀하시기를,『오랑캐 나라에 임금이 있는 것이 중국 여러 나라의 임금이 없는 것보다 못하니라.』하다.

{주해}

[夷狄]: 오랑캐. 중국 주변 국가. 즉 동이. 서융, 남만, 북적 등 즉 오월국吳越國을 말했다. [不如]: ~만 같지 못함. [諸夏]: 중국의 여러 나라. 夏는 중국임. [亡]: 없음. 무無와 통함.

{해설}

　미개한 오랑캐의 나라에 임금이 있는 것이 중화의 여러 나라에 임금이 없음만 같지 못하다. 즉 중화사상을 나타내는 중요한 사상이 된다. 다시 말하면, 미개한 국가와 개명한 국가의 차이를 나타내는 것이 중화사상이다.

季氏,旅於泰山이러니 子謂,冉有曰,女弗能,救與
계 씨 여 어 태 산   자 위 염 유 왈 여 불 능 구 여

아 對曰,不能이로이다. 子曰,嗚呼라! 曾謂泰山이
대 왈 불 능   자 왈 오 호   증 위 태 산

不如,林放乎아?
불 여 임 방 호

{풀이}

계씨季氏가 태산에서 제사를 지내고자 하니 공자께서 염유冉有에
게 말씀하시기를,『너는 그것을 그만두게 할 수 없느냐?』하니 대답하
기를,『저는 그만두게 하는 것이 불가능합니다.』그러자 공자께서 탄식
하기를,『슬프다! 태산의 산신이 임방林放만도 못하단 말인가?』했다.

{주해}

[季氏]: 노나라의 대부. 실력자인 계손씨를 말한다. [旅]: 산제 지낼
여. 천자만이 명산에 제사를 올릴 수 있다. [泰山]: 산동성에 있는 중
국의 명산. [冉有]: 공자의 제자. 성은 염冉, 이름은 유有. [女]: 汝와 같
음. 너. [弗]: 不과 같음. [救]: 구하다, 구제하다. [曾]: 곧, 이에.

{해설}

임금만이 제사를 지낼 수 있는 태산에 신하인 신분으로 계씨

가 제사를 지낸다는 소식을 듣고 그의 무례함을 탓하는 내용이다. 그래서 임금만이 태산에 제사를 올릴 수 있는데, 대부인 계손씨가 노나라 명산에 제사를 드린다는 것은 임금의 권위를 실추시킨 무도한 행위라고 규탄하고 있다.

(7)

子曰. 君子無. 所爭이나 必也射乎인저. 揖讓而升
자왈 군자무 소쟁   필야사호   읍양이승

하고 下而飮하나니 其爭也. 君子니라.
     하 이 음   기 쟁 야 군 자

{풀이}

공자께서 말씀하시기를, 『군자는 다투는 일이 없으나, 활을 쏘는데 있어서는 그렇지 않다. 서로 읍揖하면서 사양辭讓하여 올라가고, 내려와서는 술을 마시니 그 활쏘기에서의 다툼은 실로 군자다우니라.』

{주해}

[無所爭]: 경쟁을 하거나 다투지 않는다. [必也射乎]: 꼭 경쟁을 해야 한다면 활쏘기에 있을 뿐이다. [揖讓]: 揖은 예의를 나타내는 행위. 讓은 사양하다. [升]: 활 쏘는 활터에 오르다. [下]: 활을 쏘고 내려오다. [飮]: 궁도弓道를 마치고 이긴 사람이 진 사람에게 술을 먹이다.

군자는 남과 싸우거나 무슨 일에 다투지 않는다. 다만 다툴
곳이 있다면 그것은 활을 쏘는 경쟁에서 다투는 일일뿐이다. 예
禮, 악樂, 사射, 어御, 서書, 수數를 육예六藝라 하여 군자는 '신통
육예身通六藝'에서 활쏘기는 필수과목으로 여겼다. 그러니 궁도
弓道대회에서 활쏘기는 활을 쏘아 이기기 위한 경쟁이기에 이것
은 예외이었다. 그 옛날의 궁도대회에서는 대사大射, 빈사賓射,
연사燕射, 향사鄕射 등이 있었다고 한다.

(8)

子夏問曰, 巧笑倩兮며 美目盼兮여 素以爲, 絢
자하 문왈 교소천혜 미목반혜 소이위현

兮라 하니 何謂也요 子曰, 繪事後素니라. 曰, 禮後
혜 하위야 자왈 회사후소 왈 예후

乎인저? 子曰, 起予者는 商也로다. 始可與言, 詩已
호 자왈 기여자 상야 시가여언시이

矣로다.
의

{풀이}

자하子夏가 묻기를, '시경詩經에 방긋 웃는 입술이 곱기도 하고, 아
름다운 눈동자가 더욱 고우니, 마치 흰 바탕에 채색을 한 것 같구나.'

하고 말한 것은 무슨 뜻입니까? 공자께서 대답하시기를, 『그림을 그리는데 있어서 흰 바탕에 채색을 하여 아름답게 됨을 말하는 것이니라.』 다시 묻기를, '덕을 갖춘 후에 예가 따른다는 말씀입니까?' 공자께서 대답하시기를, 『나를 일깨워주는 사람이 바로 너로구나. 비로소 너와 더불어 시를 논할 만하구나.』

{주해}

[子夏]: 예악禮樂에 대해 깊이 알고 있는 공자의 제자. 이름은 상商. [巧笑]: 여인이 예쁘게 웃는 모습. [倩]: 예쁘다(천). 웃으면 입가에 보조개가 예쁜 모습. [盼]: 검은 눈동자에 맑은 눈. '목흑백분야目黑白分也'. [素]: 흰 가루분. [絢]: 문채. 현란하고 빛남. [繪事後素]: 그림을 그리고 나서 나중에 그 위에 흰 가루를 칠한다. [起予]: 너를 통해 알았구나. [商]: 자하의 이름. [始可與言詩]: 비로소 같이 시를 말할 수 있다.

{해설}

　자하子夏가 묻는 것은 공자에게 시경의 작품을 통해서 질문하고 있다. 형식에 치우치는 예보다는 근본 바탕인 덕이 중요하므로 사람은 덕을 먼저 쌓아야 한다는 뜻이다. 자하의 끝의 질문에 '덕을 갖춘 후에 예가 따른다'는 말에 공자가 비로소 너와 더불어 시를 논할 수 있다고 말함으로써 사람에게는 덕이 중요하다는 것을 강조하고 있다. 자하子夏와 공자의 문답에 공자가 재치 있게 답하는 묘미가 있다.

(9)

子曰, 夏禮는 吾能言之나 杞不足, 徵也며 殷禮를
자 왈 하 례 오 능 언 지 기 부 족 징 야 은 례

吾能言之나 宋不足, 徵也는 文獻, 不足故也니 足
오 능 언 지 송 부 족 징 야 문 헌 부 족 고 야 족

則, 吾能徵之矣라.
즉 오 능 징 지 의

{풀이}

　　공자께서 말씀하시기를, 『하夏나라 예는 내가 말할 수 있으나 기
杞나라의 것은 밝힐 증거가 부족하고, 은殷나라의 예는 내가 말할 수
있으나 송宋나라의 것은 밝힐 증거가 부족하다. 이는 문헌이 부족한
탓이니 충분하다면 내 능히 그것을 증명할 수 있느니라.』했다.

{주해}

[夏禮]: 하나라의 문물제도. [杞]: 나라 이름. 지금의 하남성 기현杞縣
에 있었다. [徵]: 증명하다. [宋]: 나라 이름. 하남성 상구현商丘縣 남쪽
에 있었던 나라. [文獻]: 구체적인 연구 자료.

{해설}

　　도덕적 사상이나 철학적인 말은 느끼는 대로 말하면 되지만,
역사적 증거가 필요한 것은 뚜렷한 근거가 없이는 함부로 말할

수 없다는 공자의 학문적 자세를 보여주는 문장이다.

(10)

子曰, 禘自 旣灌而往者는 吾不欲 觀之矣로다.
자 왈 체 자 기 관 이 왕 자 오 불 욕 관 지 의

{풀이}

공자께서 말씀하시기를,『체제禘祭에 있어서 술을 땅에 부으며 강신降神을 한 이후의 것은 내 보고 싶지 않도다.』했다.

{주해}

[禘]: 천자가 종묘에 조상신께 올리는 제사. [灌]: 잔을 땅에 부으며 강신하는 의식. [不欲觀]: 보고 싶지 않다.

{해설}

공자가 예법을 숭상하여 예가 아닌 것은 보지 말며 하지도 말라는 뜻이다. 공자는 제사에 있어서 형식적인 겉모습보다는 성의와 공경하는 마음을 으뜸으로 삼고 있는 것이다.

(11)

或이 問,禘之說한대 子曰, 不知也로다. 知其,說
者之於,天下也여 其,如示,諸斯乎인저! 하고 指其
掌하시다.

{풀이}

어떤 사람이 체제禘祭에 대하여 물으니 공자께서 말씀하시기를,
『나도 모른다. 그 뜻을 아는 사람이 천하를 다스린다면, 마치 이것을
들여다보듯 쉬울 것이다.』하고는 자기의 손바닥을 가리켰다.

{주해}

[禘之說]: 체제의 의미. 체禘는 천자만이 지낼 수 있는 제사. [不知]:
알지 못함. [於天下]: 천하를 다스린다면. [如示諸斯]: 이것을 들여다
보는 것과 같다. [指其掌]: 자기의 손바닥을 가리킴.

{해설}

체제의 원리는 심오하다. 그러므로 그 원리를 알기만 하면 천
하를 다스리는 일도 쉽다는 뜻으로, 공자는 자기의 손바닥을 가
리켰다.

(12)

祭.如在하시며 祭神.如神在하시니 子曰, 吾不與,
　제　여재　　　　제　신　여신재　　　　　자　왈　오　불　여

祭면 如.不祭니라.
제　　여　부제

{풀이}

　공자는 제사 지낼 때 조상이 살아 있는 것같이 하며, 신에게 제사
지낼 때에는 신이 앞에 있는 것같이 행하였다. 공자께서 말씀하시기
를,『내가 제사에 참여하지 않으면 제사 지내지 않는 것과 같으니라.』

{주해}

[如]: 마치~하는 듯하다. [祭神如神在]: 제사 지내는 마음가짐을 말한
것으로 '조상 제사는 조상이 거기 계시는 것 같이 생각해야 한다.'는
것이다. [不與祭]: 제사에 참여하지 않는다. 여與는 참여.

{해설}

　공자는 제사 지낼 때 조상이 살아 있는 것 같이하며 신에게
제사 지낼 때에는 신이 있는 것 같이 행하였다.
　공자가 말하기를, '내가 제사에 참여하지 않으면 제사 지내지
않는 것과 같으니라.'고 하였다.

(13)

王孫賈.問曰, 與其媚於奧론 寧媚於竈라 하니 何
왕 손 가 문 왈   여 기 미 어 오   영 미 어 조   하

謂也이까? 子曰, 不然하다. 獲罪於天이면 無所禱
위 야   자 왈   불 연   획 죄 어 천   무 소 도

也니라.
야

{풀이}

　왕손가王孫賈가 묻기를, 「방 안에 모셔놓은 신주에게 비느니 차라
리 부뚜막 신에게 빌어라.」 하는 것은 무슨 뜻입니까? 하고 물으니,
공자께서 말씀하시기를, 『그렇지 않소. 하늘에 죄를 지으면 빌 곳이 없
는 법이요.』

{주해}

[王孫賈]: 위나라의 대부大夫. 성은 왕손王孫이요, 이름은 가賈이다. 위
衛나라 영공靈公을 도와주는 명신名臣이었다. [與其－寧~]: ~하느니
보다 차라리~해라. [媚]: 빌다. 아첨하다. 친근하다. [奧]: 모셔 둔 신
주. 주인의 방. [竈]: 부엌. 초여름에 부엌 신에 제사 지내는 풍습이 있
었다. *예기禮記에 오사五祀라는 기록이 있는데, 지게(戶)에, 부엌에,
마당(中)에, 대문大門에, 길(行)에, 제사를 지냈다.

　공자께서 위衛나라 왕손가를 만나니, 왕손가가 공자에게 물었다. 허수아비같이 방 안에 있는 영공靈公을 만나느니 차라리 실권자인 자기를 만나 자기에게 아첨하는 것이 더 유리한 것이 아니냐는 말에 공자께서는 크게 나무라는 말을 했다. 예의 없이 군주를 제켜놓고 당신을 먼저 만나면 그만이 아니냐는 말의 은유를 공자는 당장에 알아차렸다. 그래서 일침一針을 가하는 공자의 말 '하늘에 죄를 얻으면 빌 곳이 없느니라'고 했다.

(14)

子曰. 周監於.二代하니 郁郁乎.文哉라 吾.從周
자 왈　주 감 어 이 대　　　욱 욱 호 문 재　　오 종 주
하니라.

{풀이}

　공자께서 말씀하시기를,『주나라는 두 왕조를 본받았으니 그 문화가 매우 찬란한지라, 나는 주나라를 따르리라.』했다.

{주해}

[周]: 서백西伯이 태공망을 등용하여 나라의 기반을 만들고, 그의 아들

무왕이 폭군 주왕을 쳐서 멸망하고 주나라를 세움. [監]: 본받다. 監은 鑑과 같음. [二代]: 하夏와 은殷의 왕조 [郁]: 빛나고 찬란함. [文]: 문물 제도.

{해설}

공자는 주나라를 정통으로 세우고 주나라의 문물을 극히 찬양하였다. 그래서 주나라가 전대의 하夏나라와 은殷나라의 문물을 그대로 이어받아 문화의 절정을 이루는 것을 보고 주나라의 예를 따르겠다고 했었다.

(15)

子入,大廟하사 每事를 問하신대 或曰, 孰謂,鄹人
　자입　태묘　　　매사　문　　　　　혹왈　숙위　추인

之子를 知禮乎아? 入,大廟하여 每事를 問이온여!
　지자　지례호　　　입태묘　　　매사　문

子,聞之曰,是,禮也니라.
　자문지왈　시예야

{풀이}

공자께서 태묘大廟에 들어가시면 모든 일을 일일이 묻곤 하셨다. 그래서 어떤 사람이 「누가 저 추인鄹人의 아들더러 예를 안다고 했느

냐? 태묘에 들어가면 모든 일을 묻는구나!』 공자께서 이 소문을 듣고
말씀하시기를,『그렇게 하는 것이 바로 예禮이니라.』했다.

{주해}

[大廟]: 나라의 시조를 모시는 사당. 대大는 태太와 같음. [鄹人之子]:
공자를 말함. 즉 공자를 멸시해서 이렇게 불렀다.

{해설}

아는 것도 다시 한번 물어 신중을 기하는 것이 좋다는 뜻이
다. 공자께서 노나라 태묘에 들어가서는 하나하나 물어서 제례
를 행하였다. 이것을 그때에 어느 누가 공자가 예를 모른다고
했을 것이다. 이것은 제례에 신중을 기함이었다. 그래서 공자께
서는 이렇게 해서라도 예의 본질을 일깨워주고 있다.

(16)

子曰, 射不主皮는 爲力, 不同科니 古之道也니라.
자 왈 사 부 주 피   위 력 부 동 과   고 지 도 야

{풀이}

공자께서 말씀하시기를,『활쏘기에 있어서 과녁을 뚫는 것을 위주

로 하지 않음은 사람의 힘이 같지 않기 때문이니, 이는 바로 옛 도의
아름다움이니라.』

{주해}

[皮]: 동물의 가죽으로 만든 과녁. [爲力不同科]: 사람의 힘이나 능력
이 같지 않다.

{해설}

　궁술에 있어서도 힘보다는 기술을 높이 평가하듯이, 세상사
도 힘으로 사회가 어지러워져서는 안 된다는 뜻이다.

(17)

子貢이 欲去,告朔之餼羊한대 子曰, 賜也아 爾愛
자 공　욕 거 고 삭 지 희 양　　자 왈　사 야　　이 애
其羊인가? 我愛其禮니라.
기 양　　　아 애 기 례

{풀이}

　자공子貢이 고삭告朔에 쓰이는 희양餼羊을 폐하려 하자 공자께서
말씀하시기를, 『사야, 너는 그 양을 아끼느냐? 나는 그 예를 아끼고

싶구나.』하였다.

[告朔]: 조상의 사당에 희생양을 바치는 일. [餼羊]: 제물로 바치는 희생양. [賜]: 공자의 제자인 자공의 이름. [爾]: 너, 그대. [愛]: 아끼다.

{해설}

  자공이 고삭에 희생양을 바치는 일을 폐하는 것이 좋겠다고 하니, 공자가 이를 반대하는 것이다. 전통적인 문물이 사라지는 것을 공자는 애석하게 생각했던 것이다.

(18)

子曰, 事君盡禮를 人이 以爲諂也라 하난다.
자 왈 사 군 진 례   인   이 위 첨 야

{풀이}

  공자께서 말씀하시기를,『임금을 섬기는데 있어서 예를 다하는 것을 세상 사람들은 아첨한다 하는구나.』했다.

[事君]: 임금을 섬기다. [盡禮]: 예의를 다함. [人]: 남들은. [諂]: 아첨하다.

{해설}

　군주시대에는 백성이나 관리가 임금을 섬기는 것이 마땅하다고 생각했다. 그러나 일부 사람들은 그것을 아부라고 생각했다. 그러나 공자는 그것을 군주에 대한 예의로 마땅한 것이라고 생각했다. 그래서 공자는 세상 사람들이 아부라고 생각하는구나 하고는 반대의 의사를 표명하고 있다.

(19)

定公이 問하되 君使臣하며 臣事君하되 如之何이
정 공　문　　군 사 신　　신 사 군　　여 지 하

까? 孔子對曰, 君使臣以禮하며 臣事君以忠이니라.
공 자 대 왈　군 사 신 이 례　　신 사 군 이 충

{풀이}

　정공定公이 묻기를, 「임금이 신하를 부리고, 신하가 임금을 섬기는 것을 어떻게 하여야 합니까?」 공자가 대답하시기를, 『임금은 예로서 신하를 부리고, 신하는 충성으로 임금을 섬겨야 합니다.』했다.

{주해}

[定公]: 노나라의 군주.

{해설}

　정공이 '임금이 신하를 부리고, 신하가 임금을 섬기는 도리'를 공자에게 물었다. 그러니 공자는 임금이 신하를 부릴 때는 예로서 하고, 신하가 임금을 섬길 때는 충성으로 해야 한다고 강조하고 있다.

(20)

子曰, 關雎는 樂而不淫하고 哀而不傷이니라.
자 왈 관 저 낙 이 불 음 　　　 애 이 불 상

{풀이}

　공자께서 말씀하시기를,『시경에 관저편의 시는 즐거우나 음란하지 않고, 애처로우나 마음을 상하게 하지는 않는다.』

[關雎]: 시경의 국풍國風 주남周南 첫머리에 있다. 시편.(關關雎鳩, 在河之洲. 窈窕淑女, 君子好逑.) [淫]: 음탕하고 문란함. [傷]: 슬픔이 지나친 것. 감상感傷.

{해설}

공자께서 민요의 시를 모아 시경을 찬술했다는 설이 있다. 그래서 시 300편을 한마디로 말해서 사특邪慝함이 없다고 했으니, '즐겁지만 음탕하지 않고, 슬픈 곳이 있지만 지나친 감상에는 젖지 않는다.'고 평가한 것은 당연한 일이다. 관저關雎의 시는 선남선녀의 만남을 읊은 축혼시祝婚詩라 할 수 있는데, 예의에 엄격한 공자께서도 순수한 애정은 결코 음탕한 것이 아니라고 지적하고 있다.

(21)

哀公이 問社於宰我하신대 宰我對曰, 夏后氏는
애 공 문 사 어 재 아   재 아 대 왈 하 후 씨

以松이요 殷人은 以柏이요 周人은 以栗이니 曰, 使
이 송   은 인   이 백   주 인   이 율   왈 사

民戰栗이어다. 子, 聞之曰, 成事를 不說하며 遂事를
민 전 율   자 문 지 왈 성 사   불 설   수 사

不諫하며 旣往이라 不咎로다.
불 간   기 왕   불 구

{풀이}

애공哀公이 재아宰我에게 사단에 심는 나무에 대해 묻자, 재아가 말하기를, '하우씨는 소나무를 심었고, 은나라 사람은 잣나무를 심었고, 주나라 사람은 밤나무를 심었으니, 말하자면 백성으로 하여금 두려움에 벌벌 떨게 한 것입니다.' 공자께서 이 말을 듣고 말씀하시기를, 『이룬 일을 말하여 무엇하며, 끝맺은 일을 간하여 무엇하며, 이미 지나간 일은 탓하여 무엇하리.』 했다.

{주해}

[哀公]: 노魯나라의 군주. [宰我]: 성은 재宰, 이름은 여予, 자字는 자아子我. 공자의 제자로 말솜씨가 있었다. [社]: 사는 지신地神을 모시는 곳, 단壇을 쌓고 신주神主의 상징으로 나무를 심었다. 이 사수社樹는 왕조마다 달랐다고 한다. [夏后氏]: 탕왕湯王이 세운 하夏나라. 후后는 임금이란 뜻. [遂事]: 수행한 일. [咎]: 허물, 탓.

{해설}

애공哀公이 재아宰我에게 사단社壇에 심은 나무에 대하여 묻는 것이었다. 재아는 하夏나라는 소나무, 은殷나라는 잣나무, 주

周나라 사람은 밤나무라고 대답을 하니 애공哀公이 말하기를, 밤나무는 백성으로 하여금 벌벌 떨게 함이로다. 율栗과 율慄(戰慄)은 발음이 같아서 재아가 그렇게 대답을 했는데, 재아가 애공에게 백성들을 벌벌 떨게 다스리라는 속내가 있었다. 공자가 이 말을 듣고『이룬 일을 말하여 무엇하며, 끝난 일을 간諫하여 무엇하며, 이미 지난 일을 탓하여 무엇하리.』하고 말했다.

(22)

子曰, 管仲之器 小哉라 或曰, 管仲은 儉乎이까?
자 왈 관 중 지 기 소 재 혹 왈 관 중 검 호

曰, 管氏有 三歸하며 官事를 不攝하니 焉得儉이리
왈 관 씨 유 삼 귀 관 사 불 섭 언 득 검

오. 然則管仲은 知禮乎아? 曰, 邦君이 樹塞門이어
연 즉 관 중 지 례 호 왈 방 군 수 색 문

늘 管氏亦 樹塞門하며 邦君이 爲 兩君之好에 有反
관 씨 역 수 색 문 방 군 위 양 군 지 호 유 반

坫이어늘 管氏 亦有反坫하니 管氏而知禮면 孰不
점 관 씨 역 유 반 점 관 씨 이 지 례 숙 불

知禮리오.
지 예

{풀이}

공자께서 말씀하시기를,『관중은 그릇이 작은 사람이다.』또 어떤 사람이 말하기를,『관중은 검소하였습니까?』공자께서 말씀하시기를,『관씨는 새 아내를 두었고 아래 관원들에게는 겸직시키지 않았으니, 어찌 검소하다 할 수 있겠소.』다시 묻기를,「그렇다면 관중은 예를 알고 있습니까?」공자께서 말씀하시기를,『임금이 병풍 담으로 문을 가리면 관씨 역시 그렇게 하고, 임금이 다른 나라 임금과 서로 우호하기 위해 술자리를 마련하면 관씨 역시 그런 자리를 마련하였으니, 그런 관중이 예를 안다면 누구인들 예를 모른다 하겠소.』했다.

{주해}

[管仲]: 제나라 환공을 도와 패자의 위치에 오르게 한 명제상임. [器]: 그릇. 도량. [三歸]: 아내를 셋 거느림. 세 개의 저택에 각각 부인을 두었다. [官事]: 가신들이 일을 맡음. [不攝]: 겸하지 않음. [焉得儉]: 어찌 검소하다 하겠는가? [樹塞門]: 수는 병풍, 색塞은 폐蔽. 모두 가린다는 뜻임. [好]: 수호, 친선. [反坫]: 흙으로 만든 작은 돈대. 동점과 서점이 있었다 함.

{해설}

　공자가 관중管仲이 중국 정치가로서 일인자라 할 만큼 정치는 잘하지만 인간성은 예외가 없다고 지적하고 있다. 관중은 제후 못지않게 호화롭고 분수에 넘치는 생활로 신하의 본분을 어겼던 것이다. 그래서 공자께서는 관중을 예를 모른다고 가혹할 정도로 엄하게 비판하고 있다.

（23）

子語,魯大師樂曰, 樂은 其,可知也니 始作에 翕
如也하여 從之에 純如也하며 皦如也하며 繹如也하
며 以成이니라.

{풀이}

　공자께서 노나라 악장樂長인 대사大師에게 음악에 대해서 말씀하
시기를,『음악의 원리는 알 수 있는 것이오. 처음 시작할 때 일제히 일
어나고 이어 본 가락에 들어가서 조화가 이루어지며 거의 하나가 되고
음색도 명료하게 된다. 그리고 끊어질듯한 여운을 남기면서 한 단락
이 끝나는 것이다.』했다.

{주해}

[大師樂]: 음악을 관장하는 악장. 大=太. [翕如]: 소리가 합하여 일어
남. 즉, 화음. [從]: 계속 소리가 울리는 것. [純]: 음이 조화를 이루는
것. [皦]: 분명하고 밝게 울림. [繹]: 계속 이어져 나가다. [成]: 한 단락

을 이룸.

공자는 음악에도 밝아서 전문가인 악사장에게 이제 음악의 구성을 이해할만 하다고 한 공자의 말이다. 음악은 민심과 사회성을 정직하게 반영하고 있다. 그래서 음악도 구슬프고 애상에 젖어있지만 태평성대의 음악도 쾌활한 음정이 흘러넘친다고 했다. 공자도 음악은 인간정서의 순화로서 음악이 중시했던 것으로 생각하고 있었던 것이다.

(24)

儀,封人이 請見曰, 君子之至於斯也에 吾,未嘗
의 봉 인　　청 견 왈　군 자 지 지 어 사 야　　오 미 상

不得見也로다. 從者見之한대 出曰, 二三子는 何患
부 득 견 야　　　종 자 견 지　　　출 왈　이 삼 자　　하 환

於喪乎리오? 天下之無道也, 久矣라 天將以,夫子
어 상 호　　　　천 하 지 무 도 야　구 의　　천 장 이 부 자

爲,木鐸이시니라.
위 목 탁

{풀이}

의儀의 봉인封人이 공자를 뵙기를 청하며 말했다. '군자는 이곳에

오시면 제가 모두 찾아뵈었습니다.' 공자의 수행원이 그를 안내해 면회를 시켜주자, 봉인은 나오면서 말했다. 「여러분은 선생님이 벼슬을 잃었다고 뭘 그리 걱정하십니까? 천하에 도가 없어진지 오래라 하늘이 선생님으로 하여금 목탁을 삼고자 하신 겁니다.」

{주해}

[儀]: 위衛나라의 읍邑. [封人]: 국경을 관장했던 관명. [未嘗不]: 지금까지~안한 바 없다. 반드시~했다. [從者]: 공자의 제자. [喪]: 공자가 벼슬을 잃은 것. [木鐸]: 나라의 교령敎令을 내리기에 앞서 사람들에게 알리는 종. 무사武事는 쇠종, 문사文事에는 목탁을 썼음.

{해설}

　공자가 벼슬을 잃자 그의 제자들이 낙심에 빠져있었는데 의儀의 지방 봉인封人이 공자가 성인임을 알아보고 감탄하는 말이다. 공자는 일개 정치가나 남의 신하로 끝낼 사람이 아니라 천하의 도를 밝힐 교화자敎化者, 즉 천하의 목탁으로 하늘이 삼고 있음을 밝힌 것이다. 그러나 여기서는 벼슬을 잃고 제자와 함께 유랑하는 애달프고 쓸쓸한 생각마저 들게 하는 글이다.

(25)

子謂￰韶하시되 盡美矣요 又￰盡善也라 하시고 謂武
　자위소　　　진미의　우진선야　　　　위무

하시되 盡美矣요 未盡善也라 하시다.
　　　진미의　미진선야

{풀이}

　공자께서 소악韶樂에 대하여 말씀하시기를,『미의 극치를 이루었을
뿐만 아니라 선의 극치까지 이루었다.』하고, 무악武樂에 대하여 이르
시기를,『미의 극치는 이루었지만 선의 극치는 이루지 못하였느니라.』
하였다.

{주해}

[韶]: 순임금의 무악舞樂. 요임금의 선양으로 보위에 오른 순임금은 덕
으로 천하를 다스림. [武]: 주나라 무왕의 무악舞樂. 무왕은 주왕을 정
벌하여 천하를 장악했다. [謂]: 이르기를, 평론하다의 뜻임.

{해설}

　중국에서는 천하를 장악하면 이를 음악으로 천지신명에게 제
사를 지내며 이를 알렸다. 순임금의 음악은 대소大韶이며, 무왕
의 음악은 대무大武였다. 공자는 대소를 평하여 진선진미하고

평화로운 기운이 넘친다고 했다.

　여기서 공자는 순임금의 음악과 주나라 무왕의 음악을 비교하여 평한 것이다.

(26)

子曰, 居上不寬하며 爲禮不敬하며 臨喪不哀면
　자　왈　거 상 불 관　　　　위 례 불 경　　　　임 상 불 애

吾何以觀之哉리오.
오 하 이 관 지 재

{풀이}

　공자께서 말씀하시기를, 『윗자리에 있으면서 관대하지 못하고, 예를 지킬 때 공경하지 못하고, 장례에 임하여 슬퍼하지 아니하면, 내가 어찌 그런 사람을 보겠는가?』했다.

{주해}

[居上]: 윗자리에 있다. [臨喪]: 남의 장례에 임함. [吾何以]: 내가 어찌 ～하리요. [觀之]: 보겠느냐?

{해설}

　높은 자리에 있으면 너그럽게 사람을 잘 보살펴주고, 예식 등

이 있을 때는 꼭 참여하고, 특히 상가에는 빠지지 말고 꼭 참여해야 한다는 말이다. 이것이 예를 아는 사람이다. 위의 내용을 보면 「불관不寬, 불경不敬, 불애不哀」가 가장 예에 벗어난 일이라는 것에 대한 공자의 가르침이다.

제4편

里仁(이인)

대체로 인덕仁德에 대한 말을 강조하고 있다. '仁'은 사람이 사람답게 잘 살 수 있는 덕목德目이라고 맹자孟子는 말하고 있다. (仁, 人之安宅也)

(1)

子曰, 里仁이 爲美하니 擇不處仁이면 焉得知리
오?

{풀이}

공자께서 말씀하시기를, 『마을의 인심이 어질어야 사람의 마음도 아름답게 되는 것이니, 어진 곳을 가려서 살지 않는다면 어찌 지혜로운 사람이라 할 수 있겠는가?』

{주해}

[里仁]: 어짊(仁)에 처함. 里를 동사로 보고 '거처하다'로 풀이. [擇]: 고

르다. [處]: 살다.

{해설}

사람은 환경의 지배를 받게 마련이다. 마을도 사람이 살면 좋은 곳이 있고, 사람이 살면 나쁜 영향을 받는 곳이 있다. 그래서 '擇不處仁' 한다면 그 사람의 행동이나 견문이 잘못될 수도 있다. 그래서 군자는 사는 곳의 선택이 중요하다고 한다. 자기가 사는 곳을 잘 선택하는 사람도 역시 지혜로운 사람의 하나라고 강조하고 있다.

(2)

子曰, 不仁者는 不可以久處約이며 不可以長處
자 왈 불 인 자   불 가 이 구 처 약   불 가 이 장 처
樂이니 仁者는 安仁하고 知者는 利仁이니라.
락   인 자   안 인   지 자   이 인

{풀이}

공자께서 말씀하시기를, 『어질지 못한 자는 곤궁한 곳에 오래 머물지 못하고, 또한 안락安樂한 곳에도 처하지 못함이니, 어진 사람은 인을 편안히 여기고, 지혜로운 사람은 인을 이롭게 여긴다.』

[不可利]: ~하지 못함. [約]: 빈곤, 궁핍, 곤궁. [樂]: 부귀와 안락(安樂). 인仁에 사는 것이 군자의 본질. [安仁]: 성인의 마음이 도道와 하나가 되어 간격이 없음. [利仁]: 인에 의거하여 처신하면 이롭다는 말.

{해설}

　불인不仁한 사람은 본심을 잃어서 오랫동안 곤궁하면 반드시 넘치고, 오랫동안 즐거우면 반드시 안락함에 빠진다. 오직 인자仁者는 인仁을 편안히 여겨서 가는 곳마다 편안하지 않음이 없고, 지자智者는 인仁을 이롭게 여겨서 지키는 바를 바꾸지 않으니, 비록 깊고 얕음이 똑같지는 않으나 모두 외물外物이 빼앗을 수 있는 것이 아니다.

(3)

　子曰, 惟仁者라야 能好人하며 能惡人이니라.
　자 왈 유 인 자 　 능 호 인 　 능 오 인

{풀이}

　공자께서 말씀하시기를, 『오직 인자仁者라야 사람을 좋아할 줄도 알며, 사람을 제대로 미워할 수도 있는 것이다.』

{주해}

[惟]: 오직. [惡人]: 남을 미워하다. 惡는 '미워하다'로 동사로 쓰였다.

{해설}

　인간은 올바른 사고방식을 가져야 사람을 좋아할 수도 있고 사람을 미워할 수도 있는 것이다. 여기서 '올바른 사고방식'이란 바로「인仁」인 것이다.

　바꾸어 말하면, 어진 사람이라야 사람을 사랑으로 대할 수도 있고 미움으로 대할 수도 있다는 것이다. 그러니 인간과 인간관계는 인仁으로 이루어져야 한다는 공자의 사상을 이해할 수 있다.

(4)

子曰, 苟志於仁矣면 無惡也니라.
자 왈 구 지 어 인 의 　 무 악 야

{풀이}

　공자께서 말씀하시기를,『진실로 인仁에 뜻을 둔다면 악惡한 것이 없어지느니라.』

[苟]: 진실로. 구苟는 성야誠也라. [惡]: 악한 일. [志]: 마음이 가는 것.

{해설}

　선악善惡의 발생은 마음이 바탕이므로, 마음이 어질면 악행惡行을 할 수 없다는 뜻이다. 인생이란 절대絕對 '선善'을 두고 하는 말이며 그 길을 좇는다면 '악惡'이 있을 수 없다. 그래서 '지어인志於仁하면 무악無惡이며, 지어불인志於不仁이면 유악有惡하다.'고 말했다.

(5)

子曰, 富與貴는 是人之所欲也나 不以其道得
자왈 부여귀 시인지소욕야 불이기도득

之어든 不處也하며 貧與賤은 是人之所惡也나 不
지 부처야 빈여천 시인지소오야 불

以其道得之라도 不去也니라. 君子去仁이면 惡乎
이기도득지 불거야 군자거인 오호

成名이리오. 君子, 無終食之間을 違仁이니 造次에
성명 군자 무종식지간 위인 조차

必於是하며 顚沛에 必於是니라.
필어시 전패 필어시

공자께서 말씀하시기를,『부와 귀는 사람들이 하고자 하는 바이지만 도덕적으로 얻지 않았으면 누리지 말고, 빈과 천은 사람들이 싫어하는 것이지만 도덕적이 아니라도 버리지 않아야 한다. 군자가 인을 버린다면 어찌 군자라는 이름을 이룰 수 있겠는가? 군자는 비록 밥 먹는 동안이라도 인을 어기는 일이 없는 것이니, 황급한 때에도 그것을 지키고 위급한 때에도 반드시 그것을 지켜야 하느니라.』

{주해}

[不以其道得之]: 도道로써 그것을 얻은 것이 아니라면. [人之所惡]: 사람들이 일반적으로 싫어하다. [不去]: 빈천을 싫어하여 버리지 않음. 빈천을 그대로 받아들임. [惡乎成名]: 어찌 군자라는 이름을 지닐 수 있겠는가? [終食之間]: 밥 한 끼니를 먹는 시간. [造次]: 급하고 구차한 때. [顚沛]: 뒤집혀 넘어질 정도의 매우 위급한 상황. [必於是]: 반드시 인仁에 있어야 한다.

{해설}

공자는 부귀와 빈천도 반드시 도에 의하여 가져야 한다고 역설하고 있다. 부귀를 얻든 빈천을 얻든 인仁을 떠나서는 안 되며 매우 다급한 상황에서도 인仁에서 벗어나는 일이 없도록 항상 노력하고 있어야 한다고 교육적 철학을 펴고 있다. 심지어 밥을 먹는 짧은 시간에도 인에서 어긋나는 일이 있어서도 안 된다고 강조하고 있다.

(6)

子曰, 我未見, 好仁者와 惡不仁者라. 好仁者는
자왈 아미견호인자 오불인자 호인자

無以尙之요 惡不仁者는 其爲仁矣에 不使, 不仁
무이상지 오불인자 기위인의 불사불인

者로 加乎其身이니라. 有能一日에 用其力於仁矣
자 가호기신 유능일일 용기력어인의

乎아? 我未見, 力不足者라. 蓋有之矣어늘 我, 未之
호 아미견역부족자 개유지의 아미지

見也로다.
견 야

{풀이}

　공자께서 말씀하시기를, 『나는 아직까지 어진 것을 좋아하는 사람
과 어질지 못한 것을 미워하는 사람을 보지 못하였다. 어진 것을 좋아
하는 사람이 있다면 더 바랄 것이 없으나, 어질지 못한 사람을 싫어
하는 사람이라 할지라도 어진 것을 행하는데 있어서 어질지 않는 것
으로 하여금 그 자신의 몸에 더하지 못하게 한다. 하루를 능히 어진
것에 힘쓸 사람이 있는가? 나는 아직 그렇게 하는데 힘이 모자라는
사람을 보지 못하였다. 그런 사람이 있을법한데 나는 아직 그런 사람
을 보지 못하였다.』했다.

{주해}

[無以尙之]: 그 이상 더할 나위 없다. 상尙은 상上임. 가加의 뜻임. [其

爲仁矣]: 그 인을 행함에 있어서. [加乎其身]: 그의 몸에 미치다. 그의 몸에 영향을 주다. [蓋]: 혹시. 아마. 아무래도.

{해설}

　인간은 대체로 도를 행할 수 있는 도덕성을 갖추고 있다. 그러나 단 하루라도 그것을 정성껏 실천하려는 사람은 보지 못했다. 그의 능력이 모자라는 것이 아니라 성의가 없기 때문이다. 공자께서도 이것을 구체적으로 반성해야 한다고 했다.

(7)

子曰, 人之過也는 各於其黨이니 觀過면 斯知仁
자 왈　인 지 과 야　　각 어 기 당　　　관 과　　사 지 인

矣니라.
의

{풀이}

　공자께서 말씀하시기를, 『사람의 허물은 그 종류에 따라 다른 것이니, 남의 과실을 보면 곧 그가 인자인지 아닌지를 알 수 있는 것이다.』했다.

[過]: 허물. 과오 등. [黨]: 무리. 분류 등임. [觀過]: 잘못을 살피다. 허물을 보다. [斯]: 곧.

{해설}

　세상의 모든 원인을 분석해 보아서 그 인仁의 요소를 가늠할 수 있다는 뜻이다. 군자와 소인은 그 허물부터가 다르다. 군자는 지나치게 마음이 후덕하여 허물이 생기고, 소인은 잔인하여 허물을 범한다고 했다.

(8)

子曰, 朝聞道면 夕死라도 可矣니라.
자 왈 조 문 도 　 석 사 　 　 가 의

{풀이}

　공자께서 말씀하시기를, 『아침에 도를 들어서 깨달으면, 저녁에 죽어도 좋으리라.』 했다.

{주해}

[道]: 인간의 도리로서 정도正道, 인도人道, 진리眞理를 말한다. [聞]: 듣

고 깨닫다. [朝]: 아침. [夕]: 저녁. [可矣]: 좋다. 괜찮다. 유감이 없다.

{해설}

여기서 공자의 모든 사상이 그대로 나타나고 있다. 그리고 공자와 결연한 사상도 그대로 나타나고 있다. 그래서 이는 공자의 위대한 격언으로 우리들의 가슴에 오래 남게 된다. 사람의 도리를 모르고 산다면 삶, 그 자체가 무의미한 존재라는 것을 명확히 말하고 있다. 아침에 인간의 도리를 깨닫고 나면 저녁에 죽어도 좋다는 그 말은 그냥 평범한 말이 아니라 많은 경험과 위대한 철학을 이해함으로써 비로소 나오는 진리인 것이다.

(9)

子曰, 士志於道, 而恥惡衣惡食者는 未足與議
자 왈 사 지 어 도 이 치 악 의 악 식 자   미 족 여 의
也니라.
야

{풀이}

공자께서 말씀하시기를, 『선비가 도道에 뜻을 두고도 남루한 옷과 안 좋은 음식 먹기를 수치로 여긴다면 함께 도道를 말할 수 없느니라.』

[士]: 도道를 닦는 선비로서 수학修學하는 사람. 군자. 경대부卿大夫. 사士 등의 계급이 있다. [士志於道]: 도를 구하고자 공부하는 선비. [恥]: 부끄러움. 창피로 여김. [未足]: 만족하지 못하다. 자격이 없다. [與議]: 더불어 같이 의논하다.

{해설}

공자께서는 학문하는 자세를 두고 이렇게 교훈하고 있다. 공부하는 학생, 즉 도덕군자가 되겠다고 수학하는 선비가 좋은 옷과 좋은 음식만을 먹을 수가 없지만, 만약 선비의 도를 닦는 사람이 떨어진 옷과 나쁜 음식을 먹는 것을 부끄럽게 여긴다면 그런 자와는 함께 이야기할 수 없다고 단호하게 말하고 있다. 웰빙을 부르짖는 현대인에게 좋은 경종警鐘 같기도 한 말이다.

(10)

子曰, 君子之於 天下也에 無適也하며 無莫也하
자 왈 군 자 지 어 천 하 야   무 적 야   무 막 야

여 義之與比니라.
의 지 여 비

공자께서 말씀하시기를,『군자는 이 세상 모든 일에 있어서 어느 한 가지만을 옳다고 고집하지도 않고, 또 반면에 모든 것을 안 된다고 부정하지도 않고, 어디까지나 올바른 의리를 좇는다.』

{주해}

[於天下]: 이 세상 모든 일에 있어서. (모든 사물에 임하는 태도). [適]: 오로지 한 가지만 좋다고 주장하다. [莫]: 즐겨하지 않음. 반대하다. (適은 가함이요, 莫은 불가함.) [義之與比]: 의를 따르다. 與는 함께, 比는 좇다.

{해설}

이 글에서는 군자의 아량과 태도에 대해서 제시하고 있다. 그래서 군자는 주관적으로 옳고 그름을 판단하지 않고 정의正義냐 불의不義냐를 판단하여 좇아가야 한다는 것이다. 이 세상 모든 일에는 이렇게 하라고 주장할 수도 없고, 그렇게 하면 안 된다는 법칙도 없기 때문에 이렇게 해야 한다는 뚜렷한 목표가 없다. 그래서 군자는 오직 의義만 좇아서 따르면 잘못이 없을 거라는 공자의 가르침이다. 그렇기 때문에 한갓 의義만 따라가야 한다는 것이다.

(11)

子曰, 君子는 懷德하고 小人은 懷土하며 君子는
懷刑하고 小人은 懷惠니라.

{풀이}

　공자께서 말씀하시기를,『군자는 덕을 생각하지만, 소인은 땅을 생
각하고, 군자는 법을 생각하지만, 소인은 은혜받기를 생각한다.』

{주해}

[懷德]: 고유한 선善을 보존함을 말함. 회懷는 '생각하다'이다. [懷土]: 처하
는 곳의 편안함을 생각하여 거기에 빠져버림. [刑]: 넓은 의미에서 법法.

{해설}

　세상에는 군자君子와 소인小人이 함께 존재한다. 군자는 어떤
사람이며, 소인은 어떤 사람인지를 잘 말해주고 있다. 군자가
대의大義에 산다면, 소인은 사리사욕私利私慾에 산다. 그래서 군
자는 덕과 의리를 위해서 살고, 소인은 자기가 편히 안주할 곳을
찾아 헤맨다. 또 군자는 법이 있음을 알아 그 법을 지키며 살려
고 하고, 소인은 남의 특혜나 받기를 좋아한다. '군자유어의君子

喩於義, 소인유어리小人喩於利'가 그것이다. 喩는 기뻐하다(유).

(12)

子曰, 放於利而行하면 多怨이니라.
자 왈 　 방 어 　 이 이 행 　 　 　 다 원

{풀이}

　공자께서 말씀하시기를, 『이익에 따라 행동하면 원망이 많으니라.』

{주해}

[放]: 따르다. 좇다. [怨]: 원망. 원성.

{해설}

　이익과 행동에 있어서 상호 관계를 말하고 있다. 이익을 위하여 그것을 따르면 자연히 원망이 뒤따른다는 것이다.

(13)

子曰, 能以禮讓이면 爲國乎에 何有며 不能以,禮
자 왈 　 능 이 예 양 　 　 위 국 호 　 하 유 　 불 능 이 예

讓으로 爲國이면 如禮何오?
양   위국   여예하

{풀이}

공자께서 말씀하시기를, 『능히 예와 겸양을 한다면 나라를 다스림에 무슨 어려움이 있으며, 예와 겸양으로써 나라를 다스리지 못하면 예가 있은들 무엇하겠는가?』

{주해}

[禮讓]: 예의와 겸양. 예禮의 근본은 사양辭讓이요, 양讓은 예禮의 실제이다. 1. 측은지심惻隱之心은 인지단仁之端. 2. 수오지심羞惡之心은 의지단義之端. 3. 사양지심辭讓之心은 예지단禮之端. 4. 시비지심是非之心은 지지단智之端. [爲國]: 나라를 다스리다. [何有]: 어렵지 않다. [不能]: ~하지 못한다면. (예양위국禮讓爲國을 하지 못한다면). [如禮何]: 예禮는 어찌하겠는가? 如~何=어찌하겠는가?

{해설}

공자는 예의와 사양을 국가 정치의 으뜸으로 삼았다. 그래서 예의와 사양으로 나랏일을 다스리면 아무 어려움 없이 해결할 수 있다고 가르치고 있다. 반대로 겸양으로 나라를 다스리지 못하면 예가 있은들 어디에 쓰겠느냐 하며, 나라의 정치政治를 모든 예의와 결부 지으면서 이렇게 예禮의 본질적인 문제를 가지

고 정치를 해야 한다고 주장한다. 이 예를 가지고 나라를 다스
리면 별다른 문제가 없을 것이라는 것도 덧붙여 강조하고 있다.

(14)

子曰, 不患無位요 患所以立하며 不患,莫己知요
자왈 불환무위 환소이립 불환막기지

求爲,可知也니라.
구위가지야

{풀이}

　공자께서 말씀하시기를, 『지위가 없음을 걱정하지 말고 지위에 서
게 할 것을 걱정하며, 자기를 알아주는 이가 없음을 걱정하지 말고 알
려질 만한 사람이 되기를 구하여야 하느니라.』

{주해}

[位]: 작위爵位, 혹은 벼슬자리. [所以立]: 벼슬에 설 수 있는 능력이나
자격. [爲可知]: 알려질 수 있는 능력을 기르다.

{해설}

　인간은 누구나 무엇이 되고 싶어 한다. 또 남에게 인정도 받

고 싶어 한다. 그것이 마음대로 되지는 않는다. 그래서 높은 지위에 올라가지 못함을 걱정하지 말고, 자기가 그 지위에 설 수 있는 능력을 배양하는 것이 급선무이다. 그리고 자신을 남이 알아주지 않음을 근심 걱정하지 말고, 남이 자기를 알아줄 수 있도록 알려질 만한 사람이 되어야 한다고 강조하고 있다. 그러니 마음속의 이상을 실현하려면 꾸준히 노력하여 충분한 능력을 배양하여야 한다.

(15)

子曰, 參乎아! 吾道는 一以貫之니라. 曾子曰, 唯
　　자왈 삼호　　오도　　일이관지　　　　증자왈 유
라 子出커시늘 門人이 問曰, 何謂也니까? 曾子曰,
　　자출　　　문인　문왈 하위야　　　　증자왈
夫子之道는 忠恕而已矣니라.
부 자 지 도　충 서 이 이 의

{풀이}

　　공자께서 말씀하시기를, 『삼參아! 나의 도는 하나로 관철되어 있느니라.』 증자가 말하기를, 『예, 그렇습니다.』 하니, 공자께서 밖으로 나가시거늘 공자의 제자들이 묻기를, 『무슨 뜻입니까?』 하니, 증자가 말하기를, 『선생님의 도는 충忠과 서恕일 뿐입니다.』 했다.

[參]: 공자의 제자인 증자曾子의 이름. [一以貫之]: 하나로 관철됨.
[唯]: 예, 예 그렇습니다. 예예 하는 대답임. [門人]: 제자. [何謂也]: 무슨 말씀인가요? [忠恕]: 충성함과 남을 용서하는 일. [而已矣]: ~일 따름. ~일 뿐.

{해설}

여기서 공자의 사상을 엿볼 수 있다. 공자의 사상은 인仁, 그 자체다. 공자의 인은 사람을 사랑하는 것이다. 그러니 자기의 사욕을 억누르고 돌아가는 것이 극기복례克己復禮이다. 또 공자께서 강조하는 것이 내가 못하는 것을 남에게 미루지 말라는 사상, 즉 '기소불욕물시어인己所不欲勿施於人'과 일치한다. 그래서 충과 서를 한결 주장하는 것이다.

(16)

子曰, 君子는 喩於義하고 小人은 喩於利니라.
자왈 군자 유어의 소인 유어리

{풀이}

공자께서 말씀하시기를, 『군자는 의에 밝고, 소인은 이익에 밝느니라.』

[君子]: 학식과 예를 갖춘 사람. [喩]: 효효(깨닫다). 밝히어 알다. [義]: 의야宜也. 정의定義, 대의大義 등과 같은 의로움. [利]: 이익. 개인적인 사리사욕私利私慾. [於]: 허사로 사용됨.

{해설}

『군자는 의義에 있어서는 소인이 이익利益에 있어서와 같다. 오직 깊이 깨닫기 때문에 독실하게 좋아하는 것이다.』 이는 정자程子의 말이다. 의를 추구하나 이익을 추구하나, 이것은 독실하게 좋아하는 점에서는 똑같다는 것이다. 군자가 의리를 추구하나 소인이 이익을 추구하는 것은 결과적으로 추구하는 의지는 같다는 것, 즉 군자는 생명을 버리고 의를 취하는 자가 있으며, 소인은 이익을 가지고자 목숨을 거는 자가 없지 않다.

다시 말하면, 군자는 정의를 위해 살고, 소인은 이익을 위해 산다는 뜻이다.

(17)

子曰, 見賢思齊焉하며 見不賢而內自省也니라.
　　자 왈　견 현 사 제 언　　견 불 현 이 내 자 성 야 공자께서 말씀하시기를, 『어진 사람을 보고 자신도 그와 같은 사람이 되기를 생각하며, 어질지 못한 사람을 보면 나 자신에 비추어 반성해야 하느니라.』 했다.

{주해}

[思齊]: 그와 같기를 생각하다. 제齊는 동同과 같음. [內自省]: 마음속으로 자신을 반성함.

{해설}

자기 자신을 반성하라는 것이다. 남의 장점을 보면 나도 그와 같아지기를 바라며, 남의 잘못을 보면 자신을 반성하여 더욱 훌륭한 인격으로 변모하기를 바라고 있다.

(18)

子曰, 事父母하되 幾諫이니 見志不從하고 又敬
자 왈 사 부 모 기 간 견 지 부 종 우 경
不違하며 勞而不怨이니라.
불 위 노 이 불 원

　공자께서 말씀하시기를, 『부모를 섬기되 허물이 있거든 부드럽게 간諫할 것이니, 간함을 따르지 않더라도 더욱 부모님을 공경하며 괴로워도 원망해서는 안 되느니라.』

{주해}

[幾諫]: 거슬리지 않게 간하다. 기幾는 미微와 같음. [見志不從]: 부모에게 간하여도 부모가 잘 듣지 않음. [不違]: 부모의 뜻을 거스르지 않게. [勞而不怨]: 어버이가 노하여 매를 치더라도 원망하지 않음.

{해설}

　효는 인과 덕의 근본이므로, 혹 부모에게 잘못이 있다 하더라도 원망해서는 안 된다는 뜻이다. 자식이 어버이에게 그의 잘못을 고치지 않더라고 부모를 원망하지 말라는 내용이다.

（19）

子曰, 父母在어시든 不遠遊하며 遊必有方이니라.
자 왈　부 모 재　　　　불 원 유　　　유 필 유 방

공자께서 말씀하시기를, 『부모가 살아 계시거든 멀리 나다니지 말며, 부득이 먼 곳을 가는 일이 있으면 반드시 가는 곳을 알릴 것이니라.』

{주해}

[遊]: 여행(遊旅). [方]: 행방行方.

{해설}

부모에게 걱정을 끼치는 일은 결코 하지 말아야 한다. 부모님이 집에 계시는데 멀리 떠나버린다거나, 행방도 알리지 않고 가버려서 부모님이 걱정을 하기 때문에 효자가 하는 행위라고는 하지 못할 것이다. 그래서 집을 떠날 때는 부모님께 꼭 행방을 알리고 떠나라는 것이다. 이런 행위가 바로 효자가 하는 행위이다. 『자식이 능히 부모의 마음을 생각한다면 효가 될 것이다.』 범씨范氏(범조우范祖禹)

(20)

子曰, 三年을 無改於父之道라야 可謂孝矣니라.
자 왈 삼 년   무 개 어 부 지 도   가 위 효 의 공자께서 말씀하시기를,『아버지가 돌아가신 후 삼 년 동안 아버지가 하시던 일을 바꾸지 말아야 가히 효자라 할 수 있느니라.』

{주해}

[無改]: 바꾸지 않음. [可謂孝]: 진짜 효자라 할만하다.

{해설}

부모의 유업을 쉽게 바꾸지 말라는 뜻이다. 이 말은 현대인에게 안 먹힐지 모르나 부모의 유업을 함부로 하지 말라는 뜻이다. 부모의 유업을 3대, 4대, 혹은 7, 8대의 가업을 잇는 요즈음의 전통문화나 음식문화 같은 것을 볼 수 있는데, 이것도 이 말과 관계있는 말이 될 수 있을 것이다.

（21）

子曰, 父母之年은 不可不知也니 一則以喜요 一
자왈 부모지년 불가부지야 일즉이희 일

則以懼니라.
즉 이 구

공자께서 말씀하시기를, 『부모님의 나이는 늘 기억해야 하느니라. 한편으로는 오래 사시는 것을 기뻐하고, 또 한편으로는 연로하신 것을 두려워해야 하느니라.』

{주해}

[一]: 한편으로는. [喜]: 기쁘다. 즐겁다. [懼]: 부모님이 나이 드는 것을 두렵게 여기다.

{해설}

항상 어버이를 생각하고, 부모님의 나이를 늘 기억해야 하고, 오래오래 사시는 것을 기뻐해야 한다고 했다. 이것이 자식 된 도리를 다하는 것이다. 여기에서 희喜가 나오고, 또 구懼가 나온다. 희와 구는 서로로 상반되는 이념이니, 부모님이 오래 사시는 것을 항상 기뻐하고, 나이가 들면 부모님에 대한 걱정을 해야 한다는 공자의 가르침이다.

(22)

子曰, 古者에 言之不出은 恥躬之, 不逮也니라.
자 왈 고 자 언 지 불 출 치 궁 지 불 체 야

공자께서 말씀하시기를,『옛사람들이 말을 앞세우지 않았던 것은 실천이 이에 미치지 못함을 부끄럽게 여겼기 때문이니라.』했다.

[古者]: 옛날 사람. [言之不出]: 말을 삼가다. 말을 아무렇게나 하지 않음. [恥]: 부끄러움. [不逮]: 따르지 못함.

말을 함부로 해서는 안 된다는 말이다. 더구나 학식이 있는 사람은 더하다고 했다. 실천하지 못하는 말을 함부로 하지 말라는 것도 이 속에 포함되어 있다. 자기가 말한 것은 반드시 실천해야 하고, 실천하지 못하는 것은 말을 하지도 말라는 교훈이다.

(23)

子曰, 以約失之者는 鮮矣니라.
자 왈 이 약 실 지 자 선 의

공자께서 말씀하시기를,『삼가하면 잃는 것이 적으니라.』했다.

{주해}

[約]: 방만하지 않게. 검약하다. 단속. [失]: 실수. 실패. [鮮矣]: 드물다.

{해설}

일상생활에서 항상 언행을 조심하라는 가르침이다. 즉 말을 앞세우지 말라는 뜻이다.

(24)

子曰, 君子는 欲訥於言而敏於行이니라.
자 왈 군 자 욕 눌 어 언 이 민 어 행

{풀이}

공자께서 말씀하시기를,『군자는 말을 느리게 하고, 행동은 민첩하게 하느니라.』 했다.

{주해}

[訥]: 말을 더듬다. 말을 느리게 하다. 신중하게 함이다. [敏]: 민첩하다. 신속하게 하다.

'訥於言而敏於行'은 말은 느리게, 행동은 신속하게 한다는 말이다. 말을 느리게 한다는 것은 신중하게 생각함이니, 인과 덕을 갖춘 지도자는 이 글을 좌우명으로 삼아야 할 것이다.

(25)

子曰, 德不孤라. 必有鄰이니라.
자 왈 덕 부 고 　 필 유 린

{풀이}

공자께서 말씀하시기를,『덕은 외롭지가 않다. 반드시 이웃이 있느니라.』

{주해}

[不孤]: 외롭지 않다. [有鄰]: 이웃이 있다. 친구가 있다. 鄰은 친親이다.

{해설}

덕을 지닌 자에게는 덕 있는 자들이 모여들게 되므로, 결코 외롭지 않다는 뜻이다. 즉 덕을 베풀면 많은 사람이 따른다. 그런데 요즈음은 각박한 사회라서 도와주는 것을 모른다. 사랑을 먼저 베풀라, 그러면 나에게도 그 사랑이 돌아올 것이다.

(26)

子游曰, 事君數이면 斯辱矣요 朋友數이면 斯疏
矣니라.

{풀이}

자유子游가 말하기를, 『임금을 섬기는 데 있어서 간언이 잦으면 욕이 되고, 벗을 사귀는 데 있어서 충고가 작으면 사이가 멀어지게 된다.』고 했다.

{주해}

[子游]: 공자의 제자. 그는 문학에 뛰어났었다. [數]: 자주(삭). [斯]: 이에. 곧. [疏]: 소원해짐.

{해설}

임금에게 간언을 하고 친구에게 충고를 하되 적당히 잘해야 한다는 것이다. 무엇이든 지나치면 안함만 못하니 정도를 잘 찾아야 한다는 것이다. 여기에서도 중용의 도를 알고, 여기서 벗어나지 말아야 한다는 것이 자유子游의 본 의도이기도 하다.

제5편

公冶長(공야장)

| 篇名說 |

고금古今의 인물평人物評과 현부득실賢否得失을 말하고, 인간의 이상형理想型과 택인擇人을 암시暗示한 글귀가 들어있다.

(1)

子謂.公冶長하시되 可妻也로다. 雖在.縷絏之中
자 위 공 야 장   가 처 야   수 재 누 설 지 중

이나 非其罪也라 하시고 以其子로 妻之하시다.
      비 기 죄 야   이 기 자   처 지

{풀이}

공자께서 공야장公冶長을 평하여 말씀하시기를,『공야장은 사위로 삼을 만하다. 비록 그가 감옥에 구속되었어도 그의 죄는 아니다.』하시며 자기의 딸을 그의 처로 삼게 하셨다.

{주해}

[謂]: 이르다. 평하다. [公冶長]: 성姓은 공야公冶, 이름은 장長. 공자의

제자. [妻]: 폼사는 동사. 공야장公冶長에게 시집보내어 그의 처妻로 삼게 하다. 곧 사위로 삼았다는 뜻. [縲絏]: 감옥. 누縲는 검은 새끼, 설絏은 매다(繫). 옛날에는 죄인에게 검은 새끼로 묶었다고 해서 그렇게 불리었다.

{해설}

공자가 자기의 딸을 줄만한 인물이면 공자께서 매우 신념하는 인물임에 틀림없다. 그래서 공자의 과감한 결단력과 신념은 공자의 인생관을 잘 표현하고 있다. 그것도 죄를 받아 감옥에 들어갔던 인물이었다. 한 번 믿으면 감옥에 들어가도 그를 믿고 딸을 주었다는 공자의 인생관이 잘 나타나 있다.

(2)

子謂南容하시되 邦有道에 不廢하며 邦無道에 免
자 위 남 용   방 유 도   불 폐   방 무 도   면
於刑戮이라 하시고 以其兄之子로 妻之하시다.
어 형 륙   이 기 형 지 자   처 지

{풀이}

공자께서 남용에게 이르기를, 『나라에 도가 있으면 버림을 받지 않고, 나라에 도가 없다 하더라도 형벌은 면할 사람이니라.』 하시고, 그

형의 딸을 남용의 아내로 삼게 하였다.

{주해}

[南容]: 공자의 제자. 성은 남궁南宮, 이름은 괄适, 자字가 자용子容. 남궁자용南宮子容을 줄여 그냥 남용南容이라 불렀다. [不廢]: 반드시 등용된다는 뜻. [刑戮]: 형벌이나 주육誅戮. [兄之子]: 공자의 형 맹피孟皮의 딸. 이복형異腹兄이다.

{해설}

공자께서 그의 딸을 공야장에게 주어 사위를 삼았다고 했다. 공자께서는 사람을 믿으면 과감하게 실행하는 신념이 굳은 인물임을 알 수 있다. 이 공야장은 논어에 딱 한 번 나오는 인물로, 그의 인물에 대한 구체적인 평은 없으나 공자가 그만큼 그를 믿은 걸 보면 비상한 인물임을 알 수 있다. 공야장이 감옥에 들어간 것은 그의 죄가 아니라고 단정하는 걸 보면, 공자는 공야장을 과감하게 믿고 있었다.

한편 남용은 말을 신중히 했다고 한다. 언행이 신중하면 난세에도 욕을 보지 않고 치세에는 등용될 것이다. 그래서 그의 형의 딸을 주어 질서姪壻로 삼았으니, 공자의 결단력과 사람 보는 눈이 비상함을 알 수 있을 것이다.

(3)

子謂.子賤하시되 君子哉라. 若人이여 魯無.君子
자 위 자 천　　　　　군 자 재　　약 인　　　노 무 군 자

者면 斯焉取斯리오.
자　　사 언 취 사

{풀이}

　　공자께서 자천子賤에게 이르시되, 『이 사람이야말로 군자로다. 만약 노나라에 군자가 없었다면 이 사람이 어찌 이러한 덕을 갖출 수 있었으랴.』 했다.

{주해}

[子賤]: 공자의 제자. 성은 복宓, 이름은 부제不齊. 자가 자천子賤이다.
[若人]: 이와 같은 사람. [斯焉取斯]: 이 사람이 어떻게 그런 학덕을 터득했겠는가? 앞의 斯는 이 사람, 뒤의 斯는 이러한 학덕을 가리킨다.

{해설}

　　노나라에는 현인들이 많았다. 그래서 도 있는 사람에게서 본받았으며 도를 깨우칠 수 있었다는 것이다. 그 실례가 자천子賤인 것이다. 노나라에 현인이 없었다면 자천 같은 사람은 있을 수 없다는 뜻이다.

(4)

子貢이 問曰, 賜也는 何如니이까? 子曰, 女는 器
자공　문왈　사야　하여　　　　자왈　여　기

也니라. 曰, 何器也니이고? 曰, 瑚璉也니라.
야　　왈　하기야　　　왈　호련야

{풀이}

　자공子貢이 묻기를, 「저는 어떠한 사람입니까?」 공자께서 말씀하시
기를, 『너는 그릇이니라.』 자공이 말하기를, 「어떠한 그릇입니까?」 공
자께서 말씀하시기를, 『호련이니라.』했다.

{주해}

[子貢]: 이름은 사賜. 공자의 제자. [何如]: 어떠하냐? [女]: 여汝, 너, 자
네. 2인칭 대명사. [器]: 그릇. '유용지성재有用之成材'—주자朱子. [瑚
璉]: 옥으로 장식된 중요한 그릇. 주로 종묘에 서직黍稷을 담는 그릇으
로 쓰였다.

{해설}

　자공子貢은 말솜씨가 있어 말을 잘하는 공자의 제자였다. 그
가 직접 공자께 묻기를, 「선생님 저는 어떤 인물입니까?」 하니,
공자는 그릇과 같다고 했다.

'군자불기君子不器'라고 한 공자가 자공에게 '그릇'과 같다고 했으니, 자공은 다시 물을 수밖에ㅡ. 그러니 공자는 그를 가리켜 '호련瑚璉'과 같은 그릇이라고 했으니, 매우 중요한 곳에 쓰일 수 있는 인물이라고 공자는 자공을 평하고 있었다.

(5)

或曰, 雍也는 仁而不佞이로다. 子曰, 焉用佞이리
혹왈　옹야　　인이불녕　　　　자왈　언용녕

오 禦人以口給하야 屢憎於人하나니 不知其仁이어
어인이구급　　　누증어인　　　부지기인

니와 焉用佞이리오.
　　언용녕

{풀이}

　어떤 사람이 말하기를, 옹雍은 어질기는 하나 말재주가 없는 것 같습니다. 공자께서 말씀하시기를,『말재주가 무슨 소용이 있단 말인가. 말로만 남을 대한다면 오히려 자주 남의 미움만 사는 것이니, 그가 어진 지는 알 수 없으나 그 말재주가 무슨 소용이 있겠는가.』

{주해}

[雍]: 공자의 제자. 성은 염冉, 이름이 옹雍. 자字는 중궁仲弓이며, 노魯

나라 사람으로 덕德이 높았다고 한다. [佞]: 말재주. 말이 많으며 재치가 있다. [禦]: 禦는 당야當也. 응수하다. 응답하다. [口給]: 給은 변야辨也. 곧 구변을 말함. 수다스러움. [屢]: 흔히, 늘, 자주.

{해설}

　공자시대에는 말을 잘하고 남에게 수다를 떠는 그런 사람은 환영받지 못했다. '웅변과 침묵' 어느 것이 좋으냐 하는 것은 시대상황에 따라 다르지만, 적어도 공자의 인물평에서는 말만 잘하고 덕德이 없는 사람은 쓸모가 없다고 했다.

　어떤 사람이 옹雍은 구변이 없어서 쓸모없는 사람으로 간주하고 있을 때, 공자는 말이 많으면 오히려 남에게 미움이나 살뿐, 무슨 소용이 있느냐 하며, 구변이 좋을 필요가 어디에 있겠느냐 하고 반론했다. 말이 많고 지나친 말재주[佞]나 부리는 사람을 공자는 좋아하지 않았다.

(6)

子使漆雕開로 仕하신대 對曰, 吾斯之未能信이
　자 사 칠 조 개 　사 　　대 왈 오 사 지 미 능 신

로이다 子說하시다.
　　　　자 열

공자께서 칠조개漆雕開에게 벼슬하라고 하자 칠조개가 대답하기를, 「저는 아직 감당할 자신이 없습니다.」 하니, 이 말을 듣고 공자께서는 매우 기뻐하셨다.

{주해}

[漆雕開]: 공자의 제자. 성은 칠조漆雕, 본명은 계啓이다. [仕]: 벼슬. [說]: 기뻐하다.

{해설}

자기의 능력을 안다는 것은 매우 어려운 일인데, 칠조개漆雕開의 겸손한 자세를 보고 매우 기특하게 생각했던 것이다.

(7)

子曰, 道不行이라 乘桴, 浮於海하니라 從我者는
자왈 도불행   승부부어해   종아자

其由與인저 子路聞之하고 喜한대 子曰, 由也는 好
기유여   자로문지   희   자왈 유야 호

勇過我하나 無所取材니라.
용과아   무소취재

　공자께서 말씀하시기를, 『도道가 행하여지지 않아서 뗏목을 타고 바다로 떠나게 된다면 나를 따를 사람은 유由뿐일 것이다. 자로子路가 이 말을 듣고 기뻐하였다.』 공자가 다시 말씀하시기를, 『유由는 용기를 좋아하는 것은 나보다 낫지만 사리분별을 하지 못한다.』 했다.

{주해}

[桴]: 뗏목. [浮于海]: 세상을 피하여 밖으로 나가고 싶다는 말. [由]: 공자 제자 자로子路임. [無所取材]: 사리분별을 하지 못함.

{해설}

　천하에 어진 군주가 없어서 한탄하는데, 자로子路가 이에 사리분별을 못하고 나서자 공자께서 한마디 한 것이다.

(8)

孟武伯이 問하되 子路는 仁乎이까? 子曰, 不知也
맹무백　　문　　　자로　인호　　　자왈　부지야

로다. 又問한대 子曰, 由也는 千乘之國에 可使治,
　　　우문　　　자왈　유야　　천승지국　　가사치

其賦也어나와 不知,其仁也라.
기부야　　　　부지기인야

求也_{구야}는 何如_{하여}이까? 子曰_{자왈}, 求也_{구야}는 千室之邑_{천실지읍}과 百_백

乘之家_{승지가}에 可使爲之_{가사위지},宰也_{재야}어니와 不知_{부지},其仁也_{기인야}니라.

赤也_{적야}는 何如_{하여}이니까? 子曰_{자왈}, 赤也_{적야}는 束帶_{속대},立於朝_{입어조}하여

可使與_{가사여},賓客言也_{빈객언야}어니와 不知_{부지},其仁也_{기인야}니라.

{풀이}

맹무백孟武伯이 묻기를,『자로는 어진 사람입니까?』공자께서 말씀하시기를,『잘 모르겠네.』맹무백이 다시 물으니 공자께서 말씀하시기를,『유는 천승의 나라에 한 부賦를 맡아서 능히 다스릴 만하다. 그러나 그가 인자한 지에 대해서는 잘 모르겠노라.』했다. 구求는 어떠한 사람입니까? 공자께서 말씀하시기를,『구는 천호되는 고을과 경대부卿大夫 집의 가신家臣일은 함직하나 그가 어진 사람인가는 잘 모르겠노라.』적赤은 어떠한 사람입니까? 공자께서 대답하시기를,『적은 예복을 갖추고 조정에서 빈객과 더불어 서로 이야기를 논할 만하지만 그가 어진가에 대해서는 잘 모르겠노라.』했다.

{주해}

[孟武伯]: 노나라의 대부임. [千乘之國]: 제후의 나라. [治賦]: 병사. 부역. 조세에 관한 업무를 다스림. [求]: 공자의 제자 염구. [千室之邑]:

호수 천의 고을. [百乘之家]: 백호를 다스리는 경대부. [宰]: 재상. 가
재家宰. [赤]: 공자의 제자. [束帶]: 예복에 두른 띠. [賓客]: 손님.

{해설}

　공자께서 제자들의 인물평을 하고 있다고 생각되는데, 제자
들에 대한 평을 아주 정확하게 그들의 재능까지 파악하여 하나
하나 장단점을 알고 있으면서 단호하게 평을 하는 것을 보면, 공
자는 제자들을 완전 파악하고 있는 것 같은 인상을 주고 있다.
　여기서 자로와 구와 적, 많은 제자들이 나온다. 그러나 공자
께서는 '잘 모르겠노라'로 일관한 것은 제자들이 앞으로 '힘쓰라'
는 격려의 말로 들리기도 한다.

(9)

子謂,子貢曰, 女與回也로 孰愈오 對曰, 賜也는
자 위 자 공 왈　여 여 회 야　　숙 유　　대 왈　사 야

何敢望回리이까? 回也는 問一以,知十하고 賜也는
하 감 망 회　　　　회 야 는　문 일 이 지 십　　　사 야

聞一以,知二하나이다. 子曰, 弗如也니라 吾與女의
문 일 이 지 이　　　　자 왈　불 여 야　　　오 여 여

弗女也하노라.
불 여 야

공자께서 자공子貢에게 일러 말씀하시기를, 『너를 회回와 비교하면 누가 더 낫다고 생각하느냐?』 자공이 대답하기를, 「제가 어찌 감히 회回와 비교가 되겠습니까? 회回는 하나를 들으면 열을 알고, 저는 하나를 들으면 둘을 겨우 압니다.」 그러자 공자께서 말씀하시기를, 『그만 못하니라. 나와 네가 모두 안회顔回만 못하니라.』

{주해}

[女]: 여汝와 같음. [回]: 안회顔回, 안자顔子. [孰]: 누구. [愈]: 낫다. 우수하다. [賜]: 자공의 이름. [何敢望回]: 어찌 감히 회와 비교가 되겠습니까? [聞一以知十]: 하나를 듣고 열을 안다는 뜻. 시작만 보아도 전체를 안다. [弗如也]: 같지 않다. 불弗은 불不보다 뜻이 강하다.

{해설}

공자께서 말 잘한다고 자부하는 자공을 안회와 비교하여 누가 더 나으냐고 넌지시 자공에게 물었다. 자공은 자기보다 안회가 더 낫다는 말로 자인한다. 그 자인하는 말이 '안회는 하나를 들으면 열을 알지만, 저는 겨우 하나를 들으면 둘밖에 모르는 인물인데, 감히 어찌 제가 안회보다 나을 수 있겠습니까.' 한다.

여기서 공자는 더욱 도수를 낮추지 않고 자공이 너는 안회와 비교도 안 된다는 말로 '너와 내가 모두 안회를 못 좇아간다.' 하면서 안회의 인물됨을 문답을 통해서 표현하고 있다.

(10)

宰予晝寢이어늘 子曰, 朽木은 不可雕也며 糞土
之牆은 不可杇也니 於予與에 何誅리오. 子曰, 始
吾於人也에 聽其言而信其行이러니 今吾於人也
에 聽其言而觀其行하노니 於予與, 改是하노라.

{풀이}

　재여宰予가 낮잠을 자기에 공자께서 말씀하시기를, 『썩은 나무에
는 조각을 할 수 없고, 썩은 흙으로는 쌓은 담에 흙으로 손질할 수 없
으니, 너 같은 인간을 꾸짖은들 무엇하리.』 또 공자께서 말씀하시기를,
『전에는 내가 사람을 볼 때 그 말만 듣고 그 사람의 행실을 믿었으나
이제 나는 그 말을 듣고 그 사람의 행실까지 살피게 되었으니, 재여宰
予 때문에 고치게 되었노라.』 했다.

{주해}

[宰予]: 재아宰我. 여予는 이름. [晝寢]: 낮잠 자다. [朽木]: 썩은 나무.

[雕]: 조각하다. [糞土]: 썩고 더러운 흙. [牆]: 담장. [杇]: 흙손질하다. 미장하다. [於予與]: 予와 같은 사람에 대해서. 與는 조사. [何誅]: 꾸짖다. 어찌 나무라겠느냐?

{해설}

　이 말을 평생 좌우명으로 삼는 이도 많다고 들었다. 인간의 됨됨이가 되지 않고 공부만 한다고 무슨 소용이 있겠는가. 개인 한 사람 한 사람의 됨됨이가 되지 않고서는 전체를 지탱해 나가기가 힘들다는 개념으로도 풀이하고 있다. 공자의 입장에서 본다고 해도 사랑하는 제자 재여가 공부보다 낮잠이나 즐기고 있었기에 공자 역시 재여를 신랄하게 꾸짖는다. 전에는 남의 말만 듣고 사람의 행실을 믿었지만, 이 재여로 말미암아 사람의 행실을 직접 살펴야겠다는 결심으로 바뀌게 되었다는 것이다.

(11)

子曰, 吾未見 剛者하노라. 或이 對曰, 申棖이니다.
자왈 오 미 견 강 자　　　혹　　대 왈 신 정

子曰, 棖也는 慾이어니와 焉得剛이리오.
자왈 정 야 욕　　　　언 득 강

공자께서 말씀하시기를, 『나는 아직 강한 사람을 보지 못했노라.』 그러자 어떤 사람이 말하기를, 「신정申棖이 있습니다.」 하니, 공자께서 말씀하시기를, 『정棖은 욕심이 있으니 어찌 그를 강직한 사람이라 하리요.』 했다.

{주해}

[剛]: 강직한 사람. [申棖]: 공자의 제자. [慾]: 욕심. 정욕. [焉得剛]: 어찌 강직하다 할 수 있으리오.

{해설}

이기적 욕심이 있으면 으레 편견이 따른다. 공평무사한 인과 정의에 서서 뜻을 굽히지 않는 사람이 강자剛者라는 뜻이다.

(12)

子貢이 曰, 我不欲人之加諸我也를 吾亦欲無
자공　　왈　아불욕인지가저아야　　오역욕무

加諸人하나이다. 子曰, 賜也아 非爾所及也니라.
가저인　　　　자왈　사야　비이소급야

자공이 말하기를, 「저는 남이 저에게 해롭게 하기를 원치 않는 것처럼 저 또한 남에게 해롭게 함이 없고자 합니다.」 공자께서 그 말을 듣고 말씀하시기를, 『사賜야, 너는 아직 그런 경지에 이르지 못하였느니라.』

{주해}

[子貢]: 자字가 사賜임. 공자의 제자. [人]: 남. 타인. [加]: 압력을 가함. [諸]: 지어之於의 준말. ~에. [非爾所及]: 너는 거기까지 미치지 못했느니라.

{해설}

자공子貢의 말은 '남을 용서하고 용서를 실천하는 정신'이다. 그가 말하는 용서하는 정신을 공자께서는 자공을 믿지 않았던 것이다. 지나치게 현실적인 자공이 그로서는 도저히 실천할 수 없다는 판단이 섰기 때문에, 공자는 자공에게 너는 군자는 못되지만 큰 그릇이다. 큰 그릇으로는 인정하면서 말만 잘하고, 현실적이고, 물질욕을 버리지 못하는 자공에게 경고한 말인 것 같았다.

즉, 내가 원하지 않는 일을 남에게 베풀지 말라. '기소불욕己所不欲을 물시어인勿施於人' 뜻이나, 그런 일을 하기는 지금 상태에서는 아직 어렵다는 뜻이다.

(13)

子貢이 曰, 夫子之 文章은 可得而 聞也어니와 夫
_{자공   왈   부자지 문장   가득 이 문야   부}
子之言 性與天道는 不可得而聞也니라.
_{자지언 성여천도   불가득 이 문야}

{풀이}

　자공이 말하기를, 「선생님의 문장은 가히 얻어들을 수는 있으나, 선생님의 어진 마음에서 우러나오는 말씀과 천도는 얻어들을 수가 없습니다.」

{주해}

[夫子]: 선생, 즉 공자를 가리킴. [文章]: 문장은 글만 아니고 모든 문물을 가리킴. 즉 예악문물 등. [言性與天道]: 성性은 인성人性, 천성天性이다. [天道]: 천리자연天理自然의 본체.

{해설}

　문장은 덕德이 밖으로 나타나는 것이니, 위의威儀와 문사文辭가 모두 이것이다. 성性은 사람이 부여받은 천리天理이고, 천도天道는 천리자연의 본체이니, 그 실상은 한 이치이다. 부자夫子의 문장은 날마다 밖으로 드러나서 진실로 배우는 자들이 함께 들을 수 있으나, 성과 천도에 있어서는 드물게 말씀하시어 배우는 자들이 들을 수가 없었다. 이는 성인의 문하門下에 가르침이

등급을 뛰어넘지 않아서 자공子貢이 때에 이르러서야 비로소 얻어듣고는 그 아름다움을 감탄한 것이다.

다시 말해서, 공자의 학문은 누구나 듣고 이해할 수 있으나, 그의 어진 성품과 하늘의 이치를 말한 진리는 아무나 이해할 수 없다는 뜻이다.

(14)

子路는 有聞하고 未之能行하면 惟恐有聞하니라.
자로　유문　　　미지능행　　　　유공유문

{풀이}

자로子路는 교훈을 듣고 그것을 실천하지 못하면 새로운 교훈을 들을까 두려워했다.

{주해}

[有聞]: 가르침을 듣다. [未之能行]: 들은 바를 능히 실천하지 못함. [惟恐]: 오직 두려워하다.

{해설}

자로는 고지식하고 용감한 성격이었다. 그러므로 그는 한번

하고자 하는 것은 시행하는 성격이었다. 그래서 가르침을 깨달아 알고 있는 것에 대해서는 반드시 실천해야 한다는 의지를 갖고 있었다.

(15)

子貢이 問曰, 孔文子는 何以謂之,文也이니까?
자공 문왈 공문자 하이위지문야

子曰, 敏而好學하며 不恥下問이라 是以,謂之文也
자왈 민이호학 불치하문 시이위지문야
니라.

{풀이}

  자공子貢이 묻기를, 「공문자를 어찌 문文이라고 부르게 되었습니까?」 공자께서 대답하시기를, 『그는 민첩하고 배우기를 좋아하며 아랫사람에게 묻기를 부끄럽게 여기지 않는 자이므로 문文이라고 부르게 되었느니라.』

{주해}

[孔文子]: 성은 공孔, 이름은 어圉, 위衛나라 대부였다. 시호가 문文이므로 자공子貢이 그 이유를 물었다. [敏]: 민첩하다. [下問]: 나이가 어

리거나 지위가 낮은 사람에게도 모르는 것을 부끄럼 없이 묻다.

{해설}

공자의 학문하는 태도에 대해서 말하고 있다. 공문자가 행실
이 좋지 않음을 알고 자공이 그것을 꼬집어 물었다. 공문자는
위衛나라 대부이면서 아호까지 '文'을 받으니, 이 이유를 공자께
물은 것이다.

공자께서는 공문자의 좋은 점을 들었다. 그는 배우기를 좋아
하고 공부하는데 민첩하며 아랫사람에게 묻는 것을 부끄러워하
지 않는다고 했다. 그러니 공문자의 행실에 관계없이 학문하는
자세는 이래야 한다고 공자께서 말한 것이다.

(16)

子謂．子産하시되 有．君子之道．四焉이니 其行．己
자 위 자 산　　　　　　유 군 자 지 도 사 언　　　　　　기 행 기
也恭하며 其．事上也敬하며 其．養民也惠하며 其．使
야 공　　　　기 사 상 야 경　　　　　기 양 민 야 혜　　　　　기 사
民也義니라.
민 야 의

{풀이}

공자께서 자산子産을 평해 말씀하시기를, 『그는 군자의 도를 네 가

지 갖추고 있었다. 즉 몸가짐이 겸허하였고, 윗사람을 섬기는데 공경하였으며, 백성을 기르는데 은혜로웠고, 백성을 부림에는 올바르게 하였다.』

{주해}

[子産]: 정나라의 재상. 성은 공손公孫, 이름은 교僑이며, 자산子産은 그의 자. [行己]: 처신. 행실과 몸가짐. [恭]: 공손. 겸손. [事上]: 윗사람을 섬김. [敬]: 성실하고 올곧다. [養民]: 백성을 잘 길러주다. [惠]: 사랑과 은혜. [使民]: 백성을 부리며 시키다.

{해설}

　자산의 4가지 군자 됨을 들어서 제자들이 거울로 삼도록 한 것이다. 즉, 겸허함과 공경함과 은혜로움과 백성을 올바르게 부림 등이 그것이었다.

(17)

子曰, 晏平仲은 善與人交로다. 久而敬之온여.
　　자 왈 안 평 중　　선 여 인 교　　　　구 이 경 지

{풀이}

　공자께서 말씀하시기를, 『안평중晏平仲은 남과 잘 사귀었다. 오래

되어도 변함없이 공경하였으니.』

{주해}

[晏平仲]: 성은 안晏, 이름은 상孀, 자는 중仲, 시호가 평平. 제齊나라의
대부였다. [交]: 교제하다. [久而敬之]: 오래될수록 더욱 공경하다.

{해설}

　남과 오래 사귀면서도 상대방을 공경하는 마음이 변하지 않
으면 그 인간성 자체도 변하지 않는다는 뜻이다. 요즈음처럼 자
기와 이해관계가 있으면 어떡해서라도 오래 사귀고, 그렇지 않
으면 하루아침에 내던지고 마는 현실에서 별 볼일 없는 사람과
는 조변석개하는 현실 사회와 대조적이다.

(18)

子曰, 臧文仲은 居蔡하되 山節藻梲하니 何如, 其
자왈 장문중 거채 산절조절 하여기

知也리오?
지 야

{풀이}

　공자께서 말씀하시기를,『장문중臧文仲은 큰 거북을 감추고, 기둥머

리의 모난 곳에다 산을 조각하고, 대들보 위의 기둥에는 마름을 그려서 길흉화복을 빌고자 하니, 어찌 그를 지혜로웠다 하겠는가?』

{주해}

[臧文仲]: 노나라의 대부. 성은 장손臧孫이요, 이름은 진辰, 자는 중仲이다. [居蔡]: 큰 거북을 감추어두고. 큰 거북을 모셔두고 점을 쳤다고 함. [山節]: 기둥 끝에다 산 모양을 새김. [藻梲]: 기둥머리에다 마름을 그리다. [何如其知也]: 어찌 슬기로운 이라고 하겠는가.

{해설}

　미신을 믿고 숭상하는 사람을 어찌 정치를 잘한다고 해서 지혜로운 사람이라 할 수 있겠는가? 장문중은 거북을 감추고, 산을 조각하고, 기둥에 마름을 그려서 길흉화복을 점치는 등, 미신을 행하고 있는 사람을 어찌 지혜롭다 하겠느냐 했다.

(19)

子張이 問曰, 令尹,子文이 三仕爲,令尹하되 無,
자장　　문왈　영윤자문　삼사위영윤　　무

喜色하며 三已之하며 無,慍色하여 舊,令尹之政을
희색　　삼이지　　무온색　　　구영윤지정을

必以告,新令尹하니 何如이까? 子曰, 忠矣니라. 曰,
필이고신영윤　　하여　　자왈충의　　　　왈

仁矣乎이까? 曰, 未知라 焉得仁이리오.
인 의 호   왈 미 지   언 득 인

崔子, 弑齊君이어늘 陳文子, 有馬十乘이러니 棄而
최 자 시 제 군   진 문 자 유 마 십 승   기 이

違之하고 至於他邦하여 則曰, 猶吾大夫, 崔子也라
위 지   지 어 타 방   즉 왈 유 오 대 부 최 자 야

하고 違之하며 之, 一邦하여 則又曰, 猶吾大夫, 崔子
      위 지   지 일 방   즉 우 왈 유 오 대 부 최 자

也라 하고 違之하니 何如이니까? 子曰, 淸矣니라. 曰,
야   위 지   하 여   자 왈 청 의   왈

仁矣乎이까? 曰, 未知라. 焉得仁이리오.
인 의 호   왈 미 지   언 득 인

{풀이}

　자장子張이 물기를,『자문子文은 세 번을 벼슬을 하여 영윤슈尹이 되어 기쁜 기색을 드러내지 않았으며, 세 차례나 벼슬에서 쫓겨났으나 원망하는 빛을 나타내지 않았고, 자기가 맡았던 영윤의 자리를 새로운 영윤에게 인계하였는데 어떻게 보아야 합니까?』공자께서 말씀하시기를,『충이로다.』또 묻기를,『인이라고도 할 수 있습니까?』공자께서 말씀하시기를,『알 수는 없지만 어찌 인이라 할 수 있겠느냐.』했다.

　자장子張이 또 묻기를,『최자崔子가 제나라의 임금을 죽이자』진문자陳文子는 가지고 있던 말 10승乘을 버리고 다른 나라로 가서 말하기를,『우리나라의 대부 최자와 같다고 하고 나라로 떠났으며, 또 다른 나라로 가서 말하기를, 우리나라 대부 최자와 같다.』고 하고 떠나갔으니 이 사람은 어떻습니까? 공자께서 말씀하시기를,『깨끗하다.』

자장이 묻기를, 「어질다고 할 수 있습니까?」 공자께서 말씀하시기를, 『알 수는 없다. 어찌 어질다고 할 수 있겠는가.』

{주해}

[令尹,子文]: 영윤은 초나라 제상의 이름. 성은 투鬪, 이름은 곡穀. [三仕]: 3번 벼슬함. [已之]: 벼슬을 그만두다. [慍色]: 성을 내는 기색. [忠]: 맡은 바를 충직하게 수행. [焉得仁]: 어찌 인덕을 갖추었다고 하겠느냐? [弑]: 윗사람을 죽이다. [陳文子]: 제나라의 대부. 성은 진, 이름은 수무須無임. [馬十乘]: 말 40마리. 4마리 말이 끄는 전차戰車 1대를 1승이라 함. [違之]: 그곳을 떠남.

{해설}

인자는 청렴하고 고결하지만 고결한 사람이라고 모두 인자는 아니라는 뜻이다. 그래서 자장의 물음에 공자께서는 긍정도 부정도 하지 않았다.

(20)

季文子는 三思而後에 行하더니 子,聞之하시고
계 문 자   삼 사 이 후   행   자 문 지

曰, 再斯可矣니라.
왈   재 사 가 의

  계문자季文子는 세 번 생각해 본 후에야 비로소 행동에 옮겼다. 공자께서 이 말을 듣고『두 번이면 가하느니라.』

{주해}

[季文子]: 노나라의 대부로 학식과 재능이 있음. [再斯可矣]: 두 번이면 가하다.

{해설}

  계문자는 노나라의 대부로, 학식과 재능이 있는 사람이었다. 그는 또한 사려 깊고 청렴하였다. 그러나 판단력이 부족한 것이 흠이었다. 공자는 이 점을 지적한 것이다.

(21)

子曰, 甯武子는 邦,有道則知하고 邦,無道則愚하
자 왈 영 무 자　방 유 도 즉 지　　　방 무 도 즉 우
니 其知는 可及也어니와 其愚는 不可及也니라.
기 지　가 급 야　　　　　기 우　불 가 급 야

{풀이}

  공자께서 말씀하시기를,『영무자甯武子는 나라에 도가 행하여졌을

때에는 지혜로웠고, 나라에 도가 행하여지지 않을 때에는 어리석었다. 그의 지혜는 따를 수 있으나, 그의 어리석음은 따를 수 없느니라.』

{주해}

[甯武子]: 위衛나라의 대부. 성은 영甯, 이름은 유兪, 시호는 무武임.
[邦有道]: 나라에 도가 있을 때. [不及也]: 따를 수 없다.

{해설}

위나라의 영무자甯武子는 나라가 어지러울 때 어리석고 미련할 정도로 충성을 다해 평정을 되찾았는데, 공자가 감탄하여 하는 말이다.

(22)

子,在陳하사 曰, 歸與인져! 歸與인져! 吾黨之小
자 재 진　　　왈 귀 여　　　　귀 여　　　오 당 지 소

子,狂簡하여 斐然成章이요 不知,所以裁之로다.
자 광 간　　　비 연 성 장　　　부 지 소 이 재 지

{풀이}

공자께서 진陳나라에 계실 때 말씀하시기를,『돌아가자! 돌아가자!

나의 고향에 있는 나의 제자들은 뜻은 크나 하는 일이 알차지 못하여 문장은 찬란하지만 재단하는 바를 알지 못하는구나!』했다.

{주해}

[陳]: 하남성 남쪽에 있었던 작은 나라. 공자가 철환천하할 때 2번이나 들렀던 곳. [吾黨]: 당은 학당. 향당. 내 고장. [小子]: 제자. 문인. [狂簡]: 狂은 뜻이 크고 진취적인 기상. [簡]: 일에 알차지 못함. [斐然]: 무늬가 아름다움. [成章]: 아름다운 문채를 이룸. [裁]: 재단하다.

{해설}

공자가 56세 때 노나라를 떠나 13년 동안 철환천하하며 인정仁政을 전하고 나서 고향으로 돌아갈 때 한 말이다. 자신의 정치철학을 펴지 못하고 고향으로 돌아가서 후진을 양성하고자 했다.

(23)

子曰, 伯夷叔齊는 不念舊惡이라 怨是用希니라.
자 왈 백 이 숙 제 불 념 구 악 원 시 용 희

{풀이}

공자께서 말씀하시기를,『백이와 숙제는 남의 지난날의 원한을 생각하지 않기 때문에 이들을 원망하는 이가 드물었느니라.』

{주해}

[伯夷叔齊]: 백이와 숙제. 고죽군孤竹君의 아들임. 형제로서 임금의 자리를 서로 사양했다. 주무왕周武王이 은나라 주왕을 정벌하자 신하로서 불사이군不事二君이라 하여 수양산에서 고사리를 캐어 먹다가 굶어죽었다. [念]: 늘 생각함. [舊惡]: 지난날의 원한. [怨是用希]: 그래서 그들을 원망하는 사람이 드물었다.

{해설}

악행은 미워하여도 잘못을 깨달아 뉘우치는 사람은 미워하지 말라는 뜻이다. 그 실례로서, 백이와 숙제를 들어서 죄는 미워해도 사람은 미워하지 말라는 교훈이 여기에 숨어 있었다.

(24)

子曰, 孰謂, 微生高直인가 或이 乞醯焉어늘 乞諸,
자왈 숙위 미생고직 혹 걸혜언 걸저

其鄰而與之온여.
기린이여지

공자께서 말씀하시기를, 『누가 미생고微生高를 정직하다고 했느냐? 어떤 사람이 식초를 빌리기에 그 이웃에 가서 빌려주었구나.』 했다.

{주해}

[孰謂]: 누가~라 했는가? [微生高]: 성은 미생微生, 이름은 고高. 노나라 사람임. 고지식했다고 한다. [直]: 정직함. [醯]: 식혜. 식초.

{해설}

미생지신尾生之信이란 말이 있다. 융통성이 없어 하나만 알고 둘은 모르는 사람이다. 미생微生이 식초를 얻으러 온 사람에게 그것을 이웃에 가서 얻어다가 준 것은 갸륵한 일이다. 그러나 공자께서는 자기에게 없다면 없다고 하는 것이 더욱 정직하고 떳떳한 일이라고 생각하고 있었다.

(25)

子曰, 巧言令色, 足恭을 左丘明, 恥之하니 丘亦
자왈 교언영색 주공 좌구명 치지 구역

恥之하노라. 匿怨而友其人을 左丘明, 恥之하니 丘
치지 익원이우기인 좌구명 치지 구

亦恥之 하노라.
역 치 지

{풀이}

공자께서 말씀하시기를,『말을 교묘히 하고 얼굴빛을 어여쁘게 하며, 지나치게 공손한 척하는 태도를 좌구명左丘明이 부끄러워하였는데, 나도 또한 부끄러워한다. 원망을 숨기고 친한 척 하는 것을 좌구명이 부끄러워하였는데, 나도 또한 부끄러워한다.』

{주해}

[巧言]: 좋게 꾸민 말. 교巧는 호好이다. [令色]: 아양 떨고 안색을 좋게 하는 짓. [足]: 너무 공손할(주). [足恭]: 지나치게 공손한 것. [左丘明]: 성은 좌구左丘, 이름은 명明. 노나라의 대부大夫라고 함. [丘]: 공자 자신. [匿]: 마음속에 숨기다.

{해설}

아첨을 하기 위해 가장된 애교를 부리고 지나치게 공손한 태도를 취하여 자신을 가장하는 것도 나쁘거니와 속에 있는 분노를 없는 척하는 태도는 더욱 나쁘다. 이중인격은 인간으로서 수치스런 노릇이다. 그것이 바로 죄악이란 것이다.

다시 말해서, 사람을 대할 때는 진정한 마음에서 우러나는 진실로 대하라는 말이다.

(26)

顔淵,季路,侍러니 子曰, 盍各,言爾志리오? 子路
　　안연　계로　시　　　자왈　합각　언이지　　　자로

曰, 願,車馬와 衣輕裘를 與,朋友共하여 敝之而無
왈　원　거마　　의경구　　여　붕우공　　　폐지이무

憾하나이다. 顔淵曰, 願無伐善하며 無,施勞하나이다.
감　　　　　안연왈　원무벌선　　　무시로

子路曰, 願聞,子之志하나이다. 子曰, 老者安之하며
자로왈　원문　자지지　　　　자왈　노자안지

朋友信之하며 少者懷之니라.
붕우신지　　　소자회지

{풀이}

　안연顔淵과 계로季路가 공자를 모시고 있을 때, 공자께서 말씀하시기를,『너희들의 희망을 각각 말해보지 않겠느냐?』하니 자로子路가 말하기를,『탈만한 수레와 말, 그리고 가벼운 갖옷 등을 친구들과 함께 쓰다가 그것들을 못 쓰게 된다 하더라도 섭섭해 하지 않는 사람이 되었으면 합니다.』안연顔淵이 말하기를,『선함을 자랑하지 않고 남에게 수고로움을 끼치지 않는 것을 말합니다.』자로子路가 말하기를,『선생님의 뜻을 듣고 싶습니다.』하니 공자께서 말씀하시기를,『늙은이를 편안하게 하고, 친구에게 믿음을 주고, 어린아이에게는 사랑으로 감싸주는 사람이고 싶구나.』했다.

{주해}

[季路]: 자로子路. [侍]: 모시다. [盍]: 어찌 ~하지 않느냐? [志]: 뜻. 원하는 바. [衣]: 겉옷. [輕裘]: 가벼운 갖옷. [敝]: 낡다. 해어지다. [無憾]: 서운한 마음이 없음. [伐]: 자랑하다. [施]: 남에게 억지로 베풀다. [懷]: 품다. 감싸주다.

{해설}

　공자와 제자 간의 대화로써 인간의 개성과 소망을 잘 표현하고 있다. 여기 나오는 사람이 안연과 자로와 공자이다. 조용한 가운데 스승과 제자가 주고받는 대화 속에서 관심과 인덕을 펴내고 있다.

　끝에 가서 공자께서 '늙은이를 편안하게' 해야 하고, '친구 간에는 믿음'으로, '어린아이에게는 사랑'으로 감싸주어야 한다는 공자의 말이 쉬우면서도 교훈적인 말로써 실행하기 어려운 말이다.

(27)

子曰. 己矣乎라! 吾未見.能見其過하고 而内.自
자 왈 이 의 호　오 미 견 능 견 기 과　　이 내 자

訟者也니라.
　　송　자　야

{풀이}

　공자께서 말씀하시기를, 『너무하는구려! 나는 아직까지 자기의 허
물을 보고 반성하는 사람을 보지 못하였구나.』

{주해}

[已矣乎]: 已는 이미. 그치다. 버리다의 뜻으로 쓰임. 끝이로구나. 너
무하구나. [內自訟]: 자책自責하다.

{해설}

　공자는 인간들의 도덕 이념이 땅에 떨어져 있음을 개탄하고
있다. 자기 허물이나 잘못을 반성하는 사람이 없으니, 공자는
그것을 보고 '끝이다', '말세다', '너무하다' 하고 개탄하는 것이
다.

（28）

子曰, 十室之邑에 必有忠信이 如丘者焉이어니
　자　왈　십실지읍　　필유충신　　여구자언

와 **不如, 丘之好學也**니라.
불 여 구 지 호 학 야

{풀이}

공자께서 말씀하시기를, 『열 집이 사는 고을일지라도 반드시 나와
같은 충忠과 신信이 있는 사람은 있겠으나 나처럼 학문을 좋아하는
사람은 없느니라.』했다.

{주해}

[十室之邑]: 열 집 정도 있는 마을. [忠信]: 인간의 성실과 신뢰. [如]: ~
와 같음. [如丘者]: 구(공자 자신)와 같은 사람. [不如]: ~와 같지 않음.

{해설}

공자의 학문에 대한 정열은 거의 신앙에 가깝다. 즉 학문하기
를 많이 하지 않음을 한탄하는 것이다. 조그마한 고을에도 충忠
과 신信을 행하는 사람은 있을지 몰라도 진심으로 학문을 좋아
하는 사람은 없다고 공자는 말하고 있다.

제6편

雍也(옹야)

| 篇名說 |

옹야편雍也篇은 전반은 앞의 공야장公冶長에 이어 인물평이 많다. 후반에 서는 인仁, 지知, 군자君子 등을 논하고 있다. 공자의 학문을 이해하는데 중요한 말이 많다.

(1)

子曰, 雍也는 可使南面이로다. 仲弓이 問, 子桑伯
자왈 옹야 가사남면 중궁 문 자상백

子한데 子曰, 可也나 簡이니라. 仲弓이 曰, 居敬而
자 자왈 가야 간 중궁 왈 거경이

行簡하여 以臨其民이면 不亦可乎이까? 居簡而行
행간 이림기민 불역가호 거간이행

簡이면 無乃大簡乎이까? 子曰, 雍之言이 然하다.
간 무내대간호 자왈 옹지언 연

{풀이}

　공자께서 말씀하시기를, 『옹雍은 가히 남면南面하여 백성들을 다스 릴만하다.』 중궁仲弓이 자상백자子桑伯子는 어떠냐고 묻자, 공자께서 대답하시기를, 『할만하다. 소탈하니까.』 중궁이 또 묻기를, 「몸가짐이 조심스럽고 행동하는 데는 소탈하게 하여 백성들에게 임한다면 역시 좋지 않겠습니까? 그러나 몸가짐도 소탈하고 행하는 것도 소탈하면 너무 소탈한 것이 아닙니까?」 공자께서 말씀하시기를, 『옹의 말이 그럴듯하구나.』

{주해}

[雍]: 공자의 제자. 중궁仲弓은 그의 자字. [南面]: 남쪽을 바라본다는 뜻으로, 군왕君王이 된다는 뜻. 신臣은 북면北面, 군왕은 남면南面. [子桑伯子]: 노魯나라 사람인 것만 알고 누군지 잘 모른다. [簡]: 소탈하다. [居敬而行簡]: 몸가짐이 대범하고 공경스럽고 태도가 대범하다. [無乃~乎]: ~이 아니겠느냐. [大簡]: 지나치게 소탈하고 강력하여 보잘것없음.

{해설}

자기 자신에게는 신중하고 대인관계에는 너그러워야 한다는 뜻이다.

공자가 제자인 옹雍(중궁仲弓)을 칭찬하여 제후로서 남면南面하여 백성을 다스릴 만큼 인물이 대범하다고 하자, 옹雍이 좀 더 진의를 알고자 대범하다고 알려진 자상백자子桑伯子를 끌어다 물었다. 그래도 공자는 '可也, 簡.'이라 할 뿐이었다.

따라서 옹雍은 다시 '居敬而行簡이라야 하지 않습니까?' 하고 다짐하여, 공자로부터 그렇다는 대답을 들었다.

(2)

哀公이 問弟子.『孰爲好學이니까? 孔子對曰. 有.
애공   문제자   숙위호학   공자대왈 유

顔回者.好學하여 不遷怒하며 不.貳過하더니 不幸.
안회자호학   불천노   불이과   불행

短命死矣라 今也則亡하니 未聞.好學者也니이다.
단명사의   금야즉무   미문호학자야

{풀이}

애공哀公이 공자께 묻기를, 제자 중에 누가 배우기를 좋아합니까?
공자께서 대답하시기를,『안회顔回가 있어 학문을 좋아하고 노여움을
남에게 옮기지 아니하며, 잘못을 두 번 하지 않았으나 불행하게도 단
명하여 일찍 죽은지라 그가 떠나간 지금, 학문을 좋아한다는 사람을
아직 듣지 못하였습니다.』

{주해}

[哀公]: 노나라의 군주. 이름은 장蔣. [不遷怒]: 남에게 성냄을 옮기지
않다. [不貳過]: 잘못을 되풀이하지 않는다.

{해설}

공자의 제자가 삼천 명이라고 했다. 그중에 신통육예자身通六
藝者 칠십이인七十二人이었다. 그중에도 안회顔回가 가장 으뜸으

로 꼽는 제자이다. 공자께서 그를 칭찬하여 '不遷怒', '不貳過'를 들어 안회를 칭찬했다. 학문을 행동으로 실천하는 안회를 들고 그와 비견할만한 사람이 없음을 천명하고 있다. '未聞好學者也'라고 최고로 칭찬했다.

(3)

子華(자화)·使於齊(사어제)러니 冉子(염자)·爲其母(위기모)·請粟(청속)한대 子曰(자왈),

與之釜(여지부)하라 請益(청익)한대 曰(왈), 與之庾(여지유)하라 하니 冉子(염자)·與之粟(지속)·五秉(오병)한대 子曰(자왈), 赤之適齊也(적지적제야)에 乘(승)·肥馬衣輕裘(비마의경구)하니 吾(오)·聞之也(문지야)하니 君子(군자)는 周急(주급)이요 不繼富(불계부)라 하다.

原思(원사)·爲之宰(위지재)러니 與之粟九百(여지속구백)이어늘 辭(사)한대 子曰(자왈), 毋(무)하여 以與爾(이여이)·鄰里鄉黨乎(인리향당호)인저.

{풀이}

자화子華가 공자의 심부름으로 제齊나라에 가게 되니 염자冉子가 자화子華의 어머니를 위해 곡식을 보내줄 것을 청하자 공자께서 말씀하시기를, 『여섯 말 넉 되를 보내주어라.』 염유가 더 주기를 요청하자, 『열여섯 말을 보내주어라.』 하고 공자께서 말씀하셨는데, 염자는 곡식 여든 섬을 보내주었다. 공자께서 말씀하시기를, 『적赤이 제나라에 갈 적에 살찐 말을 타고 가벼운 갖옷을 입었다고 들었다. 군자는 곤궁한 사람은 도와주되 부유한 자를 도와주지는 않느니라.』 했다.

원사原思가 가신이 되자 곡식 구백 석을 주거늘 그것을 사양하였다. 그러자 공자께서 말씀하시기를, 『그러지 말라, 너의 이웃과 마을에 나누어주어라.』 했다.

{주해}

[子華]: 공서적公西赤의 자字(공야자). [冉子]: 염구冉求. [釜]: 6두斗 4승升. 여섯 말 넉 되. [請益]: 곡식을 더 달라 요청함. [庾]: 16두斗. [秉]: 16곡. 16섬. [赤]: 자화의 이름, [原思]: 공자의 제자. 이름은 헌憲.

{해설}

공자께서는 부유하여도 자기가 절약하여 쓰고 남는 것을 남을 위하여 쓸 줄 아는 사람이라면 후하게 주어도 괜찮지만, 그렇지 않은 사람은 그저 낭비할 뿐이기 때문에 보태줄 필요가 없다고 말한 것이다.

(4)

子謂_{자위}仲弓曰_{중궁왈}, 犁牛之子_{이우지자}라도 騂且角_{성차각}이면 雖欲勿_{수욕물}

用_용이나 山川_{산천}은 其舍諸_{기사저}아?

{풀이}

공자께서 중궁仲弓에 대해서 이르기를, 『얼룩소의 새끼라도 털이 붉고 뿔이 바르니, 사람들이 비록 재물로 쓰지 않으려 하나 산천의 신이 그것을 버리려 하겠느냐?』했다.

{주해}

[犁牛]: 얼룩소. [騂]: 털빛이 붉음. 붉은색의 가축을 제물로 썼다. [角]: 뿔이 바름. [用]: 제물로 쓰다. [舍]: 사捨와 같음. 버려두다.

{해설}

신분이 천하고 부모가 못났다 하더라도 본인이 똑똑하고 덕이 있으면 세상에 쓰이게 된다는 뜻을 말했다.

(5)

子曰, 回也는 其心이 三月不違仁이요 其餘則, 日
자 왈 회야 기심 삼월불위인 기여즉 일

月至焉而已矣니라.
월 지 언 이 이 의

{풀이}

　공자께서 말씀하시기를,『회回는 그 마음이 석 달을 지나도 그 인仁
을 어기지 않는다. 그러나 그 나머지 제자들은 겨우 하루나 한 달에
한 번 쯤 인仁에 이를 뿐이다.』

{주해}

[回]: 안회顏回. [三月]: 석 달 동안. 여기서는 여러 달을 말함. [不違
仁]: 인에서 벗어나지 않음. [其餘]: 나머지 제자들은. [而已矣]: ~할
뿐. ~할 따름이다.

{해설}

　인仁을 행하는 기준은 잠시 동안 행하는 것이 아니고 생활하
는 가운데서 인을 행해야 한다는 것이다. 공자의 제자 중에서는
안회顏回 만이 꾸준히 인을 행할 뿐이라는 것이다.

季康子_{계강자}問_문하되 仲由_{중유}는 可使_{가사}從政也與_{종정야여}이까? 子_자

曰_왈, 由也_{유야}는 果_과하니 於從政乎_{어종정호}아 何有_{하유}리오. 曰_왈, 賜也_{사야}

는 可使_{가사}從政也與_{종정야여}이까? 曰_왈, 賜也_{사야}는 達_달하니 於_어從政_{종정}

乎_호에 何有_{하유}리오. 曰_왈, 求也_{구야}는 可師_{가사}從政也與_{종정야여}이까? 曰_왈,

求也_{구야}는 藝_예하니 於_어從政乎_{종정호}에 何有_{하유}리오.

{풀이}

　계강자季康子가 묻기를,『중유仲由는 가히 정치를 맡길만합니까?』
공자께서 말씀하시기를,『유由는 과단성이 있으니 정치를 맡겨보는데,
무슨 어려움이 있겠습니까?』또 묻기를,『사賜는 가히 정치를 맡길만합
니까?』말하기를,『사賜는 모든 일에 통달해 있으니 정사를 맡아보는
데, 무슨 어려움이 있겠습니까?』또 묻기를,『구求는 정사를 맡아볼만
합니까?』대답하기를,『구는 재능이 많으니 정사를 맡아보는데, 무슨
어려움이 있겠습니까?』했다.

{주해}

[季康子]: 노나라의 대부. [仲由]: 자로子路의 자字. [從政]: 대부로서 정

치에 참여. 임금＝위정자, 대부는 장관급, 종정從政이라고 함. [賜]: 자공의 이름. [達]: 사리에 통달. [求]: 염유冉有의 이름. [藝]: 재능이 있음. [何有]: 무슨 어려움이 있겠는가?

{해설}

　정치는 능력 있는 인재를 등용하여 그 자리에 앉히고는 그의 능력을 발휘하게 해야 한다는 내용이다. 계강자는 권신이면서 그런 능력이 부족한 사람이었다. 공자는 이런 의미에서 계강자를 넌지시 깨우쳐주는 내용으로 말하고 있다.

(7)

季氏使,閔子騫으로 爲,費宰한대 閔子騫曰,善爲
계 씨 사 민 자 건　　　위 비 재　　　민 자 건 왈　선 위
我辭焉하라. 如有,復我者인대 則,吾必在,汶上矣리
아 사 언　　　여 유 부 아 자　　즉 오 필 재 문 상 의
라.

{풀이}

　계씨季氏가 민자건을 비費 고을로 읍재를 시키려고 하자 민자건이 말하기를,『나를 위하여 잘 말씀드려주십시오. 만약 또다시 나를 부르

러 온다면 그때에는 내가 반드시 문수汝水 강가에 있을 것입니다.』

{주해}

[季氏]: 계손씨. 노나라의 실권자. 무도한 행위를 잘했다. [閔子騫]: 성은 민閔, 이름은 손損, 자字가 자건임. 공자의 제자. [費宰]: 費의 읍재. [善]: 제발. [復我]: 또다시 나를 찾음. [汝上]: 강 이름. 문수 가에. 문수는 노나라 북쪽에 있는 강.

{해설}

　계씨는 임금의 권위를 무시하는 세도가였다. 이에 비하여 민자건은 효와 덕을 갖춘 사람이므로 무례 방종한 계씨의 신하는 되지 않겠다는 뜻이었다. 민자건은 공자의 수제자였다. 문수汝水 강가에 있을 겁니다 하는 내용은 민자건은 제나라로 망명할 준비가 되어있음을 보여주는 구절이다.

(8)

伯牛,有疾이어늘 子,問之하실새 自牖로 執其手하
백 우 유 질　　　자 문 지　　　　자 유　　집 기 수

사 曰, 亡之러니 命矣夫라. 斯人也,而有斯疾也할셔
왈 무 지　　　명 의 부　　사 인 야 이 유 사 질 야

斯人也,而有斯疾也할셔.
사 인 야 이 유 사 질 야

　백우伯牛가 병이 나서 공자께서 문병을 가서 스스로 창문을 통하여
그의 손을 잡으며 말씀하시기를, 『아, 이럴 수가 없는데, 운명이로다.
이 사람이 이와 같은 병에 걸리다니!』했다.

{주해}

[伯牛]: 공자의 제자. 성은 염冉, 이름은 경耕, 자가 백우였다. 그는 덕
행으로 유명했다. [有疾]: 병이 들다. 문둥병에 걸렸다고 했다. [問]:
문병. [自牖]: 창문 너머로 牖는 바라지 창임. [亡之(무지)]: 죽을병에
걸림. 네가 이런 죽을병에 걸리다니. [命矣夫]: 운명이로다.

{해설}

　제자 백우가 불치의 병인 문둥병에 걸려 죽음을 맞게 되자 너
무 애석하여 하는 말이었다. 여기서 공자의 제자에 대한 사랑을
엿볼 수가 있다. '이 사람이 이런 병에 걸리다니' 하고 안타까워
했다.

(9)

子曰, 賢哉라 回也여! 一簞食, 一瓢飮으로 在 陋
자왈 현재 회야 일단사 일표음 재 누

巷을 人不堪其憂어늘 回也不改其樂하니 賢哉라
항　　인불감기우　　　회야불개기락　　　현재
回也여!
회야

{풀이}

　공자께서 말씀하시기를, 『참으로 회回는 어질도다! 한 그릇의 밥과
한 바가지의 물로 누추한 곳에 거처하며 산다면 다른 사람은 그 근심
을 견디어내지 못하거늘, 회回는 즐거움을 잃지 않으니 참으로 어질도
다! 회回여!』

{주해}

[回]: 안회顔回. [一簞食]: 한 사발의 밥. 食는 '사'로 읽는다. [一瓢飮]:
한 바가지의 물. [在陋巷]: 궁벽한 시골에서의 삶. [樂]: 쾌락. 도를 지
키고 사는 즐거움.

{해설}

　안빈낙도하는 안회顔回를 공자께서는 어질다고 감탄을 했다.
비록 한 그릇의 밥과 한 표주박의 물을 마시며 시골 궁벽한 곳에
서 생활하고 있어도 선비로서 초연한 기상을 보이고 조금도 남
의 부귀를 부러워하는 빛이 없으니 정말로 안회는 어질고 어질
다고 감탄을 했다.

이것이 선비가 걸어가는 안빈낙도의 길이란 걸 강조하고 있다.

(10)

冉求曰, 非不說子之道이언마는 力不足也로다.
염구왈 비불열 자지도 역부족야

子曰, 力不足者는 中道而廢하나니 今女는 畫이로
자왈 역부족자 중도이폐 금녀 획

다.

{풀이}

　염구冉求가 말하기를, 『선생님의 도가 싫은 것은 아니지만 힘이 미치지 못합니다.』 공자께서 말씀하시기를, 『힘이 미치지 못한 자는 중도에서 폐하기 쉬우나 지금 너는 선을 긋고 있느니라.』 했다.

{주해}

[冉求]: 염유冉有임. [說]: 기쁘다. 열悅과 같음. [中道而廢]: 중도에서 포기함. [女]: 汝와 같음. [畫]: 금을 긋다.

{해설}

　자기 스스로가 자신을 과소평가하는 것은 금물이라는 뜻이

다. 즉 염구는 소극적이고 자신감이 부족한 것이 흠이라는 것을
넌지시 깨우쳐주고 있는 것이다.

(11)

子謂_{자위}.子夏曰_{자하왈}.女爲_{여위}.君子儒_{군자유}요 無爲_{무위}.小人儒_{소인유}하라.

{풀이}

　공자께서 자하子夏에게 이르기를,『너는 군자적인 선비가 되고 소인
적인 선비는 되지 말라.』고 하였다.

{주해}

[子夏]: 공자의 제자. [君子儒]: 군자와 같은 선비. [無爲]: ~는 되지 말
라.

{해설}

　공자가 아끼는 제자인 자하子夏가 진정한 선비이면서 군자적
인 선비가 되라고 일컬었다. 그래서 소인적인 선비가 되지 말고
군자와 같은 큰 선비가 되어야 한다고 당부한다.

(12)

子游爲武城宰하니 子曰, 女得人焉爾乎아? 曰,
자유위무성재　　　자왈　여득인언이호　왈

有澹臺滅明者하니 行不由徑하며 非公事어든 未
유담대멸명자　　　행불유경　　　비공사　　　미

嘗至於偃之室也하나이다.
상지어언지실야

{풀이}

　자유子游가 무성武城의 성재城宰가 되었을 때 공자께서 말씀하시기를, 『너는 인재를 얻었냐?』 유자가 말하기를, 「담대멸명澹臺滅明이란 자가 있는데, 그는 행함에 있어서 지름길로 다니지 않고, 공적인 일이 아니면 제 방에 들어오지 않습니다.」 했다.

{주해}

[子游]: 공자의 제자. 언언言偃을 말함. [武城]: 노나라의 고을 이름. [得人]: 인재를 얻음. [焉爾乎]: ~를 했느냐? [澹臺滅明]: 공자의 제자임. 성이 담대澹臺, 이름이 멸명滅明임. [行不由經]: 행함에 지름길로 가지 않음.

{해설}

　담대멸명澹臺滅明은 노나라의 무성 사람으로 공자의 제자다.

그는 평소에 공과 사를 엄격하게 구분하는 사람이었다. 그래서 공자도 그를 믿느냐? 부터 먼저 묻고 있는 것이다.

(13)

子曰, 孟之反은 不伐이로다. 奔而殿하여 將入門
자왈 맹지반 불벌 분이전 장입문

할새 策其馬曰, 非敢後也라 馬不進也라 하니라.
책기마왈 비감후야 마부진야

{풀이}

공자께서 말씀하시기를, 『맹지반孟之反은 자기자랑을 하지 않는다. 적에게 폐하여 달아날 때에 뒤에서 적을 만났지만 성문에 이르러서는 말의 채찍을 가하면서 '일부러 뒤에 처진 것이 아니라 말이 나아가지 않는구나' 하고 말했느니라.』

{주해}

[孟之反]: 노나라의 대부. 성은 맹孟, 이름은 자측子惻임. 자가 지반之反임. [伐]: 자랑하다. 뽐내다. [殿]: 꽁무니를 빼다. [策]: 채찍질하다. [後]: 뒤지다. [不進]: 나아가지 못함.

맹지반孟之反이 자기의 공을 전혀 내세우지 않는 자세를 보고 공자께서 한 말이었다. 맹지반은 제나라와의 싸움에서 노나라가 패하여 후퇴할 때도 용감하게 싸웠다. 그가 성문으로 들어올 때는 자신의 용맹을 자랑하지 않았다.

(14)

子曰, 不有祝鮀之佞이며 而有宋朝之美면 難
　　　자 왈　불 유 축 타 지 녕　　　이 유 송 조 지 미　　난

乎免於今之世矣니라.
호 면 어 금 지 세 의

{풀이}

공자께서 말씀하시기를, 『축타祝鮀의 말재주와 송조宋朝의 미모가 없었다면, 지금의 이 어지러운 세상에 난을 면하기 어려우니라.』했다.

{주해}

[祝鮀] : 위나라의 대부. 말솜씨가 뛰어났다고 함. 축祝은 종묘에서 축문을 읽는 벼슬을 뜻함. 鮀는 이름임. [佞] : 말솜씨. 구변. [宋朝] : 송나라의 공자. 이름은 朝. 용모가 뛰어났다고 함.

축타는 말재주가 뛰어나서 나라의 위급을 구했다. 미남자인 송조는 남자南子와 사통하여 그녀의 덕분에 위나라의 대부가 된 사람이다. 그래서 도의가 없어짐을 개탄했다. 공자께서는 외모 하나로 출세하고 나라의 풍기를 문란하게 하는 상류층의 비리를 개탄하고 있다.

(15)

子曰. 誰能出.不由戶리오마는 何莫由.斯道也오?
자 왈 수 능 출 불 유 호   하 막 유 사 도 야

{풀이}

공자께서 말씀하시기를, 『누가 감히 이 문을 통하지 않고 밖으로 나갈 수 있으리오마는, 세상 사람들은 왜 이 도道를 경유하지 않으려 하는 것일까?』

{주해}

[戶]: 지게문. 외짝문. [由]: 거치다. 통하다. [何莫]: 어찌 왜. [斯道]: 올바른 도. 바른길.

　사람은 가야 하는 올바른 길이 있다. 그것이 바로 도道다. 공자께서 인간이 반드시 가야할 길이 있는데도 그 길을 통하여 가지 않으려고 한다고 통탄하고 있다.

(16)

子曰, 質勝文則野요 文勝質則史니 文質이 彬
자 왈 　질 승 문 즉 야 　　문 승 질 즉 사 　　문 질 　　빈

彬然後에 君子니라.
빈 연 후 　　군 자

{풀이}

　공자께서 말씀하시기를, 『바탕이 지식을 이기면 야인野人이요, 지식이 바탕을 이기면 사인史人이며, 문식과 실천이 함께 조화를 이루면 바로 군자이니라.』했다.

{주해}

[質]: 바탕. 본질. [勝]: 이기다. [文]: 문식. 겉차림. [野]: 거칠다. 야인. 세련되지 못함. [史]: 기록을 하는 관리. 문약한 사람. [文質]: 겉차림. [彬彬]: 문과 질을 갖춘. 잘 조화됨.

실속 없이 겉치장만 해서는 안 된다는 뜻이다. 인仁은 인간적
인 바탕에 내면의 교양이 차야 참다운 인간이 된다고 했다. 문
식과 실천이 함께 조화를 이루어야 참다운 사람이 된다고 교화
를 주고 있다.

(17)

子曰, 人之生也, 直하니 罔之生也는 幸而免이니
<small>자 왈 인 지 생 야 직　　　 망 지 생 야　　행 이 면</small>
라.

{풀이}

공자께서 말씀하시기를,『인간의 삶은 정직한 것이니, 정직하지 않
아도 살아있음은 요행으로 화를 면하는 것과 같은 것이다.』했다.

{주해}

[直]: 곧음. 정직. 성실. [罔]: 성실하지 못함. [幸而免]: 요행히 화를 면
함.

　사람의 천성이 곧으니 세상을 살아감에 있어서도 곧고 성실해야 한다고 강조하고 있다. 그래서 인간은 삶을 정직하게 해야 하며, 곧게 살아갈 것이며, 요행을 바라고 살아서는 안될 것이다.

(18)

子曰, 知之者는 不如 好之者요 好之者는 不如,
자왈　지지자　　불여호지자　　호지자　불여

樂之者니라.
락지자

{풀이}

　공자께서 말씀하시기를,『알기만 하는 사람은 좋아하는 사람만 못하고, 좋아하는 사람은 즐기는 사람만 못하다.』

{주해}

[知之]: 도를 알다. 지之는 도道를 가리킴. [好之]: 도를 좋아함. 지之는 도道를 말함. 도를 아는 것보다 한 단계 위의 개념. [樂之]: 도道를 즐김. 도를 좋아하는 것보다 한 단계 위의 개념.

　도道의 개념을 지知에서 호好의 단계로, 호好에서 락樂의 단계로 이어지고 있다. 학문에서는 락樂의 상태에 이르러서야 내면에서나 외면에서 모두 충분히 만족한다 하겠다. 즉 학문과 도는 알고 좋아하며, 더 나아가서는 그것에서 희열을 느끼는 경지에 이르러야 극치를 이룬다는 뜻이다.

(19)

　子曰, 中人以上은 可以語上也어니와 中人以下는 不可以語上也니라.
　　자왈　중인이상　　가이어상야　　　　중인이하
　　불가이어상야

{풀이}

　공자께서 말씀하시기를,『중급 이상의 사람에게는 심오한 학문을 얘기할 수 있지만, 그 이하의 사람에게는 심오한 학문을 얘기할 수 없다.』

{주해}

[中人以上]: 지성이나 덕행의 능력이 중급 이상인 사람. [可以語上]:

고상하고 심오한 철학을 말하다.

{해설}

　공자는 교육적 상대를 가려서 알맞게 교육했다. 즉 피교육자의 수준을 참작해야 한다. 지적 수준이 중급 이하인 사람에게 심오한 이론이나 철학에 대해 말해보아야 소용이 없다. 학문의 이해와 습득은 낮은 단계에서 높은 단계로 서서히 이루어지는 것이다. 학문은 원래 점차적으로 발전 향상하게 되어있기 때문이다. '유상지여하우불이唯上知與下愚不移'라고 한 바 있다.

(20)

樊遲.問知한대 子曰.務民之義요 敬.鬼神而遠
번지문지　　자왈　무민지의　　경귀신이원

之면 可謂知矣니라. 問仁한대 曰.仁者.先難而後
지　가위지의　　문인　　왈　인자선난이후

獲이면 可謂仁矣니라.
획　　가위인의

{풀이}

　번지樊遲가 지知에 대하여 묻자 공자께서 말씀하시기를, 『백성의 뜻하는 바의 의로움에 힘쓰고, 귀신을 공경하되 가까이하지 않으면

가히 슬기롭다 하겠다.』 인仁에 대하여 묻자 공자께서 말씀하시기를,
『어진 사람은 남보다 어려움을 먼저 하고, 얻는 것을 뒤에 하면 이것
을 인仁이라 할 수 있느니라.』

{주해}

[樊遲]: 공자의 제자. [知]: 슬기롭다. [民之義]: 사람의 도리. 부자자효
父慈子孝의 도리. [鬼神]: 인간의 넋. 神은 자연 및 산천의 신. [先難]:
어려운 일은 남보다 내가 먼저. [後獲]: 이득은 뒤로 하다.

{해설}

　지혜로운 자는 신의 가호나 특혜를 바라지 않고 자기 일에만
힘을 쓰는 사람이어야 하고, 인자仁者는 어려운 일에 앞장서고
이익의 분배에는 뒤로 하는 정의로운 인간이 인자仁者라는 뜻이
다.

(21)

子曰, 知者는 樂水하고 仁者는 樂山이니 知者는
動하고 仁者는 靜하며 知者는 樂하고 仁者는 壽니라.

{풀이}

　공자께서 말씀하시기를, 『슬기로운 사람은 물을 좋아하고 어진 사람은 산을 좋아하니, 슬기로운 사람은 움직이나 어진 사람은 조용하고, 슬기로운 사람은 즐기지만 어진 사람은 오래 산다.』

{주해}

[樂]: 좋아하다. [樂山樂水]: 산을 좋아하고, 물을 좋아하다. [樂]: 즐기다.

{해설}

　지자知者와 인자仁者를 대비하는 구절이다. 지자는 냉철하고 현실적이다. 그래서 움직인다. 인자는 인자하고 매사에 대범하다. 그래서 부동이다. 지자는 흐르는 물과 같고, 인자는 대자연의 산과 같다. 즉 지자知者란 냉철한 지혜가 있는 이지적인 인간이고, 인자仁者란 인후한 덕이 있는 군자라는 뜻이다.

(22)

子曰, 齊, 一變이면 至於魯하고 魯, 一變이면 至於
자왈 제 일 변　　지 어 노　　　노 일 변　　　지 어

道니라.
도

{풀이}

공자께서 말씀하시기를,『제나라가 한 번 변하면 노나라에 이를 것이요, 노나라가 한 번 변하면 도道에 이를 것이다.』

{주해}

[齊]: 제환공이 이룩한 강대국임. 지금 산동성에 있었던 나라. [魯]: 주나라의 문물을 받은 나라. 지금 곡부曲阜에 있었던 작은 나라.

{해설}

노나라의 문화가 도에 가까워 조금만 노력하면 태평성대가 될 수 있다는 의미이다. 여기에서 제나라는 명예와 실리, 노나라는 명예와 신의를 존중히 여기는 풍토가 있음을 말하고 있다.

(23)

子曰, 觚不觚면 觚哉觚哉아.
자 왈 고 불 고 고 재 고 재

{풀이}

공자께서 말씀하시기를,『모난 그릇에 모서리가 없으니, 모난 그릇이라 할 수 있겠는가. 어찌 모난 그릇이라 할 수 있겠는가.』

[觚]: 모난 술잔. 예기禮器의 하나. [不觚]: 모가 없다.

{해설}

　하찮은 물건도 그 특성이 없어지는 것이 안타까운데, 더구나 나라의 귀중한 문물제도가 상실되어감을 애석하게 생각하여 하는 말이다. 즉 형체를 갖추지 못하면 본질을 상실하는 수가 있다. 국가에 문물제도 예악의 도가 없으면 나라 구실을 못한다는 비유를 넌지시 말하고 있다.

(24)

　宰我,問曰, 仁者는 雖,告之曰, 井有仁焉이라도
　재 아 문 왈　인 자　수 고 지 왈　정 유 인 언

其,從之也로소이까? 子曰, 何爲其然也오 君子는
기 종 지 야　　　　자 왈　하 위 기 연 야　군 자

可逝也언정 不可,陷也며 可欺也언정 不可,罔也니
가 서 야　　　불 가 함 야　가 기 야　　　불 가 망 야

라.

{풀이}

　재아宰我가 묻기를, 「어진 사람이 만약(雖) 우물에 사람(仁)이 빠

졌다는 거짓 고함을 듣고도 그 말에 당장 그 우물에 들어가야 합니까?」 공자께서 대답하시기를, 『어찌 그런 짓을 하겠느냐? 군자는 현장까지 가게 할 수는 있지만 물속에까지 빠져들어가게 할 수는 없으며, 이치에 맞는 말로 속일 수 있을지언정 어리석게 만들 수는 없느니라.』

{주해}

[宰我]: 공자의 제자. 말을 잘하는 위인이었다. [雖]: 여기서는 가정의 뜻으로 쓰임. 만약. [井有仁焉]: 인仁은 인人이다. [逝]: 가다. [陷]: 모함해서 빠뜨리다. [欺]: 일시적으로 속이다. [罔]: 이치를 어둡게 하여 망치게 하다.

{해설}

　말을 잘하는 재아宰我가 공자께 묻는 말이, 「어진 사람에게 우물 속에 사람이 빠졌다는 거짓 소리를 듣고도 당장 우물 속으로 뛰어들어야 하느냐.」는 질문을 듣고, 공자께서는 군자는 남의 속임수에 빠지는 그런 일은 없을 것이라는 답변을 했다.

　일시적으로 속는다 할지라도 군자는 끝내 사리에 어둡지는 않을 것이라는 말이다. 즉 군자는 일시적으로 속일 수는 있어도 그의 이지理知를 근본적으로 무디게 할 수 없다는 뜻이다.

(25)

子曰, 君子,博學於文이오 **約之以禮**면 **亦可以,**
자왈 군자박학어문　　약지이례　역가이

弗畔矣夫인저!
불반의부

{풀이}

　공자께서 말씀하시기를, 『군자는 널리 학문을 배우고 예로써 단속
한다면 비로소 도에 어긋나지 않느니라!』

{주해}

[文]: 학문(시詩, 서書, 예禮, 악樂, 역易, 춘추春秋 등). [約之以禮]: 예로서
단속하다. [約]: 다잡다. [弗畔]: 어긋나지 않는다. [矣夫]: ~인저! 夫는
어조사.

{해설}

　학문과 예는 근본적으로 다른 것이다. 학문만으로는 군자君
子가 될 수 없으며 예의와 도道가 있어야 한다는 것이다. 인간은
많은 지식을 구하여 인류복지를 구현하고자 한다.

　그러나 학문만을 가지고 참다운 군자가 될 수 없으며, 복지국
의 구현은 더욱 어려운 것이다. 궁극적으로 인류평화 인류 공존

을 이룰 수가 없는 것이다. 학식과 지식을 구하되 예로써 구하라는 뜻이다.

(26)

子見南子하신대 子路不說이어늘 夫子矢之曰,
자 견 남 자　　　 자 로 불 열　　　　 부 자 시 지 왈
予所否者인댄 天厭之天厭之하시리라.
여 소 부 자　　　 천 염 지 천 염 지

{풀이}

　공자께서 남자南子를 만나보니, 자로子路가 기뻐하지 않아서 공자께서 맹세하여 말씀하시기를,『내가 잘못이 있었다면 하늘이 미워할 것이다. 하늘이 미워할 것이다.』

{주해}

[南子]: 위령공衛靈公의 부인. 송조宋朝(송宋의 공자公子로 미남이었다)와 음행을 했다고 알려진 여인을 공자가 왜 만났는지에 대한 이야기는 구구하다. [矢]: 맹세해서 말하다. 진술하다. [予所否者]: 부否는 부不. 내가 잘못한 점.

　남자南子는 위령공衛靈公의 부인으로 음탕한 여자였다. 공자
가 이 여자와 만난 것은 위에 가서 위령공을 만나야 했기 때문에
남자南子를 통하여 위령공을 만나게 되었다. 공자가 남자를 만
난 사실에 대해서 자로子路가 그런 여자를 무엇 땜에 만났느냐
하는 마음으로 기뻐하지 않자 공자가 결심한 듯 말했다. '내가
그녀를 만나서 잘못이 있다면 하늘이 나에게 벌할 것이다. 벌할
것이다.' 하고 강조하여 말하고 있다.

(27)

子曰, 中庸之爲德也,其至矣乎인저 **民鮮久矣**니
　자 왈　중 용 지 위 덕 야 기 지 의 호　　　　민 선 구 의
라.

{풀이}

　공자께서 말씀하시기를, 『중용의 덕을 행함이 덕의 극치이다. 그런
데도 이를 소홀히 하고 사는 사람이 적어진 지 오래이니라.』

{주해}

[中庸]: 지나치지도 않고 모자라지도 않는 상대. 변함없는 도리. [至

矣乎]: 극치. 지극함. [民鮮]: 백성들 중에 중용의 덕을 펴는 이가 드물다. [鮮]: 드물다. 적다.

{해설}

중용은 우리의 덕을 바르게 지키는 포인트이다. 그래서 중용의 덕을 펴야 하는데도 이를 소홀히 하고 덕을 펴는 사람들이 드물다. 그것이 애석하다고 공자는 말하고 있다.

(28)

子貢曰, 如有博施於民而能濟衆한대 何如이까?
자 공 왈   여 유 박 시 어 민 이 능 제 중   하 여

可謂仁乎이까? 子曰, 何事於仁이리오 必也聖乎인
가 위 인 호   자 왈   하 사 어 인   필 야 성 호

져. 堯舜도 其猶病諸시니라. 夫仁者는 己欲立而,
    요 순   기 유 병 저   부 인 자   기 욕 립 이

立人하며 己欲達而達人이니라. 能近取譬면 可謂,
입 인   기 욕 달 이 달 인   능 근 취 비   가 위

仁之方也已니라.
인 지 방 야 이

{풀이}

자공이 말하기를, 「백성들에게 널리 은덕을 베풀어 능히 무리를 구

제하는 사람이 있다면 어떠합니까? 어질다고 말할 수 있겠습니까?』
공자께서 말씀하시기를, 『어찌 인자에 그치랴, 반드시 성인이니라. 요
순 같은 사람도 그렇게 하기에는 부족함을 느끼셨을 것이니라. 어진
사람은 자기가 서고 싶으면 남을 세워주고, 자가가 이루고자 하는 마
음이 생기면 다른 사람을 달하게 해주는 것이니라. 자기를 미루어 남
을 이해할 수 있는 있다면, 그것이 바로 인에 이르는 방법이라 할 수
있느니라.』

{주해}

[子貢]: 공자의 제자. [如]: 만약에. [博施]: 널리 인덕을 베풀다. [濟衆]:
백성을 구제하다. [何如]: 어떻습니까? [何事於仁]: 어찌 인仁하다고만
하겠습니까? [堯舜]: 중국 상고의 어지신 임금. [其猶病諸]: 오히려 그
렇게 못함을 근심하다. 병病은 근심. [立]: 입신하다. [達]: 영달. 성취.
[近取譬]: 자기가 남을 비유하여 알다. [仁之方]: 인을 행하는 방도.

{해설}

　공자의 제자들은 항상 위대한 스승이 인정仁政을 베풀기를 바
라고 있었다. 자공이 그런 마음에서 공자에게 이런 사실을 물었
던 것이다. 공자의 대답에서 항상 자기의 입장에서 남을 생각해
보라고 하였다.

제7편

述而(술이)

공자의 지행志行을 밝힌 것이 많으며 현인, 군자, 인자의 덕행을 논술했
다. 논어에서는 가장 정채성精彩性 있는 구절이 많다는 평이 있다.

（1）

子曰, 述而不作하며 信而好古를 竊比於我, 老彭
자 왈 술 이 부 작 　　　신 이 호 고 　　절 비 어 아 노 팽

하노라.

{풀이}

　공자께서 말씀하시기를, 『옛것을 전술傳述하되 만들어내지는 말며,
옛것을 믿고 좋아함을 나는 가만히 노팽老彭에게 비기어 보노라.』

{주해}

[述而不作]: 전술傳述한 것으로 새로 조작한 것이 아님. [信而好古]: 호
고好古는 옛것을 좋아하다. 여기서는 선왕先王의 도道를 가리킴. [竊比

於我]: 절竊은 몰래. 나를 비유. [老彭]: 상商나라 현인賢人이며 대부大 夫로 고사古事를 전술했음.

{해설}

술述은 옛것을 전술할 뿐이요, 작作은 처음으로 창작하는 것 이다. 그러므로 작作은 성인이 아니면 불가능하고, 술述은 현인 도 미칠 수 있는 것이다. 공자의 전술前述 자세를 밝힌 것이다. 지나간 것을 전할 때에는 사실 중심으로 간결하게 한다는 뜻이 다.

(2)

子曰, 默而識之하며 學而不厭하며 誨人不倦이
자 왈 묵 이 지 지　　　 학 이 불 염　　　 회 인 불 권

니 何有於我哉오.
하 유 어 아 재

{풀이}

공자께서 말씀하시기를, 『묵묵히 깨달으며 배움에 있어 싫어하지 않고, 남을 가르침에 게을리하지 아니하니, 그 밖에 또 무엇이 나에게 있단 말이요.』

[默而識之]: 묵묵히 속 깊이 새겨둔다. 지識는 기억하다. 之는 부정 목적어, 즉 배운 것. [不厭]: 싫어하지 않다. [誨人]: 남을 가르치고 깨우치다. [何有於我哉]: 나에게는 아무것도 아니다. 어렵지 않다.

{해설}

이 글은 공자의 학문 태도를 밝힌 말이다. 지識는 기억함이니, 묵묵히 기억함만을 말하지 않고 마음에 간직함을 이른다. 일설一說에. 지識는 앎이니 말하지 않고 마음속에 이해하는 것이라 하는데, 앞의 것이 옳은 듯하다. '何有於我'는 '무엇이 나에게 있겠느냐'라는 말이다.

(3)

子曰, 德之不修와 學之不講과 聞義,不能徙하며
자 왈 덕 지 불 수 학 지 불 강 문 의 불 능 사

不善不,能改는 是吾憂也니라.
불 선 불 능 개 시 오 우 야

{풀이}

공자께서 말씀하시기를, 『덕이 닦아지지 않는 것과, 학문이 익혀지

지 않는 것과, 의를 듣고도 실천하지 못하는 것과, 선하지 않음을 능히 고치지 못하는 것이 바로 나의 걱정이니라.』

{주해}

[修]: 수양하고 실천하다. [講]: 익히고 연구하다. [徙]: 실천에 옮아가다.

{해설}

덕행을 닦지 않는다. 학문을 정진하지 않는다. 정의 앞에 서지 않는다. 불선不善을 고치지 않는다면 결국 악인이 되고, 무식한 사람이 되고, 불의를 저지르고 악을 보고 그대로 두는 꼴이 될 것이다. 덕을 쌓고 학문을 익히며 정의를 실천하고 잘못을 고치는 것이, 곧 인격 도야의 길이라는 뜻이다.

(4)

子之燕居에 申申如也하시며 夭夭如也러시다.
자 지 연 거   신 신 여 야   요 요 여 야

{풀이}

공자께서 한가하게 계실 때는 마을을 턱 놓은 것 같았고, 기색이

즐거운 듯 화和하였다.

{주해}

[燕居]: 집안에 한가히 계시다. [申申如]: 온화한 모습. [夭夭如]: 즐겁
고 여유 있는 모양.

{해설}

　공자의 평소 생활의 모습을 나타내고 있다. 공자는 한가히 집
에 있을 때의 평화로운 기색을 나타내고 있다.

(5)

子曰, 甚矣라 吾衰也여! 久矣라. 吾, 不復夢見, 周
公이로다.

{풀이}

　공자께서 말씀하시기를, 『나의 노쇠함이여! 오래되었구나. 내 주공
을 꿈속에서 다시 보지 못하겠구나!』 했다.

[不復夢見]: 꿈에서는 다시 보지 못하겠구나. [周公]: 주나라 문왕의 아들. 이름은 단但이다.

{해설}

공자는 주나라를 정통으로 생각하고 있었기 때문에 주나라의 문왕과 무왕을 무척 마음속으로 존경하고 있었다. 때문에 꿈까지 꾸고 있다고 느꼈던 것이다.

(6)

子曰, 志於道하며 據於德하며 依於仁하며 游於
자왈 지어도 거어덕 의어인 유어
藝니라.
예

{풀이}

공자께서 말씀하시기를,『도에 뜻을 두고, 덕을 지키고, 인을 의지하고, 육예六藝를 즐겨라.』

{주해}

[據]: 지키다. 웅거하다. [依]: 의야倚也. 의지하다. [游]: 즐기다. 체득

하다. [藝]: 육예六藝(禮, 樂, 射, 御, 書, 數).

{해설}

　여기서는 군자로서 수도하는 방법을 적절하게 표현하는 것으로 도道란 진리, 이념, 원리, 사상 같은 정신적인 절대 선善의 길이요, 이에 대비하여 그 정신적 절대선絶對善을 행동으로 표현한 것이 덕이라고 강조하고 있다.

　그러므로 최고의 진리에 뜻을 두고 덕에 의거하여 행동하며, 인을 베풀고 육예六藝의 교양을 갖추라는 뜻이다.

(7)

子曰, 自行, 束修以上을 吾未嘗, 無誨焉이로다.
자왈 자행 속수이상 오미상무회언

{풀이}

　공자께서 말씀하시기를,『속수束修 이상의 예를 행한 사람이면 나는 일찍이 가르치지 않는 적이 없느니라.』

{주해}

[束修]: 예물의 하나. [未嘗無]: 일찍이 ~하지 않은 적이 없다. [誨]: 가

르치다.

{해설}

　배우려고 찾아오는 사람들을 모두 가르쳐 주었다는 말이다. 최소한의 예물[속수]을 갖추고 배우러 오는 이에게는 가르쳐 주지 않는 이가 없었다는 것이다.

(8)

子曰, 不憤이어든 不啓하며 不悱어든 不發하되 擧,
　자왈　불분　　　불계　　　불비　　　불발　　　거

一隅에 不以,三隅反이어든 則,不復也니라.
　일우　불이삼우반　　　　즉불부야

{풀이}

　공자께서 말씀하시기를, 『알지 못해 분발하지 않으면 계발啓發해 주지 않고, 표현하지 못해 더듬거리지 않으면 말을 일러주지 않는다. 한 모퉁이를 가르치면 나머지 세 모퉁이를 알 만큼 반응하지 않으면 더는 가르치지 않는다.』

{주해}

[憤]: 알려는 의욕이 넘치다. [啓]: 계발啓發하다. 열어주다. [悱]: 표현

을 못하여 말을 더듬거리다. [發]: 표현하도록 말을 일러주다. [擧一隅]: 한 모퉁이만을 들어 보인다. [以三隅反]: 나머지 세 모퉁이를 알아채다. [不復]: 거듭 가르치지 않는다. [則不復也]: 부復는 거듭.

{해설}

공자는 제자들이 무엇을 생각하느냐에 따라 거기에 맞는 교육을 했으니 자신들이 스스로 정신적인 차원을 계발할 수 있도록 하였다. 이것이 공자의 교육 방법이었다.

즉, 스스로 알려고 노력하고 분발하여 부분을 일러주면 전체를 추리하려고 노력하는 자세가, 곧 학문하는 자세라는 뜻이다.

(9)

子食於有, 喪者之側에 未嘗飽也러시다. 子於是
자 식 어 유 상 자 지 측   미 상 포 야   자 어 시
日에 哭則不歌러시다.
일   곡 즉 불 가

{풀이}

공자께서 상을 당한 사람 곁에서 식사를 하면서 배불리 먹는 적은 없었다. 그리고 공자께서는 곡을 한 날에는 종일 노래를 부르지 아니하였다.

[有喪者]: 상을 당한 사람. [哭]: 초상집에 소리 내어 우는 것. 조상할 때 하는 곡.

{해설}

공자께서는 모든 예법 중에서 상례에 대하여 특히 극진함을 나타냈다.

(10)

子謂, 顔淵曰, 用之則行하고 舍之則藏을 惟, 我
자위 안연 왈 용지즉행 사지즉장 유아

與爾, 有是夫인저 子路曰, 子行三軍이면 則, 誰與시
여이 유시부 자로왈 자행삼군 즉 수여

리이꼬? 子曰, 暴虎馮河하여 死而無悔者를 吾不與
자왈 포호빙하 사이무회자 오불여

也니 必也, 臨事而懼하며 好謀而, 成者也니라.
야 필야 임사이구 호모이 성자야

{풀이}

공자께서 안연顔淵에게 말씀하시기를, 『나라에 등용되면 나아가서 내 뜻을 행하고, 버리면 깊이 숨는 태도는 나와 그대만이 할 수 있을 것일세.』라고 하시자, 자로子路가「선생님께서 삼군三軍을 부리신다면 누구와 더불어 하시겠습니까?」하고 물었다. 이에 공자께서 말씀하시기를,『맨손으로 범을 치고 맨발로 강을 건너며, 죽어도 뉘우치지 않는 그런 무모한 자와는 같이 일을 하지 않겠다. 반드시 일을 앞에 두었을 때 겁낼 줄 알고, 충분히 꾸미고 신중히 다루어 성취시키는 사람과 같이 하겠다.』

{주해}

[用之則行]: 나라에 쓰이게 되면 정도를 행하여 실천하겠다. [舍之則藏]: 버리게 되면 물러나서 초야에 묻히리라. 장藏은 정도를 가슴에 간직함. [有是]: 이런 태도를 갖고 있다. [行三軍]: 三軍을 부리다. 1군은 12,500명이며, 3군을 부린다는 것은, 즉 대군을 가지고 작전을 편다는 뜻이다. [誰與]: 누구와 더불어 하겠는가. [暴虎馮河]: 포暴는 맨손으로 친다는 뜻. 빙馮은 맨발로 강을 건넌다는 말. 그래서 맨주먹으로 호랑이를 때려잡고 맨발로 강물을 건넌다는 만용蠻勇을 표현한 말이다. [臨事以懼]: 어떤 일에 임했을 때는 실패할 때를 생각하여 두렵게 여긴다는 말.

{해설}

　안연顔淵과 자로子路는 성격상 서로 대조되는 인물이다. 안연은 과묵하고 덕행을 앞세우는 사람이며, 가벼운 행동파인 자로가 각각 묻는 말에 공자는 적절한 대답을 하여서 모든 행동에 신중을 기하라는 교훈이 그 속에 담겨있다. 아무리 힘과 용기가 필요한 군사도 지혜가 있어야 패하지 않는다는 큰 뜻이 담겨 있다.

(11)

子曰, 富而可求也인댄 雖執鞭之士라도 吾亦爲
之어니와 如不可求인댄 從吾所好하리라.

{풀이}

공자께서 말씀하시기를, 『부富를 구하는 것이 옳은 일이라면 비록 채찍을 든 마부(賤職) 노릇이라도 나는 하겠거니와, 그러나 그것을 구함이 옳지 않다면 내가 좋아하는 바를 따라서 살겠노라.』

{주해}

[富]: 재물을 말함. [可求]: 가히 구할만하다. 나쁘지 않다. [執鞭]: 채찍을 잡다. 집편지사執鞭之士는 왕후의 행렬 앞에서 채찍을 들고 길을 트는 천직, 즉 마부. [從吾所好]: 내가 좋아하는 바를 쫓겠다. 즉 안빈낙도를 가리킴.

도道와 예禮가 없으면서 부富를 구한다는 것은 있을 수 없다
는 것이다. 부를 구하는 일이 옳은 것이라면 천한 일도 할 수 있
거니와, 부를 구하는 일이 옳지 않다면 나는 차라리 안빈낙도하
는 것이 더 낫다고 했다. 군자가 나라와 민족을 팔고 혼란과 부
패의 사회 속에서 부귀를 누린다면, 그것은 차라리 가난하게 사
느니보다 못하다는 것이다. 그래서 공자는 깨끗한 부를 얻는다
면 마부 노릇을 해서라도 얻겠다고 했다. 만약 그렇지 않다면
차라리 안빈낙도를 하겠다. 결코 부를 구하는 것이 인생의 목표
가 되어서는 안 된다.

(12)

子之所愼은 齊戰疾이러시다.
자 지 소 신　　재 전 질

{풀이}

공자께서 삼가 하는 것은 재계齊戒와 전쟁과 질병이었다.

{주해}

[愼]: 조심. 삼가. [齋]: 제사 지내기 전에 몸과 정신을 가다듬다. 재齊

와 재齋는 통함. [戰]: 전쟁. [疾]: 질병.

{해설}

공자께서는 모든 제사 때 재계하는 일과 전쟁과 질병에 대하여
매우 조심하였다. 그러니 제사 때의 몸가짐과 전쟁 때의 인명과
또 질병이 났을 때 역시 인명에 대해 매우 조심했다는 것이다.

(13)

子在齊, 聞韶하시고 三月을 不知肉味하사 曰, 不
자 재 제 문 소   삼 월   부 지 육 미   왈 부
圖, 爲樂之至於斯也호라.
도 위 악 지 지 어 사 야

{풀이}

공자께서 제나라에 계실 때, 순임금의 소악韶樂(풍악)을 듣고 3개월
간 음식 맛을 잊었다는데 말씀하시기를,『풍류를 함에 있어서 내 미처
이러한 경지에 이를 줄을 생각하지 못하였노라.』했다.

{주해}

[韶]: 순임금의 음악. [不知肉味]: 고기의 맛을 알지 못했음. [不圖]: 예

상치 못했음. [至於斯]: 풍류(음악)가 이런 경지에 이르렀다.

{해설}

　공자께서 제나라에서 순임금의 음악에 접하게 되었을 석 달 동안 음식 맛을 잊을 정도로 심취해 있었다는 것이다. 그는 그만큼 음악에도 조예가 깊었던 것이다.

(14)

　冉有曰, 夫子爲衛君乎아? 子貢曰, 諾다. 吾將
　<small>염유왈　부자위위군호　　　자공왈　낙　　오장</small>

問之호리라 入曰, 伯夷叔齊는 何人也이꼬? 曰, 古
<small>문지　　　입왈　백이숙제는　하인야　　　왈　고</small>

之賢人也니라. 曰, 怨乎이까? 曰, 求仁而得仁이어
<small>지현인야　　왈　원호　　　왈　구인이득인</small>

니 又何怨이리오? 出曰, 夫子不爲也시리라.
<small>우하원　　　출왈　부자불위야</small>

{풀이}

　염유冉有가 말하기를, 「선생님께서 위나라의 임금을 도와주셨을까?」 자공이 말하기를, 「글쎄, 내가 여쭈어보겠네.」 하고 안으로 들어가서 공자께 물어보기를, 「백이숙제는 어떤 사람입니까?」 하니 공자께서 말씀하시기를,『옛 현인이니라.』그들은 원망을 했습니까? 하니『인을 구하여 인을 얻었는데 무엇을 후회하겠느냐?』 자공이 밖으로 나와 말하기를,『선생님께서는 위나라를 도우지 않았을 것일세.』했다.

{주해}

[爲衛君]: 위나라의 임금을 위하여 일하다. 위나라 임금은 이름은 첩輒, 영공靈公의 손자요, 괴외蒯聵의 아들임. [諾]: 승낙하다.

{해설}

　도가 떨어진 위나라를 염유가 신하로서 도와야 할지 몰라서 자공을 통하여 공자의 뜻을 떠보고 있다. 공자께서는 결코 위나라를 도우지 않았을 것이라고 염유와 자공은 말하고 있다.

(15)

子曰, 飯疏食, 飲水하고 曲肱而, 枕之라도 樂亦,
자왈 반소사 음수 　　곡굉이 침지 　　낙역

在其中矣니 不義而, 富且貴는 於我에 如浮雲이니라.
재기중의 불의이 부차귀 어아 여부운

{풀이}

　공자께서 말씀하시기를,『거친 밥을 먹고, 물을 마시고, 팔베개하고 누웠어도 즐거움이 또한 그 가운데 있는 법이니, 의롭지 않는 부귀는 나에게는 뜬구름과 같으니라.』

{주해}

[飯]: 먹다. [疏食]: 거친 밥. 흰쌀밥이 아닌 꽁보리 잡곡밥. [曲肱]: 팔을 굽혀서. [枕之]: 그것으로 베개 삼아 베다. [樂]: 안빈낙도. [不義]: 옳지 않음. [富且貴]: 부하고 귀함. [於我]: 나에게는. [浮雲]: 뜬구름.

{해설}

공자는 청빈을 덮어놓고 옳은 것이라고는 생각하지 않았다. 청빈淸貧보다는 청부淸富(깨끗한 부자)를 더 바랐던 것이다. 문제는 의롭지 않는 방법으로 부자가 되고, 귀한 사람이 된 것은 바람직하지 않다는 것을 지적한 말이다.

요즈음을 생각해 보라. 정당하지 않는 방법으로 얻어지는 부와 명예가 얼마나 많은지 한 번쯤 반성해야 할 것이다. 즉 가난 속에도 행복이 있으니 인생의 의미로는 옳게 사는데 있다는 뜻이다.

(16)

子曰, 加我數年하여 五十以學易이면 可以無大
자 왈 가 아 수 년   오 십 이 학 역   가 이 무 대

過矣니라.
과 의

{풀이}

공자께서 말씀하시기를, 『하늘이 나에게 수년의 기간을 더하여 50에 역경을 배우게 한다면 세상일에 큰 허물이 없으리라.』 했다.

{주해}

[加]: 더하다. [易]: 주역. 역경임. [五十以學易]: 50세에 역경을 배우다. 50세가 지천명 나이이기 때문이다.

{해설}

공자께서 주역에 관심이 참 많으셨다. 주역은 삼경에 드는 책으로, 옛날부터 선비가 되려면 우선 '4서와 3경'을 통독해야 한다. 공자께서 역시 내 나이 50에 주역을 다시 공부해야겠다는 의지를 표명하고 있다. 그래서 '오십이학역五十以學易'이라고 했다.

(17)

子所雅言은 詩書執禮니 皆雅言也러시다.
자 소 아 언 시 서 집 례 개 아 언 야

{풀이}

　공자께서 정음을 말할 때는 〈시경〉, 〈서경〉, 그리고 예를 지키는 일이었다. 이 일을 늘 말씀하셨다.

{주해}

[雅言]: 늘 말하다. 아雅는 상常을 뜻함. 정음으로 풀이하기도 한다.
[執禮]: 예를 집행함.

{해설}

　'4서 3경'에 대해 남다른 관심을 가진 공자는 제자들에게 늘 시경과 서경을 강론하였다고 한다. 그리고 예의 집행에 관해서도 늘 열성을 보였다고 한다.

(18)

葉公이 問,孔子於,子路어늘 子路,不對한대 子曰,
섭 공　　문 공 자 어 자 로　　자 로 부 대　　자 왈

女奚不曰, 其爲人也에 發憤忘食하며 樂以忘憂하
여 해 불 왈　기 위 인 야　　발 분 망 식　　낙 이 망 우

며 不知,老之將至云爾오.
　부 지 노 지 장 지 운 이

섭공葉公이 자로에게 공자에 대해서 물었으나 자로가 대답하지 못하니 공자께서 말씀하시기를,『그의 위인 됨이 학문에 열중하면 식음을 전폐하며, 즐거워하여 근심을 잊어서 늙음이 닥쳐오는 것도 알지 못한다고 왜 말하지 않았느냐?』했다.

{주해}

[葉公]: 초나라 섭현葉縣의 책임자. 성은 심沈, 이름은 제량諸梁. 자는 자고子高임. [奚]: 어찌. [爲人]: 사람됨. [發憤]: 분발함. [老之將至]: 늙음이 장차 다가옴. [云爾]: 조사.

{해설}

공자의 학문에 대한 정열과 덕이 완성됨을 말하고 있다. 그의 노후에는 식사도 잊은 채 학문에 몰두하는 공자의 면모를 잘 말해주고 있다. 심지어 늙어가는 것조차 모를 정도로 학문에 심취해 있었다는 것이다.

(19)

子曰, 我非,生而知之者라 好古하여 敏以求之者
자왈 아비 생이지지자 호고 민이구지자

也로다.
야

{풀이}

　공자께서 말씀하시기를, 『나는 나면서부터 아는 사람이 아니라, 옛 것을 좋아하여 부지런히 알아내는데 힘쓰는 사람이로다.』

{주해}

[生而知之]: 뱃속에서부터 알다. [好古]: 옛것을 좋아하다. [敏以求之者]: 민첩하고 부지런히 옛것을 찾아 알게 되었다. 즉 선왕의 도와 문물제도 및 예교禮敎를 구하는 사람이다.

{해설}

　공자는 자기가 천성적으로 남과 다를 바가 없다는 것을 천명하고 있다. 태어나면서 아는 자가 어디에 있겠느냐는 것이다. 인간이란 나서 배우고 옛것을 익히고 좋아하는 가운데 알아지는 것이라고 말하고 있다. 그러니 공자는 자신이 어떤 천재성을 가지고 태어난 것이 아니라는 사실을 천명하고 있는 것이다.

(20)

子不於,怪力亂神이러시다.
자 불 어 괴 력 난 신

{풀이}

　공자께서는 괴이한 일, 난동부리는 일, 그리고 귀신에 관하여서는 말하는 일이 없었다.

{주해}

[怪]: 괴이함. [力]: 폭력. [亂]: 난동. [神]: 귀신.

{해설}

　공자의 사상은 옛 선인들의 이성理性과 문물제도文物制度와 현실성現實性에 바탕을 둔 인문주의자였다. 그러니 현실적이 아닌, 점술占術이나 무복巫卜 같은 허황한 주술적인 사상은 멀리했었다.

　공자께서는 어떤 괴怪, 력力, 난亂, 신神을 자기 정치철학에서는 언급하지 않았던 것이다. 그래서 공자는 비현실성, 비이성적, 초자연적인 것과 내세관과 신에 대한 이야기는 가까이하지 않았다.

(21)

子曰, 三人行에 必有我師焉이니 擇其 善者而從
<small>자 왈 삼 인 행 　 필 유 아 사 언 　　 택 기 선 자 이 종</small>

之오 其 不善者而改之니라.
<small>지 　 기 불 선 자 이 개 지</small>

{풀이}

　공자께서 말씀하시기를, 『세 사람이 함께 길을 가면 그중에는 반드시 나의 스승이 있느니라. 그 착한 사람을 가려서 따를 것이고, 그 좋지 못한 점을 거울삼아 내 잘못을 고쳐야 하느니라.』

{주해}

[三人行]: 세 사람이 길을 감. [擇]: 선택. 가리다. [從之]: 그 사람을 따르다. [改之]: 그것을 고치다.

{해설}

　세 사람이 함께 길을 가게 되면, 그 세 사람 중에 한 사람은 반드시 나의 스승이 있다는 것은 나보다 더 나은 사람이 있다는 것이다. 그래서 그 사람을 스승처럼 배울 것이요, 세 사람 중에는 나보다 못한 사람도 있을 것이다. 그러면 나보다 못한 사람의 나쁜 점을 거울삼아 내 행실의 잘못을 찾는다는 것이다. 그러니

자기 외의 사람에게서 장단점을 본받고 단점을 거울삼아 내 잘못을 고치라는 뜻이다. (타산지석他山之石)

(22)

子曰, 天生德於予시니 桓魋, 其如予何리오.
자 왈 천 생 덕 어 여 환 퇴 기 여 여 하

{풀이}

공자께서 말씀하시기를,『하늘이 나에게 덕을 주셨으니 환퇴桓魋가 나를 해칠 수 있으랴.』했다.

{주해}

[天]: 천제天帝. 만물을 주관하는 하늘. [生德]: 덕을 주었다. [桓魋]: 송나라의 사마로 공자를 죽이려 했던 사람. [如予何]: 나를 어찌하겠느냐?

{해설}

송나라의 환퇴가 공자를 제거하려 하자 공자가 한 말이다. 공자께서 61세 되던 해에 송나라에 머물러 있었는데, 어느 날 큰 나무 밑에서 제자들에게 예를 강론하고 있을 때, 송나라 사마직에 있던 환퇴桓魋가 나무를 쓰러트려 공자를 죽이고자 했던 일이 있었다. 그때 공자께서 한 말이라고 한다.

（23）

子曰, 二三子는 以我爲 隱乎아? 吾無 隱乎爾로
자 왈   이 삼 자   이 아 위 은 호   오 무 은 호 이
다. 吾無行而不與 二三子者니 是丘也니라.
     오 무 행 이 불 여 이 삼 자 자   시 구 야

{풀이}

　공자께서 말씀하시기를, 『너희들은 내가 숨기는 것이 있다고 생각하느냐? 나는 숨긴 것이 없노라. 나는 너희들과 함께 행하지 않는 것이 없으니 그것이 바로 나이니라.』

{주해}

[二三子]: 그대들은. [以~爲]: ~을 ~라고 여김. [吾無隱乎爾]: 나는 숨기는 것이 없다. [與]: 보이다. 시示와 같다. [是丘也]: 이것이 바로 나다.

{해설}

　제자들이 아무리 공자를 따라가려 해도 스승을 따를 수가 없

어서 무슨 비결이라도 있는 듯이 여기기에 공자께서 한 말이라고 한다. 그러니 공자께서 말씀하시기를, '나는 아무것도 감추고 있는 것이 없다.'고 말했다.

(24)

子以四敎하시니 文,行,忠,信이니라.
　자　이　사　교　　　　　문　행　충　신

{풀이}

　공자께서는 항상 네 가지를 가르치니, 학문과 덕행과 성실과 신의니라.

{주해}

[四敎]: 文行忠信. [文]: 학문 [行]: 덕행. [忠]: 충실. [信]: 신의.

{해설}

　공자의 4교는 문, 행, 충, 신이었다. 먼저 학문을 배우고 덕행을 닦으며, 그 다음에 충성과 신의를 지니도록 해야 한다고 강조하고 있다. 그러니 학문과 실천과 성실과 신의, 이것을 나타내는 말이다. 이것을 4교라 했다.

(25)

子曰, 聖人을 吾不得而 見之矣어든 得見 君子
자왈 성인 오부득이견지의 득견군자

者면 斯可矣니라. 子曰, 善人을 吾不得而 見之矣
자 사가의 자왈 선인 오부득이견지의

어든 得見有恒者면 斯可矣니라. 亡而爲有하며 虛
득견유항자 사가의 무이위유 허

而爲盈하며 約而爲泰니 難乎 有恒矣니라.
이위영 약이위태 난호유항의

{풀이}

　공자께서 말씀하시기를, 『성인을 만나볼 수 없으니, 군자다운 자라도 만나본다면 만족하리라. 선인을 만나보지 못하였으니 한결같은 마음을 지닌 사람이라도 만나본다면 만족하리라. 없으면서 있는 체하고, 비어있으면서 가득한 체하고, 가난하면서도 부유한 체하는 것이 세인의 성향이니 한결같은 마음을 지니기도 어려우니라.』

{주해}

[聖人]: 학식과 덕망을 갖춘 인물. [斯可]: 이것이라도 괜찮을 것이다. [有恒者]: 마음이 한결같은 사람. [亡]: 없음. [虛而爲盈]: 비어있으면

서 가득 찬 체하는 사람. [約而爲泰]: 적으면서도 많은 것처럼 하는 사람. 즉 가난하면서도 부유한체하다.

{해설}

　성인이나 인자한 사람은 고사하고, 군자나 선한 마음을 지닌 자라도 찾아보기 어려운 사상을 개탄하는 내용이다. 없으면서 있는 척, 비어있으면서 가득한체하며 가난하면서도 부유한 척 하는 세태의 사람들을 꼬집고 있다.

(26)

子는 釣而不綱하시며 弋不射宿이러시다.
　자　　조 이 불 강　　　　익 불 석 숙

{풀이}

　공자께서는 낚시질은 하였으나 그물로 고기를 잡지는 않았으며, 주살로 나는 새를 잡기는 했으나 잠자는 새를 쏘지는 않았다.

{주해}

[釣]: 낚시질하다. [綱]: 큰 줄에 그물을 엮어 한꺼번에 많은 고기를 잡는 것. [弋]: 주살, 즉 화살에 실을 달아 쏜다. [射]: 쏘아 맞추다. [宿]:

둥지에 머물러 있거나 잠들어 있는 새. 숙宿은 지야止也. 숙조宿鳥는 잠자는 새, 또는 앉아있는 새.

{해설}

공자의 어진 마음을 읽을 수가 있다. 공자께서는 낚시질을 하더라도 한꺼번에 일망타진하는 그런 방법으로 물고기를 잡지는 않았다. 요즈음 같으면 촘촘한 그물로 한꺼번에 큰 고기 새끼 물고기 할 것 없이 싹쓸이하여 거둬들이는 방법을 쓰지 않았고, 새를 잡더라도 앉아있는 새나 잠자는 새를 잔인하게 잡지는 않았다는 것이다.

(27)

子曰, 蓋有 不知而 作之者아? 我 無是也로다. 多
자왈 개유 부지이 작지자 아 무시야 다

聞하여 擇其善者而從之하며 多見而識之하니 知
문 택기선자이종지 다견이지지 지

之次也니라.
지 차 야

{풀이}

공자께서 말씀하시기를, 『어찌 알지도 못하고 행동하는 사람이 있겠는가? 나는 그런 일이 없노라. 많이 들어서 착한 것을 가려서 따르고, 많이 보아서 나은 것을 기억해 둔다는 것이 아는 것 다음의 방법이니라.』했다.

{주해}

[不知而作之]: 잘 알지도 못하면서 행하다. 作作은 행동하다. [識]: 기억하다. [知之次]: 아는 것은 그 다음이다.

{해설}

독단과 편견은 정당성을 잃기 쉬우므로, 확실하게 안 다음에 확고한 신념을 가지고 행동하라는 교훈이다.

（28）

互鄉은 難與言이러니 童子見커늘 門人惑한대 子
호향 난여언   동자견   문인혹   자
曰, 與其進也요 不與其退也니 唯何甚이리오? 人
왈 여기진야   불여기퇴야   유하심   인
이 潔己以進이어든 與其潔也요 不保其往也니라.
   결기이진   여기결야   불보기왕야

{풀이}

　호향互鄕에 사는 사람들과 더불어 말하기가 어렵더니 한 동자가 공자를 만나러 오자, 제자들이 몹시 당황하게 여겼다. 그러자 공자께서 말씀하시기를, 『오는 이는 맞아들여야 하고 가는 이는 막지 말아야한다. 덮어놓고 심하게 굴 수 있겠는가? 사람이 제 몸을 깨끗이 하고 오면 그 깨끗함을 받아들여야 하고 지난 날의 허물은 묻지 말아야 한다.』

{주해}

[互鄕]: 지명. 이 지방 사람들은 이치에 맞지도 않는 말을 함부로 한다고 했다. [見]: 찾아보다. [惑]: 황당하다. [與]: 허락함. [唯何甚]: 어찌 심하게 대할 수 있겠는가? [不保其往也]: 지나간 것은 지니고 있지 않다.

{해설}

　호향互鄕은 지금 어느 곳인지는 모른다. 그곳 사람들은 이치에 맞지 않는 일을 함부로 해서 사람 사이에 의견이 맞지 않았다.

　그래서 공자께서는 잘못을 뉘우치는 자에게는 지난날의 허물을 따지지 말라고 했다.

(29)

子曰, 仁乎, 遠哉아 我欲仁이면 斯仁이 至矣니라.
자 왈 인 호 원 재   아 욕 인   사 인   지 의

{풀이}

  공자께서 말씀하시기를, 『인仁이 멀리 있겠는가? 내가 인을 바라기
만 한다면 바로 인이 곧 오게 되는 것이다.』

{주해}

[乎~哉]: ~일까? [斯仁]: 바로 인仁이. 사斯는 곧, 즉則과 같은 뜻을 나
타낸다.

{해설}

  인은 멀리 있는 것이 아니다. 그리고 인을 행하기 어려운 것
도 아니다. 인은 마음의 덕이니 밖에 있는 것이 아닌데도 놓아
두고 찾지 않으므로 멀다고 여기는 자가 있는 것이다.
  돌이켜 찾는다면 여기에 바로 있으니, 어찌 멀리 있겠는가?
곧 인을 행하는 것은 자신에게 달려있다고 했다.

(30)

陳司敗,問하되 昭公이 知禮乎잇고? 孔子曰, 知
진 사 패 문　　　　소 공　　　지 례 호　　　　　공 자 왈　　지

禮시니라. 孔子退하거늘,揖,巫馬期而,進之曰, 吾聞
례　　　　공 자 퇴　　　　읍 무 마 기 이 진 지 왈　오 문

君子는 不黨이라 하니 君子도 亦黨乎아? 君取於吳
군 자　　부 당　　　　　　군 자　　역 당 호　　　　군 취 어 오

하니 爲,同姓이라. 謂之,吳孟子라 하니 君而知禮면
　　　위 동 성　　　　위 지 오 맹 자　　　　　군 이 지 례

孰不知禮리오? 巫馬期,以告한대 子曰, 丘也幸이로
숙 부 지 례　　　　무 마 기 이 고　　　　자 왈　구 야 행

다. 苟有過어든 人必知之니라.
　　구 유 과　　　　인 필 지 지

{풀이}

　　진나라의 사패司敗 벼슬을 하는 사람이 소공昭公이 예를 아느냐
고 물었다. 그러자 공자께서 말씀하시기를, 『예를 아십니다.』 공자께
서 물러나자 사패司敗가 무마기巫馬期에게 읍의 예를 취하며 말하기
를, 「나는 군자는 절대로 편당하지 않는다는 말을 들었습니다. 그런데
군자께서도 역시 편당하시는 겁니까? 노나라 소공이 오나라에서 아
내를 맞아 동성이 되는데도 오맹자吳孟子라고 이르지 않습니까? 그런
소공昭公이 예를 아신다면 누가 예를 모르겠소이까?」 무마기가 그 이
야기를 전했더니 공자께서 말씀하시기를, 『나는 행복하다. 조금의 잘
못이 있어도 남이 반드시 알려주는구나.』 했다.

{주해}

[陳]: 중국 하남성 동남쪽 회양현에 있었던 작은 나라. [司敗]: 사법을 맡았던 장관. [昭公]: 노나라의 임금. [揖]: 두 손을 모아 가슴으로 올리는 예법. [巫馬期]: 공자의 제자. 성은 무마巫馬, 이름은 시施. [黨]: 편당. [君]: 노나라의 소공. [取於吳]: 오나라에서 아내를 맞아옴. 취取는 취娶임.

{해설}

　노나라의 소공은 예에 바른 군주이나 오나라에서 왕비를 맞아 동성인데도 이를 엄폐하려 하자, 진나라의 사패가 공자에게 소공의 예에 대하여 말하였다. 그런데 공자께서는 신하로서 임금을 남에게 비방하지 않을 마음으로 이렇게 말한 것이다.

(31)

子與人歌而善이어든 必使反之하시고 而後和之
　자　여　인　가　이　선　　　　필　사　반　지　　　　　이　후　화　지
러시다.

{풀이}

　공자께서 남과 노래할 때에, 그 사람의 노래가 좋으면 반드시 반

복하여 부르게 하고 나서 그 후에 노래를 함께 부르셨다.

{주해}

[與人歌]: 남과 함께 노래를 부르다. [善]: 노래를 잘 부르다. [和之]: 그 노래에 화합하여 함께 부른다.

{해설}

공자께서도 노래 부르기를 좋아했다는 내용으로 노래를 잘하는 사람과는 함께 화합하여 노래를 부른다는 것을 말하고 있다.

(32)

子曰, 文莫吾猶人也아? 躬行君子는 則吾未之
자 왈 문 막 오 유 인 야   궁 행 군 자   즉 오 미 지
有得호라.
유 득

{풀이}

공자께서 말씀하시기를, 『학문은 내가 다른 사람에 뒤지겠는가? 그러나 군자의 도를 몸소 실천함에 있어서는 내 아직 부족함이 많으니라.』

[文]: 학문. [莫~也]: ~가 아니겠느냐? [猶人]: 남과 같다. [躬行]: 몸소 실천함. [未之有得]: 아직 경지에 이르지 못함.

{해설}

아는 것보다 아는 것을 실천하는 것이 더욱 중요하다는 말이다. 그러니 학문의 성취보다는 도덕성의 실천을 더욱 강조하고 있다.

(33)

子曰, 若, 聖與仁은 則, 吾豈敢이리오 抑, 爲之不
자왈 약 성여인 즉 오기감   억 위지불

厭하며 誨人不倦은 則, 可謂云, 爾已矣니라. 公西華
염   회인불권 즉 가위운 이이의   공서화

曰, 正唯, 弟子, 不能學也로소이다.
왈 정유 제자 불능학야

{풀이}

공자께서 말씀하시기를, 『성인聖人과 인자仁者가 하는 일을 내 어찌 감당하리요. 다만 성인과 인자의 도리를 행함에 싫증을 내지 않으며 남을 가르침에 게을리하지 않는다고 말할 수 있을 뿐이니라.』 공서

화公西華가 말하기를, 「바로 그것만이라도 저희는 능히 본받지 못하나이다.」했다.

{주해}

[若]: ~와 같음. [聖與仁]: 성인과 인자. [抑]: 그렇지만. [爲之不厭]: ~를 하는데 싫증을 내지 않음. [可謂云爾已矣]: 그렇다고 말할 수 있을 따름이다. [正唯]: 바로 그것이.

{해설}

공자와 제자 공서화와의 겸허한 대화이다. 공서화는 아직 그것만이라도 본받지 못했다고 겸손하게 말한다.

(34)

子, 疾病이어시늘 子路, 請禱한대 子曰, 有諸아? 子路對曰, 有之하니 誄曰, 禱爾于上下神祇라 하더이다. 子曰, 丘之禱久矣니라.

{풀이}

공자께서 병이 나시자, 자로가 기도를 드릴 것을 청하니 공자께서 말씀하시기를, 『그런 일이 있었느냐?』 자로가 대답하기를, 「있었습니다. 기도문에 선생님을 위하여 천신과 지신에게 비노라.」고 했습니다. 공자께서 말씀하시기를, 『나도 그 같은 기도를 한 지 오래니라.』 했다.

{주해}

[疾病]: 병이 들다. [禱]: 기도. [有諸]: 그런 예가 있었느냐? [誄]: 뇌문. 기도문. [神祇]: 귀신. 신神은 하늘의 신, 기祇는 땅의 귀신.

{해설}

미신을 벗어나지 못하는 자로를 깨우쳐 주려고 하는 철저한 인본주의 사상을 강조한 말이다. 나도 그런 기도를 한 지 오래라고 한 것은 그런 기도가 무슨 소용이 있겠느냐 하는 뜻이다.

(35)

子曰, 奢則不孫하고 儉則固니 與其不孫也론
자왈 사즉불손 검즉고 여기불손야
寧固니라.
녕고

공자께서 말씀하시기를,『사치하면 거만해지고, 지나치게 검약하면
인색해진다. 그러나 거만한 것보다는 차라리 인색하여 고루한 것이
나으니라.』

{주해}

[奢則]: 사치하게 되면. 부하고 귀하여 영화를 누리게 되면. [不孫]: 공
손하지 않음(不遜). [儉]: 검약儉約, 검소하다. [與其~寧~]: ~하느니
보다 차라리~해라. [寧固]: 차라리 고루하여라.

{해설}

부자나 고귀한 사람이 되면 불손하고 교만하기 쉽다. 사람 위
에 군림하려는 자는 인의 경지에 도달하지 못한 사람이니, 차라
리 빈한하면서 인에 도달하여 검소함에 즐거움을 찾는 자가 더
좋다는 말이다.

(36)

子曰, 君子는 坦.蕩蕩이오 小人은 長.戚戚이니라.
자 왈 군 자 탄 탕 탕   소 인   장 척 척

공자께서 말씀하시기를, 『군자는 마음이 평정하고 넓고 너그러우며, 소인은 항상 겁내고 두려워한다.』

{주해}

[坦]: 평탄하고 안정되다. [蕩蕩]: 넓고 너그럽다. [長]: 길고 오래다. 장구長久하다. [戚戚]: 두려워하고 걱정하다.

{해설}

군자는 진리를 즐기고 정의를 행하므로 마음이 평온하나, 소인은 사리사욕을 쫓기 때문에 항상 불안하게 살고 있는 것이다.

(37)

子는 溫而厲하시며 威而不猛하시며 恭而安이러시
자　온이려　　　위이불맹　　　공이안
다.

{풀이}

공자께서는 온순하시되 엄숙하고, 위엄이 있으시되 무섭지 않고, 공손하시되 안도감이 있으시다.

{주해}

[溫]: 온화함. [厲]: 엄숙하다. [不猛]: 사납지 않다. [恭]: 공손함. [安]: 편안함.

{해설}

　공자의 인품에 대한 부분이다. 공자는 온순하면서도 위엄이 있고, 엄숙하면서도 공손하다고 했다. 즉 공자의 풍모와 품격을 제자가 적을 글이다.

제8편

泰伯(태백)

이 편에서는 예양인효덕禮讓仁孝德과 현인군자賢人君子의 풍모風貌와 권학입신勸學立身과 수도위정修道爲政을 논했다. 첫 장에서 태백泰伯을 시작하여 요堯, 순舜, 우禹 등의 성왕聖王 현인賢人들을 칭찬하고, 또한 예악禮樂도 언급하고 있다.

(1)

子曰, 泰伯은 其可謂 至德也已矣로다. 三以天
자왈 태백   기가위 지덕야이의   삼이천

下讓하되 民無得而稱焉이오녀.
하양   민무득이칭언

{풀이}

　공자께서 말씀하시기를,『태백은 지극한 덕을 지녔다고 할 수 있느니라. 그는 세 번이나 천하를 양보하였는데도 백성은 그를 칭찬함이 없구나.』

{주해}

[泰伯]: 주대왕周大王(태왕太王-고공단보)의 장남으로 중옹仲雍, 계력季

歷 삼 형제였다. 은나라의 제후였던 고공단보가 막내 계력의 아들 창昌(문왕)에게 미래를 걸자, 태백은 동생 중옹仲雍을 데리고 오吳나라로 도주하였다. 태백의 양보로 계력季歷이 왕이 되고, 그는 오나라의 시조가 된다. [至德]: 지극한 덕. [三讓]: 3번 양보함. [民無得,而稱焉]: 태백이 은밀하게 양보했으므로 백성이 칭송할 길이 없었음. *주周의 계보系譜－[고공단부古公壇父(보)－계력季歷－문왕文王－무왕武王－성왕成王(삼촌인 주공周公 단旦이 섭정)]

{해설}

三以天下讓－태백이 그의 아우 계력에게 양보한 것은 주나라 국권이지 천하가 아니다. 그러나 나라를 양보함으로써 계력, 문왕, 무왕으로 계승되어 주周의 천하가 성립되었다.

民無得而稱焉－태백이 계력에게 나라를 양보한 것은 아버지 태왕의 재세在世 중에 그가 몰래 오吳나라로 도망 나옴으로써 이루어졌다. 그래서 태백이 나라를 양보한 것을 칭찬할 수가 없었다. 선행은 명성을 의식하지 않을 때 가장 빛난다.

(2)

子曰, 恭而無禮則勞하고 愼而無禮則葸하고 勇
자왈 공 이무례즉로   신이무례즉시   용

而無禮則亂하고 直而無禮則絞니라. 君子篤於親
이무례즉난   직이무례즉교   군자독어친

則.民興於仁하고 故舊를 不遺則.民不偸니라.
즉 민 흥 어 인   고 구   불 유 즉 민 불 투

{풀이}

　공자께서 말씀하시기를,『공경에 예가 없으면 헛수고로 끝나며, 신중에 예가 없으면 두려워하게 되고, 용기에 예가 없으면 난폭해지며, 정직에 예가 없으면 가혹해진다. 군자가 친척에게 후하게 하면 백성들 사이에 인仁이 흥왕興旺하며, 옛 친구를 버리지 않으면 백성들의 풍속이 각박해지지 않느니라.』

{주해}

[無禮]: 예의 절도에서 벗어나다. [葸]: 순박하다(시), 삼갈(시). 두려워하다. 주눅이 들다. 사葸라고 기록된 곳도 있다. [絞]: 졸라매다. 강박을 주다. [故舊]: 옛 친구. [不遺]: 버리지 않는다. [不偸]: 불박不薄함. 곧 후하다. 인심人心, 덕행德行, 풍속風俗이 후하다. [偸]: 훔치다. 구차하다.

{해설}

　아무리 공손하고 신중하고 용기 있고 강직하다 해도 예에 벗어나면 헛수고가 되고, 두려워지고, 난폭하게 되고, 강박하고, 조급하게 된다는 것이다. 예는 행동을 미화하고 겸양의 뜻으로 지나친 것을 조절하는 생활 법칙이다. 국가의 지도자는 공손하

되 예의 바르고, 신중하되 예의가 있어야 하며, 용기가 있되 예의가 있어야 하고, 정직하되 예의가 없으면 안 되는 것이다.

곧 위정자는 국민에게 미치는 영향이 크므로 솔선수범하여 인의를 실천해야 함을 강조하고 있다.

(3)

曾子有疾하사 召門,弟子曰, 啓予足하며 啓予手
<small>증 자 유 질   소 문 제 자 왈   계 여 족   계 여 수</small>

하라. 詩云하되 戰戰兢兢하여 如臨深淵하며 如履
<small>시 운   전 전 긍 긍   여 림 심 연   여 리</small>

薄氷이라 하니 而今而後에야 吾知免夫라 小子아!
<small>박 빙   이 금 이 후   오 지 면 부   소 자</small>

{풀이}

증자曾子가 병이 위독해지자 제자들을 불러 말하기를, 『나의 발을 펴고 나의 손을 펴보아라. '시경에 이르기를, 두려워하고 조심함이 깊은 못가에 서있는 듯하고 살얼음을 밟는 듯하다.' 하였으니, 지금 이후에야 나는 그런 근심에서 해방되었음을 알겠노라 제자들아!』 했다.

{주해}

[曾子]: 이름은 삼參, 자는 자여子輿, 노나라 사람. 공자의 제자이며 효

행으로 유명함. [詩]: 시경을 말함. [戰戰]: 두려워하는 모양. [兢兢]: 조심하는 모양. [臨深淵]: 깊은 못가에 서있음. [履]: 밟다. [薄氷]: 살 얼음. [而今而後]: 지금 이후. [知免夫]: ~벗어남을 알겠구나. 죽음에 이르러 부모로부터 물려받은 몸을 다칠 근심에서 벗어나겠구나.

{해설}

　평생 동안 효를 실천하며 전전긍긍 살아 온 몸이 임종에 이르러 부모로부터 물려받은 몸을 근심에서 벗어날 수 있다는 편안한 마음을 말하다. 그는 임종을 맞이하여 부모로부터 물려받은 몸을 온전히 지킨 자기를 안심한다는 내용이다.

(4)

曾子,有疾이어늘 孟敬子,問之러니 曾子,言曰, 鳥
증 자 유 질　　　　　맹 경 자 문 지　　　　증 자 언 왈　조

之將死에 其鳴也哀하고 人之將死에 其言也善이
지 장 사　　기 명 야 애　　　　인 지 장 사　　기 언 야 선

니라. 君子所貴乎道者三이니 動容貌에 斯遠暴慢
　　군 자 소 귀 호 도 자 삼　　　동 용 모　　사 원 포 만

矣하며 正顏色에 斯近信矣며 出辭氣에 斯遠鄙倍
의　　　정 안 색　　사 근 신 의　　출 사 기　　사 원 비 패

矣니 籩豆之事는 則有司存이니라.
의　　변 두 지 사　　즉 유 사 존

{풀이}

증자가 병이 나자 맹경자孟敬子가 병문을 하였는데, 증자가 말하기를, 「새가 죽음에 임하면 그 울음이 애처롭고, 사람이 죽음에 임함에 그 말이 선하여지는 것이오. 군자가 도를 실천하는 데에는 귀중하게 여기는 것이 세 가지가 있는데, 몸가짐에는 난폭함과 교만함을 멀리하고, 안색을 바르게 하여 신의가 있어야 하며, 말을 감정과 기에 맞도록 하며 천속을 멀리할 것이니, 그리고 제사에 변두籩豆를 놓는 일은 맡아볼 사람이 따로 되어 있을 것이오.」

{주해}

[孟敬子]: 노魯나라의 대부. [鳥之將死]: 새도 죽을 때는. 속담의 하나. 속담을 인용하여 말함. [動容貌]: 몸가짐. 동작과 행동. [暴慢]: 난폭. 방종과 탈선을 이름. [正顔色]: 얼굴 표정이 예의에 맞게. 안색을 바르게 함. [出辭氣]: 말을 감정과 기에 맞도록 하다. [鄙倍]: 천속賤俗과 야비野鄙. 이치에 어긋남. [籩豆]: 제기의 일종. 변은 대그릇이고, 두는 목기이다. [有司存]: 이를 맡아보는 사람이 따로 있음.

{해설}

증자가 병으로 병석에 누워있을 때, 노나라의 대부 한 사람이 위문慰問하러 왔다. 그때 그는 노나라 대부에게 침착하면서 부드러운 목소리로 그에게 말했다. '새도 죽을 때에는 울음소리가 애처롭고, 사람도 죽을 때에는 선하게 된다.'고 했다. 증자는 평생을 예의와 도를 지키면서 살아온 군자였다.

그의 말속에는 행동에는 거칠고 교만함이 없어야 하고, 안색은 꾸밈없이 누구에게나 신뢰로 대할 것이며, 말에는 저속함과 사리에 어긋남이 없도록 하는 것이 군자의 도리라는 것을 강조하고 있다.

(5)

曾子曰, 以能問於不能하며 以多問於寡하며
증자왈 이능문어불능 이다문어과

有若無하며 實約虛하며 犯而不校니라 昔者吾友
유약무 실약허 범이불교 석자오우

가 嘗從事於斯矣러니라.
상종사어사의

{풀이}

증자가 말하기를,「유능하면서 무능한 사람에게 묻고, 많이 알면서 적게 알고 있는 사람에게 물어보며, 도를 지녔으면서도 남 보기에는 없는 것 같이 하고, 덕이 실하되 텅 빈 듯 겸손하고, 남에게 욕을 보아도 따지고 다투지 않는다. 옛날 나의 벗이 이런 태도를 취했었다.」

[曾子]: 공자의 제자. 공자보다 46살 아래임. [以能]: 능력이 있으면서. 박학다식한 사람. [問於不能]: 자기보다 재능이 없는 사람에게 묻는다. [以多]: 많이 알면서. 박학다식하면서. [寡]: 과문寡聞. [犯而不校]: 침범을 당하여도 싸우고 다투지 않는다. 교校는 계교計校의 뜻. 헤아려 비교하여 다투다. [昔者吾友]: 충실한 인격자인 안회顔回를 지칭했음. [嘗]: 일찍이.

{해설}

재덕才德이 출중하고 인도仁道를 지키면 나보다 못한 사람이라도 그의 말을 귀담아 듣고, 학덕을 갖추었다 해도 나보다 못 갖춘 사람에게 배우고, 알고 있으면서도 나타내지 않는 태도는 군자라 할 만한 사람이라는 뜻이다.

(6)

曾子曰, 可以託, 六尺之孤하며 可以寄, 百里之
증 자 왈   가 이 탁 육 척 지 고   가 이 기   백 리 지

命이오 臨大節而不可奪也면 君子人與아? 君子人
명   임 대 절 이 불 가 탈 야   군 자 인 여   군 자 인

也니라.
야

증자가 말하기를, 「어린 임금을 의탁할 수 있고, 백 리 지역의 국가 사직을 맡길 만하며, 국난을 당하여 가히 충절을 잃지 않는다면, 군자다운 사람이 아닌가? 참으로 군자라 할 수 있느니라.」 했다.

{주해}

[託]: 의탁함. [六尺之孤]: 15세 이하의 어린 임금. [百里之命]: 사방 백 리 되는 나라의 운명. [大節]: 나라의 존망과 관계되는 큰 사건. [不可奪]: 겪을 수 없는 절개.

{해설}

어린 임금을 맡길 수 있는 신하, 한 나라를 다스려 부흥 시킬 수 있는 신하, 국난을 당하면 목숨을 걸고 지킬 수 있는 신하, 이런 신하야말로 참 군자라는 말이다.

(7)

曾子曰, 士不可以不弘毅니 任重而道遠이니라.
증자왈 사불가이불홍의 임중이도원

仁以爲己任이니 不亦重乎아? 死而後已니 不亦
인이위기임 불역중호 사이후이 불역

遠乎아?
원　호

{풀이}

　증자가 말하기를, 「선비는 반드시 마음이 넓고 굳세어야 한다. 임무가 무겁고 갈 길이 멀기 때문이다. 인을 자기의 책임으로 삼으니 어찌 무겁지 않겠느냐? 죽은 뒤에야 끝나니 어찌 멀지 않겠느냐?」

{주해}

[不可以不]: ~하지 않을 수 없다. [弘毅]: 마음이 넓으면서 의지가 굳셈. [仁以爲己任]: 인을 자기의 임무로 삼다. [不亦~乎]: 또한 ~하지 않겠느냐?

{해설}

　증자는 죽음을 앞에 두고 여러 가지 심각한 문제를 제시했다. 인을 자신의 임무로 한 우리는 죽어야 그 임무에서 풀리는 것이니, 이 얼마나 임무가 무겁고 갈 길이 먼 것이냐? 살아있는 동안에도 학문을 다 마칠 수 없다는 말이 들어있다.
　그러기 위해서는 선비는 반드시 홍의弘毅, 즉 폭이 넓고, 굳세고 견디어내는 힘이 있어야 한다고 주장하고 있다.

(8)

子曰, 興於詩하며 立於禮하며 成於樂이니라.
자 왈 홍 어 시 　　 입 어 례 　　 성 어 악

{풀이}

　공자께서 말씀하시기를,『시로써 뜻을 일으키고, 예로써 뜻이 확립
되고, 악에서 뜻이 완성되느니라.』

{주해}

[興]: 감흥을 일으키다. [詩]: 시경에 있는 시, 즉 시경을 말함. [立於
禮]: 예로써 기준을 세우다. [成於樂]: 성成은 완성. 음악으로써 인간의
정서를 순화하여 인격을 완성시키다.

{해설}

　인간에 있어서 정신적인 3단계를 말하고 있으니, 1) 시로서
인생의 뜻을 일으키고, 2) 예로써 뜻을 확립하여서는, 3) 악으로
써 인생을 완성시킨다는 내용이다.

(9)

子曰, 民은 可使由之요 不可使知之니라.
자 왈 민 　 가 사 유 지 　 불 가 사 지 지

공자께서 말씀하시기를, 『백성들을 이치에 따르게 할 것이로되, 그 이치를 다 알게 할 수는 없느니라.』

[可使由之]: 좇아 따르게 할 수 있다. 유由는 좇아 따르게 하다. [知之]: 그것을 알게 하다. 知는 이치, 이유.

공자가 우민정책을 주장하고자 이 글을 남긴 것은 아니다. 백성에게는 일일이 정치의 원리를 알릴 필요가 없고, 다스리는 지도자가 덕치德治를 베풀어 백성들은 좇기만 하면 된다는 뜻이며, 덕치란 그들을 잘 살게 길을 터주는 것이다. 군주의 시정 방침으로 생각하면 된다.

(10)

子曰, 好勇疾貧이 亂也요 人而不仁을 疾之已甚
자왈 호용질빈 난야 인이불인 질지이심
이 亂也니라.
난 야

공자께서 말씀하시기를,『용맹을 좋아하고 가난함을 싫어하는 것은 난동을 일으킬 징조요, 사람이 인이 아님을 지나치게 미워함도 난동을 일으킬 징조이니라.』

{주해}

[好勇]: 용맹을 좋아함. [疾貧]: 빈천함을 싫어하다. [亂]: 난동. [疾之已甚]: 어질지 못한 사람을 미워함이 지나치면.

{해설}

용감한 자가 빈곤함을 지나치게 싫어하는 것도 악을 행하는 요소가 되고, 선하지 못함을 지나치게 미워하는 것도 역시 악을 행하는 요소가 된다는 것이다.

(11)

子曰, 如有 周公之才之美라도 使 驕且吝이면 其
자왈 여유 주공지재지미 사 교차린 기

餘는 不足觀也已니라.
여 부족관야이

{풀이}

공자께서 말씀하시기를, 『주공과 같은 훌륭한 재주와 아름다움이 있다 하더라도 교만하고 인색하다면 그 나머지는 볼 것도 없느니라.』

{주해}

[如]: 만약. [才]: 재능. [驕且吝]: 교만하고 인색함.

{해설}

교만하고 인색한 것은 아주 나쁜 습성이다. 그래서 인색하고 나쁜 습성이 있다면 그 외의 것은 보나 마나한 것이라고 말하고 있다.

(12)

子曰, 三年學에 不至於穀을 不易得也니라.
자 왈 삼 년 학   부 지 어 곡   불 이 득 야

{풀이}

공자께서 말씀하시기를, 『삼 년 동안 학문을 하고서도 벼슬에 뜻을 두지 않는 것은 쉬운 일이 아니니라.』

[至]: 이르다. 志의 뜻으로도 해석함. [穀]: 봉록, 혹은 벼슬. [不易得]: 얻기가 힘듦. ~하기가 힘들다.

{해설}

조금만 알게 되어도 책을 덮고 활용하려 하는데, 삼 년 동안 글을 읽고 벼슬에 생각이 없다면 그것은 쉬운 일이 아니라는 뜻이다.

(13)

子曰, 篤信好學하며 守死善道니라. 危邦不入하고 亂邦不居하며 天下,有道則見하고 無道則隱이니라. 邦有道에 貧且賤焉이 恥也며 邦無道에 富且貴焉이 恥也니라.

{풀이}

공자께서 말씀하시기를,『굳게 믿고 배우기를 좋아하며, 착한 도를 죽음으로써 지켜라. 위태로운 나라에는 들어가지 말고, 혼란한 나라에는 살지 말며, 천하에 도가 있으면 나타나고, 도가 없으면 들어가 숨어라. 나라에 도가 있으면 가난하고 천하게 사는 것이 부끄러운 것이요, 나라의 도가 행하여지지 않는데도 부를 누리고 귀하게 살면 부끄러운 줄을 알아야 하느니라.』

{주해}

[篤信好學]: 선왕의 도를 믿고, 선왕의 도를 배우기를 좋아함. [守死]: 목숨을 걸고 지킨다. [善道]: 善을 구현하다. 도를 완수하다. [危邦]: 어지러울 징조가 있는 나라. [亂邦]: 신하가 임금을 죽이고, 자식이 아비를 죽이는 나라. [有道則見]: 현見은 나타남. 나타나서 사회에 참여한다. [邦有道]: 선왕의 도가 정치상에 행하여지고 있는 나라.

{해설}

공자는 유도와 무도에 따라 부귀와 빈천을 말하고 있다. '篤信好學'과 '守死善導'를 내걸고 위방危邦이냐 난방亂邦이냐를 제시하고 있다. 나라에 도가 있으면 나아가 정치도 하고 벼슬도 하지만 그렇지 못하면 숨어버리라고 했다.

나라에 도가 있는데도 가난하고 천하게 사는 것이 부끄럽게 여기고, 나라에 도가 없는데도 부귀로 사는 것을 부끄럽게 여기라는 말은 현대인의 가슴에 와닿는다.

(14)

子曰, 不在其位면 不謀其政이니라.
자 왈 부 재 기 위   불 모 기 정

{풀이}

　공자께서 말씀하시기를,『그 지위에 있지 않으면서 그 직무에 대해서 말하지 말지니라.』

{주해}

[不在其位]: 그 지위에 있지 않음. [不謀]: 논하지 말라. 관여하지 말라. [其政]: 그 정사.

{해설}

　남의 소관을 주제넘게 간섭하지 말라는 뜻이다. 그 지위에 있지 않으면서 거기에 대해서 잘 아는 것처럼 이렇고 저렇고 말하는 것을 나무라는 것으로 해석된다.

(15)

子曰, 師摯之始에 關雎之亂이 洋洋乎盈耳哉니라.
자 왈 사 지 지 시   관 저 지 란   양 양 호 영 이 재 공자께서 말씀하시기를, 『노나라의 악장을 지摯가 처음으로 연주한 관저關雎의 마지막 장의 음악이 아름답고 성대하여 귀에 가득 찼도다.』 했다.

{주해}

[師摯]: 사師는 악장을 뜻하며, 지摯는 사람의 이름임. [摯]: 음악가 지摯임. [關雎]: 시경 국풍에 수록된 작품이다. 즉 관저 장을 말함. [亂]: 악곡의 마지막 장. [洋洋]: 아름다움이 넘쳐흐르는 모양.

{해설}

공자께서 노나라 관저를 연주 회상하며 그 아름다움에 언급한 것이다. 공자의 음악에 대한 식견은 놀라울 정도라고 한다.

(16)

子曰, 狂而不直하며 侗而不愿하며 悾悾而不信
자왈 광이부직 동이불원 공공이불신

하며 吾, 不知之矣니라.
오 부지지의

{풀이}

　공자께서 말씀하시기를, 『방자하며 곧지 아니하고, 무지하면서도 성실치 못하고, 재주가 없으면서 신실하지 못한 사람을 나는 알 수가 없도다.』

{주해}

[狂而不直]: 과격하면서도 정직하지 못함. [侗而不愿]: 무식하면서도 착실하지 못함. [悾悾]: 어리석고 무능함. [吾不知之矣]: 나는 이런 사람을 어찌해야 좋을지 알 수가 없다.

{해설}

　단점이 있으면 그것을 보충할 수가 있는 장점이 있겠는데, 단점을 보충할 장점조차 없는 사람은 그 자신 자체가 그렇게 만든 것이라는 뜻이다.

(17)

子曰, 學如不及이오 猶恐失之니라.
자 왈　학 여 불 급　　유 공 실 지

  공자께서 말씀하시기를,『학문이란 미치지 못하는 것 같이 서둘러
하면서도, 오히려 잊어버릴까 두려워하라.』

{주해}

[不及]: 미치지 못하다. [猶]: 그래도 역시. 오히려. [失]: 때와 사람을
잃어(잊어)버리다.

{해설}

  공자가 학문을 하는데 대한 충고의 말씀이다. 학생이 배움이
란 것은 항상 못 미치는 것 같은 심정으로 학업에 매진하는 것은
물론이고, 배운 학문에 대해서 잊어버릴까 항상 두려워하라는
말이다. 그러니 머릿속에 다른 잡념을 넣지 말고 배운 글에 대
해서 늘 생각하라는 말이다.

(18)

  子曰, 巍巍乎아! 舜禹之有, 天下也而, 不與焉이
  자 왈 외 외 호   순 우 지 유 천 하 야 이 불 여 언
여.

공자께서 말씀하시기를, 『높고 크도다! 순임금과 우임금은 천하를 가지고서도 그것에 관여하여 집착하지 않으셨다.』

{주해}

[巍巍]: 높고 큰 모양. [有天下]: 천하를 차지함. [不與]: ~거기에 간섭 하지 않음.

{해설}

순舜과 우禹의 덕이 지극히 높음을 찬양하고 있다. 그들은 백 성들에게 어진 정사를 베풀었으며, 더구나 그들은 그들의 자식 들에게 정사를 물려주지 않고 어진 신하를 찾아 그 정사를 물려 주는 지고한 덕을 베푼 것을 높이 칭송하고 있다.

(19)

子曰, 大哉라 堯之爲君也여! 巍巍乎라 唯天이 爲
자 왈 대 재   요 지 위 군 야   외 외 호   유 천   위

大시어늘 唯堯則之하시니 蕩蕩乎라 民無能名焉이로
대   유 요 즉 지   탕 탕 호   민 무 능 명 언

다 巍巍乎라 其有成功也여! 煥乎라 其有文章이여!
외 외 호   기 유 성 공 야   환 호   기 유 문 장

　공자께서 말씀하시기를, 『크시도다 요임금이시여! 높고 높으시도다, 오직 하늘만이 크다고 할만하거늘, 요堯의 덕은 이에 비할만하구나, 넓고 넓어라, 백성은 요의 덕이 너무나 커서 무어라 형언하지 못하도다. 위대하여라, 그가 이룬 공적이여! 빛나도다 그가 이룩한 문화여!』

{주해}

[堯]: 중국 상고시대 성천자聖天子. 순舜보다 앞서 천자가 되고, 순舜에게 천하를 선양하였다. [巍巍乎]: 높고 크도다. [唯天爲大]: 유唯는 조사, 하늘만큼 크다는 뜻. [則之]: 하늘을 본받다. [蕩蕩乎]: 넓고 넓어서 그 한계를 알 수 없는 모양. [民無能名焉]: 백성들이 하나하나 이름을 붙이지 못할 정도로. [名]: 이름 붙이다. 말로 표현하다. [煥乎]: 찬란하다. 빛나다. [文章]: 문화. 모든 문물과 제도.

{해설}

　고대 성군인 요堯임금에 대해서 극찬을 하고 있다. 아시다시피 요임금은 성군聖君이다. 욕심 없이 나라를 잘 다스려 백성들이 스스로 따랐으며, 다음 임금인 순舜에게 평화적으로 양위한 것도 성군의 면모를 보였다. 백성들이 그의 크고 높은 덕을 칭송하고, 그의 빛나는 문화를 칭송하였으며, 위대한 문물제도를 찬양하는 내용이다.

舜이 有臣. 五人而天下治니라. 武王曰, 予有亂
순   유신 오인이천하치   무왕왈   여유란

臣十人호라. 孔子曰, 才難이 不其然乎아. 唐虞之
신십인   공자왈   재난이 불기연호   당우지

際於斯爲盛하나 有婦人焉이라 九人而已니라. 三
제어사위성   유부인언   구인이이   삼

分天下에 有其二하사 以服事殷하시니 周之德은
분천하   유기이   이복사은   주지덕

其可謂. 至德也已矣로다.
기가위 지덕야이의

{풀이}

　순舜은 5명의 신하가 있어 나라를 잘 다스렸다. 무왕이 말하기를,
「나는 10명의 신하가 있어 나라를 잘 다스렸다.」 공자께서 말씀하시
기를,『인재를 구하기가 힘들다 하더니 과연 그렇구나. 요堯와 순舜의
교체기에 이만한 인재로 태평성세를 이루었다 하나, 무왕의 신하 중
에는 부인이 한 사람이 더 있었으니 실은 아홉 사람뿐이었다. 천하를
삼분으로 쪼갠 것 중 둘을 소유하면서도 역시 은殷을 섬기고 있으니,
주나라의 덕이야말로 지극한 덕이라 할 수 있도다.』

{주해}

[臣五人]: 5명의 신하가 있었다. 사공의 우禹, 후직의 기棄, 사도 설契,

사구의 고요皐陶, 백익伯益 등. [武王]: 문왕의 아들. 명名은 발發. 은의 주紂왕을 쳐서 주周나라를 건국함. [亂臣十人]: 난을 평정한 10사람의 신하. 즉 주왕을 도와준 10인의 신하. [才難]: 재능과 덕행을 겸한 인재를 구하기 어렵다. [唐]: 요堯의 국호. [虞]: 순舜의 국호. [唐虞之際]: 제는 짬이란 뜻이지만, 여기서는 '이후'로 풀이했다. 즉 당우唐虞 이후로는. [於斯爲盛]: '사斯'는 주나라를 말함. 주대周代에 인재가 가장 많이 흥성興盛했다는 말이다.

{해설}

　나라가 태평성대하려면 임금도 어질어야 되는 것은 물론, 그 어진 임금 밑에 순舜의 5인이나 무왕武王의 10인 신하처럼 훌륭한 신하가 있어 나라 일을 잘 보살펴야 한다는 뜻이다. 성천자聖天子라 정평이 나있는 요순堯舜 때조차 5명, 그 후로는 오직 주초周初에 이르러 겨우 10명, 게다가 그중 한 명은 문왕文王의 비, 무왕의 어머니다. 가정 안의 여성이다. 외外로부터 얻은 인재는 9명뿐이다. 그러나 당우唐虞의 5명에 대한 주초周初의 9명, 그것은 하왕조夏王朝나 은왕조殷王朝에는 없었던 것이다.

　여기서 공자의 주초周初를 기리는 마음을 읽을 수가 있다. 그래서 훌륭한 인재 구하기가 쉽지 않다는 말을 피력하고 있다.

(21)

子曰, 禹는 吾無間然矣로다. 菲飮食而 致孝乎
자 왈 우   오 무 간 연 의   비 음 식 이 치 효 호

鬼神하시며 惡衣服而 致美乎黻冕하시며 卑 宮室
귀 신   악 의 복 이 치 미 호 불 면   비 궁 실

而 盡力乎溝洫하시니 禹는 吾無間然矣로다.
이 진 력 호 구 혁   우   오 무 간 연 의

{풀이}

공자께서 말씀하시기를,『우禹에 대해서는, 내 흠잡을 것이 없도다.
자신은 변변치 못한 음식을 먹으면서도 조상에게는 풍부한 제물을 바
쳤고, 평소의 의복은 검소하였으나 제사의 예복은 아름답게 하였고,
거처하는 궁실宮室은 허술하게 지어 살면서, 농사에 물댈 도랑을 내는
데는 전력을 다하였으니, 우禹에 대해서는 나로서는 비판할 바가 없
도다.』

{주해}

[禹]: 하夏나라를 세운 왕. 순舜을 보좌한 현신. 치수治水의 공을 세워
후에 순舜의 양위로 제왕이 됨. [無間]: 틈이 없다. 나무랄 때가 없다.
[菲飮食]: 비菲는 박薄과 같음. 간략하고 보잘것없는 음식. [致孝]: 성의
를 다하다. [黻冕]: 제사 때 사용하는 의복과 관. 黻은 수놓을(불), 冕은
관(면). [溝洫]: 농토에 나있는 물길. 수로水路, 즉 관개수로를 말함.

{해설}

　우禹왕에 대한 칭송의 글이다. 우왕은 나라를 잘 다스리기 위해서 자신이 먹는 음식은 보잘것없이 먹지만, 조상의 제사는 풍성하게 지냈으며, 평소에는 검소한 옷을 입지만 제사 때에는 예복을 더 많이 아름답게 하였다는 내용이며, 자기가 사는 주택은 보잘것없으면서 백성들의 논밭에는 수로를 내어 농사를 잘 짓게 했다는 내용이다.

제9편

子罕(자한)

｜篇名說｜

공자의 덕행을 논한 편이다. 따라서 요堯, 순舜, 우禹, 태백泰伯 등의 지덕을 논하고 있다.

(1)

子罕言利하시며 與命하시며 與仁이러시다.
　자　한　언　리　　　　　　여　명　　　　　여　인

{풀이}

　공자께서는 이익과 운명과 인에 대해서는 말씀하신 적이 드물었다.

{주해}

[罕言]: 한罕은 드물다이니, 곧 드물게 말했다. [利]: 이익. [命]: 운명, 천명 등.

　공자의 인생과 사상이 잘 나타나 있는 구절이다. 공자는 조그만 이익이나 인생에 있어서 운명적인 것은 믿지 않았다. 오직 현실과 인仁과 도道가 있을 뿐이었다. 인간으로서 이해하지 못하는 속설, 운명, 미신 같은 것은 믿지 않았다. 그러나 혹, 천명天命이나 인仁을 함께 더불어 말하는 경우는 있었다.

　청淸나라 초순焦盾은 '이利에 대해서는 별로 말하지 않았다. 그러나 혹, 천명이나 인과 함께 더불어 말하는 일은 있었다.'고 풀이하고 있다.

(2)

達巷黨人曰, 大哉라 孔子여! 博學而無所成名
달 항 당 인 왈　대 재　공 자　박 학 이 무 소 성 명

이로다. 子聞之하시고 謂門弟子曰, 吾何執고? 執御
　　　　자 문 지　　　　위 문 제 자 왈　오 하 집　집 어

乎아? 執射乎아? 吾執御矣로이다.
호　집 사 호　오 집 어 의

{풀이}

　달항당達巷黨 사람이 말하기를, 『위대하도다 공자여! 박학하면서도 그 이름을 드러내는 일이 없도다.』하니, 공자께서 이 말을 들으시고 제자들에게 이르기를, 『내가 무엇으로 이름을 낼까? 마부를 할까?

활쏘기를 할까? 나는 마부를 택하리라.』했다.

{주해}

[達巷]: 고을 이름. [黨]: 5백 호의 고을. [無所成名]: 전문가로서 명성을 이룬 바는 없다. [吾何執]: 내가 무엇을 해서 이름을 낼까. [御]: 수레를 몰다. [射]: 활 쏘는 기술. 육예六藝는 예禮, 악樂, 사射, 어御, 서書, 수數이다.

{해설}

　박학다식博學多識한 공자는 뭔가 뚜렷한 일을 하는 사람이 아니라는 것을 꼬집어 말했다. 이 말을 들은 공자께서, 그러면 나는 무슨 일을 해야 내 이름이 나겠느냐? 말을 모는 일? 아니면 활쏘기. 공자는 "나는 마부를 택해서 내 기능을 높일까?" 하고 제자들에게 말한다.

　당시의 기능직으로는 6예라는 것이 있어서 그것 중에 하나를 택할까? 하고 제자들에게 말하는 것이었다.

(3)

子曰, 麻冕이 禮也어늘 今也純하니 儉이라 吾從
자왈 마면 예야   금야순   검   오종

衆하리라. 拜下禮也어늘 今拜乎上하니 泰也라 雖
중   배하례야   금배호상   태야   수

違衆이나 吾從下하리라.
위 중   오 종 하

{풀이}

　공자께서 말씀하시기를,『삼실로 만든 관을 쓰는 것이 예의이나 오늘날 명주실 관을 쓰는 것은 간편하게 하기 위해서이니, 나는 여러 사람을 따르리라. 임금에게는 당 아래에서 절을 하는 것이 예의이나 오늘날 당 위에서 절을 하는 것은 교만한 것이니, 비록 사람과는 어긋난다 하더라도 나는 당 아래에서 절을 하는 것을 따르리로다.』했다.

{주해}

[麻冕]: 삼베 실로 짜서 만든 검은 면류관. [禮也]: 고례古禮이다. 주나라 시대의 예법. [純]: 굵은 실로 짠 면류관. [儉]: 검소한. [從衆]: 여러 사람들이 하는 것을 따르다. [拜下禮也]: 당 아래에서 절하는 예법이다. [違衆]: 여러 사람들이 하는 것과는 서로 다르다. [從下]: 당 아래에서 절하는 예법을 따르겠다.

{해설}

　전통을 존중하되 고루한 것을 타파하여 현실에 맞도록 시정해야 하고, 새로운 유행어라도 도리에 맞지 않으면 이를 배격해야 한다는 내용이다.

(4)

子.絶四이러시니 母意하고 母必하고 母固하며 母
자 절 사   무 의   무 필   무 고   무

我러시다.
아

{풀이}

공자께서는 절대로 이 4가지는 하지 않았으니, 자의恣意가 없고,
기필期必이 없고, 고집固執이 없고, 독존獨尊이 없으셨다.

{주해}

[絶]: 끊어버리다. 근절하다. [母]: 없을 무無. [意]: 사사로운 뜻. 자의
恣意. 일방적인 억측. [必]: 억지를 무릅쓰고 관철하다. [固]: 고집을 부
리다. [我]: 아집을 부림. 자기만을 내세움.

{해설}

공자의 인격에 대해서 말하고 있다. 공자는 절대로 자의적으
로 행하지 않고 억지로 완고한 아집을 쓰는 일은 절대로 금했
다. 즉 무의母意, 무필母必, 무고母固, 무아母我의 이 네 가지가 공
자의 덕을 닦는 항목이었다.

(5)

子,畏於匡이러시니 曰, 文王旣沒하시니 文不在茲
자 외 어 광   왈 문 왕 기 몰   문 부 재 자

乎아 天之將喪,斯文也신댄 後死者,不得與於,斯
호   천 지 장 상 사 문 야   후 사 자 부 득 여 어 사

文也어니와 天之未喪,斯文也시니 匡人이 其如予
문 야   천 지 미 상 사 문 야   광 인 기 여 여

何리오?
하

{풀이}

　공자께서 광匡 땅에서 두려워하는 제자들에게 위로하여 말하기를,
『문왕은 이미 가셨으나 그의 문화가 남아있지 않느냐, 그의 하늘이 이
문화를 버리려 하였다면 후세 사람으로 하여금 이 문화에 참여치 못
하게 하였을 것이다. 그러나 하늘이 이 문화를 버리지 않았으니 광匡
땅의 사람들이 나를 어찌하겠느냐?』

{주해}

[畏]: 위험한 지경에 놓이다. [匡]: 위(衛)나라의 지명. [文]: 문화. 문물
제도. [茲]: 여기 이곳. [天]: 하늘. 창조주. [喪]: 없애다. [不得與]: 함
께 참여하지 못함. [其如予何]: 나를 어떻게 하겠느냐?

공자는 고대의 문물제도가 한 몸에 담겨있음을 인식하고 있었으므로, 어려운 일에 부딪쳤을 때 의연히 대처할 수 있음을 뜻한다.

(6)

太宰_{태재}問於子貢曰_{문어자공왈}, 夫子_{부자}는 聖者與_{성자여}아? 何其_{하기}多能_{다능}也_야오? 子貢曰_{자공왈}, 固_고天縱之將聖_{천종지장성}이요 又多能也_{우다능야}시니라 子聞之曰_{자문지왈}, 大宰_{태재}知我乎_{지아호}아 吾少也賤_{오소야천}이라 故_고로 多能鄙事_{다능비사}하니 君子_{군자}는 多乎哉_{다호재}아? 不多也_{부다야}니라. 牢曰_{노왈}, 子云_{자운}에 吾不試故藝_{오불시고예}라 하니라.

{풀이}

태재太宰가 자공子貢에게 묻기를,『공자께서는 성인이십니까? 어찌 그리도 다재다능하십니까?』자공이 대답하기를,『선생님께서는 하늘이 내리신 장래의 성인이시고 또 다재다능하십니다.』했더니, 공자께서 이 말을 듣고 말씀하시기를,『태재大宰야말로 나를 바로 아는구나. 나는 젊었을 때 천하게 지냈기 때문에 변변찮은 잔재주에 능하게 되었느니라. 군자가 재능이 많아야 하겠느냐? 다능할 필요는 없느니라.』노뢰牢가 말하기를, 「선생님께서는 나를 세상에서 써주지 않았기 때문에 예를 익히게 되었다고 말씀하셨습니다.」하고 이르셨다.

{주해}

[太宰]: 벼슬 이름으로 정승. [縱]: 마음대로 뻗어나감. [鄙事]: 비천한 일. [多]: 다재다능함. [牢]: 공자의 제자. 자는 자장子張. 위衞나라 사람. 성은 금琴, 이름은 노牢, 자는 자장子張. [藝]: 재주. 기예.

{해설}

태재太宰는 벼슬이지만 어느 나라 누구인지는 확실하지 않다. 그가 재주가 많은 공자를 찬양했다. 그러니 자공도 하늘이 내리신 거룩한 분이라고 자랑했다.

그러나 공자는 스스로를 성인이라 자인하지 않고, 다만 어려운 환경에서 성장하면서 온갖 일을 익혔다고만 했다. 그래서 그는 성인은 다재다능에서 찾는 것이 아니라고 했다.

(7)

子曰, 吾有知乎哉아 無知也로다. 有,鄙夫問於
자 왈   오 유 지 호 재   무 지 야   유 비 부 문 어

我 하되 空空如也라도 我叩其兩端而竭焉 하노라.
아　　공공여야　　아 고 기 양 단 이 갈 언

{풀이}

　공자께서 말씀하시기를, 『내가 아는 것이 있는가, 아는 것이 없노라. 그러니 무지한 사람이 나에게 물어오니, 그 사람이 아무리 무지하다 하더라도 나의 성의를 다하여 처음부터 끝까지 가르쳐 주겠노라.』했다.

{주해}

[鄙夫]: 비천한 사람. 무지한 사람. [空空如]: 성실하고 우직함. 공공여悾悾如와 같음. [叩]: 두드리다. 꼬치꼬치 캐어묻다. [竭]: 모두 다. 전부.

{해설}

　공자는 스스로를 천재라고 하지 않았다. 노력하여 지식을 쌓은 것이라고 했다. 또 그는 전통문화를 계승하여 그것을 후진들에게 전수할 사명감이 있다고 했다.
　그래서 그는 무식한 사람을 찾아 가르치고 교육하는데 책임과 정열을 다하였다.

(8)

子曰, 鳳鳥不至하며 河不出圖하니 吾已矣夫인
<small>자 왈 봉 조 부 지　　　하 불 출 도　　　오 이 의 부</small>

저!

{풀이}

공자께서 말씀하시기를, 『봉황새가 오지 않고 황하에서 하도河圖
를 지고 나오지도 않으니, 나도 이제는 어찌할 수 없구나!』

{주해}

[鳳凰]: 성왕聖王이 나와서 덕치德治를 하면 나타난다는 가공적 새. 봉
鳳은 웅조雄鳥, 황凰은 자조雌鳥이다. [河圖]: 성왕이 나타나면 황하에
서 팔괘를 업고 나온다는 전설. [已矣夫]: 끝났구나! 어쩔 수 없구나!

{해설}

봉황과 하도河圖가 나타나지 않는다는 것은 천명을 받을 성인
이 없기 때문이다. 공자는 그것을 한탄하고 있는 것이다. 이 길
조를 가져올 만한 성천자聖天子를 만나지 못한 것을 한탄하고
있는 것이다. 즉 공자가 성군과 덕치德治가 이루어질 수 없는 난
세를 한탄하여 '鳳凰不至, 河不出圖'라고 표현한 것이다.

(9)

子見,齊衰者와 冕衣裳者와 與,瞽者하시고 見之
자견 자최자   면의상자   여고자   견지
에 雖少나 必作하시며 過之必趨러시다.
수소   필작   과지필추

{풀이}

공자께서는 상복을 입은 사람과 관복을 입은 사람과 맹인을 보면, 비록 연소자라 하더라도 반드시 일어났으며, 그들이 앞을 지날 때에는 반드시 빨리 지나갔다.

{주해}

[齊衰]: 상복. [冕衣裳者]: 冕은 예관, 衣는 대부의 예복. [瞽]: 맹인. [作]: 일어서다. 일어서는 동작. [趨]: 종종걸음으로 지나가다.

{해설}

상喪을 당한 사람과는 그 슬픔을 함께 나누고, 고위직에 있는 사람에게는 경의를 표하며, 불우한 사람에게는 동정함으로써 애정을 표하는 것이었다. 공자의 인간존중의 사상을 표현한 것이었다.

(10)

顔淵이 喟然歎曰, 仰之彌高하며 鑽之彌堅하며
_{안연} _{위연탄왈} _{앙지미고} _{찬지미견}

瞻之在前이러니 忽焉在後로다. 夫子, 循循然, 善誘
_{첨지재전} _{홀언재후} _{부자순순연선유}

人하사 博我以文하고 約我以禮하시니라. 欲罷不能
_인 _{박아이문} _{약아이례} _{욕파불능}

하야 旣竭吾才하니 如有所立이 卓爾라. 雖欲從之
_{기갈오재} _{여유소립} _{탁이} _{수욕종지}

나 末由也已로다.
_{말유야이}

{풀이}

    안연顔淵이 탄식하여 말하기를,「선생님의 도는 우러러볼수록 더욱
높고, 뚫고 들어갈수록 더욱 견고하며, 앞에 있는 것을 본 것 같은데
어느새 뒤에 와있다. 선생님께서는 사람을 차근차근히 달래어 이끌
어 나가시어, 학문으로써 나의 지혜를 넓혀주시고 예로써 나의 행위를
다듬어주신다. 그만두려 하여도 할 수 없는 것은 나의 재주를 다하여
좇아가보면 서있는 바가 다시 우뚝한 모양 같기 때문이다. 그래서 그
것을 좇으려고 하지만 좇을 길이 없구나.」했다.

{주해}

[顔淵]: 이름은 회, 자字가 안연. 공자의 제자. [喟然]: 탄성을 내며 감

탄하는 모양. 喟는 한숨(위). [仰之]: 공자의 덕을 우러러보다. [彌高]:
더욱 높다. [鑽之]: 뚫고 파다. 공자의 덕을 뚫고 파보아도. [循循然]:
차근차근 질서나 순서 있게. [誘]: 끌고 발전시키다. [博我以文]: 학문
이나 문화로써 나를 광박廣博하게 한다. [約我以禮]: 예절로써 나를 단
속하다. [罷]: 그만두다. [竭]: 다하다. 끝내다. [如有所立,卓爾]: 탁이卓
爾는 높이. 우뚝 높이 있다. [末由也已]: 由는 좇다. 따를 도리가 없구
나.

{해설}

　공자의 제자인 안자가 그의 스승인 공자의 학문과 인격에 대
해서 종합적으로 말하고 있다. 공자의 도를 우러러보면 볼수록
더욱 높고, 내용을 파고 들어가면 갈수록 더욱 깊다고 했다. 또
공자는 제자들의 학식을 높여주시고 행동을 단속해 주셨는데,
안자는 스승의 행동과 예의를 따르지 않으면 안 되게 이끌어주
신 스승의 능력에 감탄하고 있는 것이다.
　이 안자의 말하는 내용을 살펴보면, 공자는 한 사람의 스승으
로써 지도력과 학식이 대단한 분으로 짐작하지 않을 수 없다.

(11)

子.疾病이어시늘 子路.使門人으로 爲臣이러니 病
　자　질　병　　　　　자　로　사　문　인　　　위　신　　　　　병

間曰, 久矣哉라. 由之行詐也여 無臣而爲有臣하
_{간 왈 구 의 재 유 지 행 사 야 무 신 이 위 유 신}

니 吾誰欺오? 欺天乎아? 且予與其死於臣之手也
_{오 수 기 기 천 호 차 여 여 기 사 어 신 지 수 야}

론 無,寧死於二三子之手乎아. 且予縱不得大葬이
_{론 무 영 사 어 이 삼 자 지 수 호 차 여 종 부 득 대 장}

나 予死於道路乎아?
_{여 사 어 도 로 호}

{풀이}

공자께서 병이 나셨거늘, 자로가 제자들로 하여금 가신을 삼아 공자께서 돌아가실 때 장례를 치르려 하셨다. 공자께서 병이 좀 나아지자 자로를 책망하여 말씀하시기를,『오래되었구나, 유가 거짓말을 행한 지가. 나에게는 지금 가신이 없는데도, 가신이 있는 것처럼 하였으니 나를 속이랴? 하늘을 속일 것인가? 또 나는 가신의 손에 안겨서 죽는 것보다 차라리 제자들의 손에 안겨서 죽으리라. 또 내가 대장大葬의 예를 받지 못한다 하더라도 나에게는 제자들이 있는데, 나의 시체가 길가에 버려지겠는가?』했다.

{주해}

[臣]: 가신을 말함. [病間]: 병이 약간 나아지다. [行詐]: 속이다. [且]: 또한. [與其~無寧]: ~하느니 차라리 ~하는게 나을 것이다. [縱]: 비록. [大葬]: 거창한 장례.

공자는 노나라 사구司寇를 지난 일이 있었다. 그러나 그 당시
는 가신을 부릴 수 없는 야인의 신분이었다. 자로는 스승을 받
들려는 마음으로 제자들을 가신으로 삼아 대부의 예에 합당하
도록 장례를 치르려 했다.

공자께서 병이 나아 회복이 되니, 자로의 잘못을 나무라는 내
용의 글이다.

(12)

子貢曰, 有美玉於斯하니 韞匵而藏諸이꼬? 求
善賈而沽諸이꼬? 子曰, 沽之哉라 沽之哉라 我는
待賈者也로다.

{풀이}

자공이 말하기를,「여기에 아름다운 옥이 있다면 궤 속에 넣어 감
추어 두어야 하겠습니까? 아니면 좋은 값을 받고 팔아야 하겠습니
까?」공자께서 말씀하시기를,『팔아야지, 팔아야 하고 말고, 나는 좋
은 값으로 팔기로 기다리는 사람이로다.』했다.

[美玉]: 아름다운 옥돌. 능력과 덕망을 갖춘 공자를 비유한 것임. [韞櫝]: 궤 속에 넣어둠. [藏諸]: 깊이 감춤. [善賈]: 옥의 진가를 아는 장사치, 즉 명군名君을 암시. [沽之哉]: 팔아야지!

{해설}

자공이 자기 스승을 아름다운 옥에 비유하여 말하기를, 이 옥돌을 팔아야 하는지, 아니면 감추어 두어야 하는 지를 물었다. 공자께서는 당연히 팔아야 한다고 했다.

즉 현명한 군주를 만날 수 있다면 나가서 벼슬할 뜻을 여기서 밝히고 있다.

(13)

子欲居九夷러시니 **或曰, 陋**커늘 **如之何**이꼬? **子曰, 君子居之**면 **何陋之有**리오.
자욕거구이   혹왈 누   여지하   자왈 군자거지   하누지유

{풀이}

공자께서 동쪽 오랑캐 땅에 가서 살기를 바라셨다. 이에 어떤 사람이 말하기를, 「누추할 터인데 어떻게 살겠습니까?」 하니 공자께서 말

씀하시기를,『군자가 거처하니 어찌 누추함이 있으리오.』했다.

{주해}

[九夷]: 동쪽 미개한 오랑캐. 현토, 낭랑 등. [陋]: 누추함. 비루함. [如之何]: 그것을 어떻게 하시겠습니까? [何陋之有]: 어찌 누추함이 있겠는가?

{해설}

　문화가 발달한 중국에서 자기의 뜻을 펼 수 없게 되자, 미개한 나라에 가서 공자의 어진 덕을 펴보려는 생각이었다.

　공자의 이 말은 중국의 무질서와 혼란에 대한 환멸의 표현일 것이다.

(14)

子曰, 吾, 自衛反魯, 然後에 樂正하여 雅頌이 各
　자 왈　오　자 위 반 노 연 후　　악 정　　　아 송　각

得其所하니라.
득 기 소

{풀이}

　공자께서 말씀하시기를,『내가 위衛 나라에서 노魯나라로 돌아온

후에야 풍악을 바로잡아 아雅와 송頌이 각기 그 자리를 얻게 되었느
니라.』 했다.

{주해}

[自衛反魯]: 위나라에서 노나라로 되돌아옴. '周遊天下'는 공자께서는
13년 동안 유세를 하다가 노나라 애공 11년에 돌아오게 된다. [雅頌]:
노나라의 아악을 정리했음.

{해설}

　　공자께서는 13년 동안 주유천하를 하고, 애공 11년에 고국인
노나라로 돌아오게 된다. 그때 공자의 나이 68세의 고령이었다.
그 후 후진교육에 정진하였으며, 음악에도 조예가 있어 노나라
의 아송雅頌을 정리하기에 이르렀다.

(15)

子曰, 出則事公卿하고 入則事父兄하며 喪事를
자왈 출즉사공경 입즉사부형 상사

不敢不勉하며 不爲酒困이 何有於我哉리오!
불감불면 불위주곤 하유어아재

{풀이}

공자께서 말씀하시기를, 『나가면 임금이나 대부를 섬기고, 집에 들어오면 부형을 섬기며, 정성을 다하여 상사喪事를 치르고, 술에 마음이 난잡해지지 아니함을 어찌 난들 못하겠느냐!』

{주해}

[公卿]: 3공公과 9경卿, 즉 고위관직. [喪事]: 초상에 관한 일. [不敢不勉]: 감히 힘쓰지 않으면 안 된다. 정성을 다하여 장사를 치르다. [不爲酒困]: 술로 인해서 마음이 난잡해지지 않는다. [何有於我哉]: 나도 할 수 있는 일이로다! *신주新註에서는 '나는 제대로 할 수가 없다'로 풀이했음.

{해설}

나라에 쓰이면 국가에 나아가 임금과 삼공三公을 섬기고, 집에 돌아오면 부형을 섬기고, 초상을 당하면 상사를 치르고, 술을 마셔도 난잡해지지 않을 정도의 일은 나도 할 수 있다는 말이다. 그러나 공자의 새로운 면모는 술을 마신다는 사실이다.

다른 기록에 보면, 공자도 술을 많이 마셨다고 했다. 다만 술로 인해 추태를 부리지 않는다는 것, 술을 잘못 먹는 사람이 나쁘다는 것뿐이다.

(16)

子在,川上曰, 逝者如斯夫인저? 不舍晝夜로다.
자 재 천 상 왈   서 자 여 사 부   불 사 주 야

{풀이}

　공자께서 냇가에 서서 말씀하시기를,『흘러가는 것은 모두 이와 같은가? 밤낮으로 쉬는 일이 없구나.』

{주해}

[川上]: 냇가. [逝者如斯夫]: 서逝는 가다. 흘러가버리는 것. 사斯는 이것. 부夫는 영탄을 나타내는 조사. [不舍晝夜]: 사舍는 쉬다(止). 멈추다. 즉, 밤낮으로 멈추지 않고 흐른다. [舍]: 머무르다(사).

{해설}

　공자께서 냇가에 멈춰 서서 흘러가는 물을 응시하면서 자연의 무한한 행위 앞에서 자신의 하찮은 인생을 비유하여 세상만사가 모두 이 흘러가는 물과 같다는 비유를 철인답게 말하고 있다. 한줄기 슬픔마저 들게 하는 저 흘러가는 물에 대하여 덧없음을 느끼고 있다.

　이 장을「천상지탄川上之歎」이라 하여 옛날부터 많은 사람들이 언급하고 있다.

(17)

子曰, 吾未見, 好德을 如, 好色者也니라.
자 왈 오 미 견 호 덕 여 호 색 자 야

{풀이}

공자께서 말씀하시기를, 『나는 아직까지 미색을 좋아하는 것 같이
덕德을 좋아하는 사람을 보지 못하였느니라.』

{주해}

[未見]: 아직 보지 못함. [好色]: 미색을 좋아함.

{해설}

이는 그 당시 여러 나라 임금에 대한 혹독한 비판이다. 현군
賢君이 없고 현신賢臣이 모이지 않았으며, 정치는 어지럽고 백성
은 고통을 받았다. 위령공편衛靈公篇에 「已矣乎, 吾未見, 好德, 如
好色者」라 하여 '이제 끝장이다' 하고 위衛의 영공靈公에게 절망
하기도 했다. 이의호已矣乎는 이제 끝장이다.

(18)

子曰, 譬如爲山에 未成一簣하야 止도 吾止也며
자 왈 비 여 위 산 미 성 일 궤 지 오 지 야

譬如平地에 雖覆一簣나 進도 吾往也니라.
비 여 평 지   수 복 일 궤   진   오 왕 야

{풀이}

　공자께서 말씀하시기를,『학문을 비유컨대, 마치 산을 쌓음과 같아서 한 삼태기를 마저 이루지 못하고 그만두어도 내가 멈춘 것이며, 비유컨대, 땅을 평평하게 하는 것과 같아서 비록 흙 한 삼태기를 부었다 하더라도 나아감은 내가 나아감이니라.』

{주해}

[譬如]: 비유하건대, 마치 ~와 같다. [爲山]: 산을 만듦. [簣]: 삼태기.
[平地]: 땅을 평평하게 함.

{해설}

　공부는 남이 해주는 것이 아니고 오직 자기만이 그 일을 할 수 있다는 것이다. 학문의 완성을 눈앞에 둔 자라도 면학을 정지하는 자에게는 공자는 가르침을 중단했다. 겨우 이제 착수하는 자라도 자진하여 배우는 자에게는 공자는 적극적으로 상대해서 가르쳐 준다는 내용이다. 그래서 공부하는 자의 실패도 성공도 모두 그 자신의 책임이라는 뜻이다. 여기서 나오는 '오픔'는 동일 인물로 공자 자신인 것이다. 여기에 나오는「산을 만드는

데 한 삼태기를 붓는다. 땅을 고르는데 한 삼태기를 덮는다.」하
는 것은 그 당시 속담에 있었던 것 같다.

(19)

子曰, 語之而不惰者는 其回也與인저.
자 왈 어 지 이 불 타 자 기 회 야 여

{풀이}

　공자께서 말씀하시기를, 『말해주는 것을 게을리하지 않는 자는 바
로 회回뿐이니라.』

{주해}

[惰]: 게을리하다. [回]: 안회를 말한다. 즉 안연顔淵.

{해설}

　묵묵히 실천하는 안회顔回를 칭찬하는 내용의 글이다. 안연은
공자가 가장 사랑하고 아끼는 제자였다. 그는 가난 속에서도 스
승의 가르침을 받들고 실천하기에 힘쓴 참된 선비였다.

(20)

子謂,顔淵曰, 惜乎라! 吾見其,進也요 吾未見,其
자 위 안 연 왈 석 호 오 견 기 진 야 오 미 견 기

止也호라.
지 야

{풀이}

공자께서 안회顔回를 평하여 말씀시기를, 『애석할 정도구나! 나는
그가 학문이 나아가는 것만 보았지, 학문을 멈추는 것을 아직 보지 못
하였노라.』했다.

{주해}

[顔淵]: 안회를 말함. 그는 공자의 수제자의 하나였다. [惜]: 애석하다.
가련하다.

{해설}

공자께서 그의 수제자인 안연顔淵에 대하여 칭찬하고 있다.
안연은 학문에 매진함에 있어 앞으로의 발전만 하고 있으며 퇴
보는 없다는 말을 그렇게 말하고 있다. 안회는 젊어서 세상을
떠난다. 그러니 공자는 그 애석함을 비탄조로 말하고 있다.

(21)

子曰, 苗而不秀者有矣夫며 秀而不實者有矣
자왈 묘이불수자유의부 수이불실자유의

夫인저!
부

{풀이}

공자께서 말씀하시기를,『곡식에 싹은 나도 꽃이 피지 않는 것이 있
고, 꽃은 피어도 열매를 맺지 못하는 것이 있구나!』

{주해}

[苗]: 싹. [秀]: 이삭이 나다. 꽃이 피다. [實]: 열매를 맺다.

{해설}

공자의 제자가 삼천 명이나 됐다고 한다. 그 제자들 중에는
학문을 성공하지 못한 이가 있고, 성공할 쯤에 운명으로 목숨을
잃는 이도 있었다. 공자는 이것을 비탄해하고 있는 것이다.

(22)

子曰, 後生이 可畏니 焉,知來者之,不如今也리
자왈 후생 가외 언 지래자지 불여금야

오. **四十五十而無聞焉**이면 **斯亦不足畏也已**니라.
사 십 오 십 이 무 문 언 　 사 역 부 족 외 야 이

{풀이}

　공자께서 말씀하시기를,『젊은 사람이 두려우니라. 어찌 장래의 그들이 지금의 나만 하지 못하다 하리요. 그러나 사십 오십이 되어도 학문과 덕으로 이름이 나지 않는다면, 그런 자는 두려워하지 못할지니라.』

{주해}

[後生可畏]: 후생은 후배. 가외可畏는 두려워할 만하다. 그런 사람의 앞날이 두렵다. [焉知]: 언焉은 의문사. ~함을 어찌 알겠는가? [來者]: 앞으로 나아오는 사람, 즉 후배. [無聞焉]: 이름이 알려지지 않음.

{해설}

　'後生可畏'는 젊은 후배들의 무한한 가능성을 두고 한 말이다. 공자는 이 말을 들어 40, 50까지 아무런 명성도 없고 도덕적으로 이름이 나지 않는다면, 그런 사람은 별 볼일 없는 것으로 간주하고 있다. 그러니 이런 4, 50대의 사람보다는 젊은측에서 더 훌륭한 인물이 날 수 있는 가능성을 강조하고 있다.

(23)

子曰, 法語之言은 能無從乎아 改之爲貴니라 巽
자 왈 법 어 지 언   능 무 종 호   개 지 위 귀   손

與之言은 能無說乎아? 繹之爲貴니라 說而不繹하
여 지 언   능 무 열 호   역 지 위 귀   열 이 불 역

며 從而不改면 吾末如之.何也已矣니라.
종 이 불 개   오 말 여 지 하 야 이 의

{풀이}

　공자께서 말씀하시기를, 『바른말을 능히 따르지 않겠는가, 그러나
그 말씀에 따라 잘못을 고칠 줄 아는 것이 중요하느니라. 부드럽게 타
이른 말을 기뻐하지 않을 수 있겠는가? 그러나 그 말의 참뜻을 찾아
냄이 더 중요하다. 기뻐하면서도 참뜻을 찾아 행하지 않고 따르면서
도 고치지 않는다면 나도 그런 사람은 어쩔 도리가 없느니라.』

{주해}

[法語]: 바른말. 진리. [改之]: 잘못을 고침. [巽與之言]: 부드럽고 공손
함. [說]: 기뻐함. [繹]: 참뜻을 찾다. [末如之何]: 어찌할 도리가 없다.

{해설}

　자기가 배워서 잘못을 고치려 들지 않는다면, 스승이 아무리
훌륭한 가르침을 주어도 소용이 없다는 내용이다. 즉 스승이 아

무리 자세히 타일러주어도 그 잘못을 고치지 않는다면 소용이 없다는 뜻이다.

(24)

子曰, 主忠信하며 母友, 不如己者요 過則, 勿憚
자왈 주충신   무우불여기자   과즉물탄

改니라.
개

{풀이}

공자께서 말씀하시기를, 『충忠과 신信을 주로 하고, 나만 못한 사람을 사귀지 말고, 자신에 허물이 있거든 서슴지 말고 고쳐야 하느니라.』

{주해}

[母友]: 친구를 하지 말 것. [過]: 잘못. 곧 허물. [勿憚改]: 꺼리지 말고 바로 고치라.

{해설}

'母友不如己'란 말에서 자기보다 못한 자를 벗하지 말라는 것은 결코 자기의 고귀한 인격을 자랑하기 위한 것이 아니다. 이 것은 '주충신主忠信을 주로 한 말'에서 나온 말로, '나보다 못한 자'는 충신의 분위기가 되지 않으며 덕을 높이는 것이 되지 못하기 때문이다.

그러니 이것은 결코 자기의 엄격한 수양을 말하는 것이지 독선은 아니다.

(25)

子曰, 三軍은 可奪帥也어니와 匹夫는 不可奪志
자 왈   삼 군   가 탈 수 야   필 부   불 가 탈 지

也니라.
야

{풀이}

공자께서 말씀하시기를, 『삼군에서 그 장수를 빼앗을 수 있을지라도, 한 사나이의 굳게 다져진 뜻은 빼앗을 수가 없느니라.』

{주해}

[三軍]: 대국의 군비. 1군이 12,500명의 군대. [帥]: 군사령관. 군 통수권자. [匹夫]: 미천한 사나이. *옛날 귀족은 많은 처첩을 거느리고 살지만, 미천한 자는 한 명의 여자만 데리고 산다는 데서 나온 말이다.

공자는 일찍이 힘에는 힘으로 누를 수 있지만, 신념은 힘으로
누를 수가 없음을 제후에게 이른 말이다.

'삼군의 장수를 빼앗을 수 있다' 이것은 당시 사람들에게 입에
오르내리던 말이었다.

(26)

子曰, 衣敝縕袍하여 與衣狐貉者로 立而不恥者
자왈 의폐온포 여의호락자 입이불치자

는 其由也與인져 不忮不求면 何用不臧이리오 子
기유야여 불기불구 하용부장 자

路, 終身誦之한대 子曰, 是道也로 何足以臧이리오.
로 종신송지 자왈 시도야 하족이장

{풀이}

공자께서 말씀하시기를, 『해진 무명 도포를 입고서 여우나 담비 가
죽으로 만든 털옷을 입은 자와 함께 있어도 부끄러워하지 않는 사람은
바로 유由일 것이니라. 남을 해하지 않고 또 남의 것을 탐내어 구하지
않으니, 어찌 선하지 않으리오.』하고 칭찬해주었다. 그러자 자로子路는
「남의 부귀를 사지 아니하고 탐내지 아니하면 어찌 착하지 않겠느냐.」
란 구절을 항상 외웠더니 공자께서 말씀하시기를, 『이는 바로 도를 행

하는 것으로, 어찌 그것만으로 선을 행함에 족하다 하리요.』했다.

{주해}

[敝]: 떨어진. 해어진. [縕袍]: 무명 두루마기. [狐貉]: 여우 담비 털가
죽으로 만든 옷. [忮]: 해치다. [求]: 탐내어 구함. [何用]: 어찌. 어떻
게. [臧]: 선하다. 착함.

{해설}

　　공자는 자로의 과감성을 시경 패풍邶風 웅치편雄雉篇을 인용
하여 칭찬하고 있다. 이에 감격한 자로子路는 그 구절을 평생의
좌우명으로 삼고자 한다. 그러나 공자께서는 그의 순수에서 만
족하지 말고 더욱 선을 향해 정진하라고 당부하고 있다.

(27)

子曰, 歲寒然後에 知松柏之後彫也니라.
자 왈 　 세 한 연 후 　 　 지 송 백 지 후 조 야

{풀이}

　　공자께서 말씀하시기를, 『날씨가 추워진 후에야 비로소 소나무와
잣나무가 시들지 않고 있음을 알 수 있다.』

{주해}

[歲寒]: 매우 추운 계절. [松柏]: 소나무와 잣나무, 혹은 소나무와 전나무. 조잔凋殘은 잎이 말라서 쇠약함. [後彫]: 더디 시듦. 나중에 시든다는 뜻보다 다른 나무가 시들 때도 아직 시들지 않고 있음을 말한다. 조凋와 조彫는 동자同字임.

{해설}

여름철에는 일반 잡목이나 송백들의 구별 없이 한결같이 시퍼렇게 푸르러 송백의 지조를 알 수 없다. 그러나 겨울 매서운 추위가 몰아닥치는 세한歲寒에야 비로소 송백의 지조를 알 수 있다. 잡목들은 옷을 벗고 떨고 있는 겨울 소나무는 겨울 능선을 눈 속에서도 푸르게 지키고 있음을 볼 수 있다. 선비의 매서운 지조를 알 수 있는 것도 국난이 닥쳤을 때 비로소 알 수 있다는 뜻이 내포되어 있다.

[옷을 벗고 떨고 있는 겨울 소나무, 겨울 산 능선, 눈 속에 푸르게, 푸르게 선 고고한 자태, 말라비틀어진 잡목 속에 우뚝한 「知松柏之後彫라.」- 정민호의 시 '겨울 소나무'의 일부]

(28)

子曰, 知者는 不惑하고 仁者는 不憂하고 勇者는
자 왈   지 자   불 혹   인 자   불 우   용 자

不懼니라.
불 구

{풀이}

　공자께서 말씀하시기를, 『지혜로운 사람은 현혹되지 않으며, 인자한 사람은 근심을 하지 않고, 용기 있는 사람은 두려워하지 않는다.』 했다.

{주해}

[不惑]: 현혹되지 않음. [不憂]: 걱정 근심을 하지 않음. [不懼]: 두려워하지 않음.

{해설}

　지혜로운 자는 남의 유혹에 빠지지 않으며, 어진 사람은 만인에게 덕을 베풀기 때문에 걱정 없이 늘 편안하며, 그렇기 때문에 모든 일에 두려움이 없는 것이다.

(29)

子曰, 可與共學이라도 未可與適道며 可與適道
자 왈　가 여 공 학　　　미 가 여 적 도　　가 여 적 도라도 **未可與立**하며 **可與立**이라도 **未可與權**이니라.
　　　　미 가 여 립　　　　가 여 립　　　　미 가 여 권

{풀이}

　공자께서 말씀하시기를, 『함께 배우더라도 도에 나아가지는 못하
고, 함께 도에 나아가더라도 뜻을 함께 세우지 못하며, 뜻을 세우더
라도 함께 대의에 맞게 적당히 일을 처리할 수 없느니라.』

{주해}

[與]: 함께. [適道]: 올바른 적당한 도리. [立]: 뜻을 세워 변치 아니함.
[權]: 생각하여 잘 처리하다.

{해설}

　같은 스승 밑에서 똑같이 배우더라도 타고난 두뇌와 능력에
따라 차이가 날 수 있다는 것이다.

(30)

唐棣之華여 **偏其反而**로다. **豈不爾思**리오마는 **室**
　당 체 지 화　　　편 기 반 이　　　　기 불 이 사　　　　　실
是遠而니라. **子曰, 未之思也**언정 **夫何遠之有**리오.
　시 원 이　　　　자 왈 미 지 사 야　　　　부 하 원 지 유

산 앵두꽃이 바람에 펄럭이네. 그대 생각하네마는, 집이 멀어 못 가겠네. 공자께서 말씀하시기를,『진정으로 생각하는 것이 아니로다. 생각이 모자라는 것이다. 그렇지 않다면 어찌 먼 것을 관계하리요.』

{주해}

[棠棣之華 偏其反而 豈不爾思 室是遠而(중국 민요임)] [唐棣]: 산 앵두. [偏]: 편편偏偏, 혹은 편편翩翩은 꽃잎이 펄펄 날리는 모양, [反]: 꽃잎이 흩날림. [爾]: 너(汝). [而]: 어조사.

{해설}

이 노래는 첫 구절에서 사나이가 꽃을 보고 여인을 생각한다. 나머지 두 구절은 사나이의 사랑의 농간이다. 공자의 말은 마치 여인의 답장 문구 같다고 했다. 공자는 민간의 가요에 세련된 감상을 흘려 넣은 것이다.

이런 시경의 구절을 이용하여 학문의 길이 아무리 멀다 해도 뜻만 있으면 이룰 수 있다는 것을 비유하고 있다.

제10편

鄕黨(향당)

| 篇名說 |

이 향당편鄕黨篇에는 공자 및 군자君子라고 일컬어지는 사람들의 공사公私에 대한 일상생활과 처신을 기록하였다. 이는 특이하게 독립된 편이기도 하다.

(1)

孔子於鄕黨에 恂恂如也하사 似不能言者러시다
공 자 어 향 당　순 순 여 야　　사 불 능 언 자

其在宗廟朝廷하사는 便便言하시되 唯謹爾러시다.
기 재 종 묘 조 정　　편 편 언　　유 근 이

{풀이}

공자께서 향리에 계실 때에는, 공순하시어 마치 말할 줄 모르는 사람 같으셨고, 종묘나 조정에서는 시원시원하게 말씀하시되 아주 정중하셨다.

{주해}

[鄕黨]: 거주 지역의 공동체. 향리. [恂恂如]: 온화하고 공손한 모습.

[其在宗廟朝廷]: 국왕이 종묘에서 조상의 제사 받드는 것을 도울 때.
[便便]: 변론이 유창한 모양. 변변辯辯이라 기록된 곳도 있다(史記).
[唯謹爾]: 유唯는 전심으로 혹은 오직, 이爾는 조사, 근謹은 삼가고 공경함. 상대에게 조심, 공경함.

{해설}

여기에서의 기록은 '의례', '예기'에 있는 내용과 같다. 공자의 행동기준과 인격에 대한 내용을 기록하고 있다. 공자의 고향에서의 여러 어른들과 향리인鄕里人에 대해서는 너무나 겸손하여 말도 제대로 못할 정도였으며, 종묘나 조정에 나아갔을 때는 현명하고 똑똑한 공자의 참모습을 엿볼 수 있는 것이다.

그래서 이 향당편鄕黨篇은 독자들에게 그 경과를 볼 수 있는 흥미를 제공해 준다.

(2)

朝에 與下大夫言에 侃侃如也하시며 與上大夫
언   은은여야   군재   축적여야
言에 闇闇如也러시다. 君在어시든 踧踖如也하시며
與與如也러시다.
여여여야

공자께서는, 조정에서 하대부下大夫와 이야기할 때는 온화하셨으며, 상대부上大夫와 이야기할 때에는 아첨하지 않으셨다. 국왕이 납신 때에는 공경스럽고 침착하셨다.

{주해}

[朝]: 조정. 국왕이 집무와 신하가 서로 만나 이야기하는 장소. [下大夫. 上大夫]: 제후국 신하에는 경卿. 대부大夫. 사士의 계급이 있었다. 경卿을 상대부, 대부大夫를 하대부라고 일컬었다. [侃侃如]: 화락한 모양. 태도가 부드러움. [誾誾如]: 중정中正한 모양. 아첨을 하지 않음. [君在]: 국왕이 조정에 나와 집무하고 있음. [踧踖如]: 공경하는 모양. [與與如]: 위의威儀가 알맞은 모양.

{해설}

공자의 언어 행동이 상대에 알맞게 예절을 벗어남이 없이 행하여짐을 말하고 있다.

(3)

君召使擯이어시든 色勃如也하시며 足躩如也러
군 소 사 빈   색 발 여 야   족 각 여 야

시다. **揖所與立**하시되 **左右手**러시니 **衣,前後,襜如**
_{읍 소 여 립} _{좌 우 수} _{의 전 후 첨 여}

也러시다. **趨進**에 **翼如也**러시다. **賓退**어든 **必,複命**하
_야 _{추 진} _{익 여 야} _{빈 퇴} _{필 복 명}

시되 **賓不顧矣**라 하시다.
_{빈 불 고 의}

{풀이}

   임금이 불러 내빈의 접대를 명하면 급히 낮빛을 긴장하며 걸음도
조심하였다. 내빈과 마주 읍揖을 할 때에는 두 손을 조심스럽게 올려
서 옷의 앞자락과 뒷자락을 가지런히 움직였다. 빨리 걸어갈 때에는
마치 새가 날개를 편 듯 두 팔을 곧게 폈다. 내빈이 물러간 뒤에는 반
드시『내빈은 뒤를 돌아보지 않고 갔나이다.』하고 복명을 하였다.

{주해}

[擯]: 내빈을 접대함. [勃如]: 얼굴빛을 엄숙히 함. [揖]: 두 손을 맞잡고
수평으로 앞에 올리는 예법. [所與立]: 함께 서있는 외국 손님. [左右
手]: 손을 좌우로 돌림. [襜]: 가지런히 움직임. [趨進]: 빠른 걸음으로
나아감. [翼如]: 새가 날개를 편 듯한 모양. [賓不顧]: 손님이 돌아보지
않고 떠남.

{해설}

   공자께서 외국에서 온 사신을 접대함에 있어서 예의에 어긋

남 없이 행함을 나타내고 있다.

이 장에는 공자의 정중하고 빈틈없는 손님 접대의 모습이 잘 그려져 있다.

(4)

入,公門입공문하실새 鞠躬如也국궁여야하사 如不容여불용이러시다. 立입 不中門불중문하시며 行不履閾행불이역이러시다. 過位과위하실새 色勃색발 如也여야하시며 足躩如也족각여야하시며 其言기언은 似,不足者사부족자러시 다. 攝齊升堂섭제승당하실새 鞠躬如也국궁여야하시며 屛氣似,不息병기사불식 者자러시다. 出降一等출강일등하사는 逞顔色정안색하사 怡怡如也이이여야하 시며 沒階趨進몰계추진하사는 翼如也익여야하시며 復其位복기위하사는 踧踖如也축적여야러시다.

{풀이}

대궐문을 들어가실 때에는 몸을 굽히시기를, 마치 문이 작아서 그러는 것 같으셨다. 문의 중앙에 서있지 않으셨고, 문지방을 밟지 않으셨다. 임금의 자리를 지나가실 때에는 얼굴빛을 엄숙히 하시고 발걸음도 빨리하시며, 말씀을 제대로 못하시는 듯하셨다. 옷자락을 잡고 당堂에 오르실 때에는 허리를 굽히고 숨을 멈추는 듯하셨다. 당에서 내려올 때에는 계단을 한 단 내려오셔서 얼굴빛을 펴시고 즐거운 듯했으며, 계단을 다 내려와 종종걸음으로 나가실 때도 몸짓은 단정하셨다. 또한 제자리로 되돌아가서는 더욱 경건하셨다.

{주해}

[公門]: 대궐의 문. [鞠躬]: 몸을 굽히는 것. [如不容]: 몸이 문에 안 들어가는 듯하다. [立不中門]: 문의 한가운데 서있지 않음. [履閾]: 문지방을 밟다. [過位]: 군주의 자리를 지나감. [攝齊]: 옷자락을 잡아 올림. [屛氣]: 숨을 죽임. [出降一等]: 섬돌을 한 계단 내려옴. [逞顔色]: 안색을 펴다. [怡怡如]: 즐거운 모양. [沒階]: 계단을 다 내려옴. [趨踖]: 삼가하고 조심하다.

{해설}

공자께서 노나라에 벼슬할 때 조정 출입의 모습이다. 예의에 밝고 겸손하며 근엄한 태도를 잘 표현하고 있다.

(5)

執圭하시되 鞠躬如也하사 如,不勝하시며 上如揖
집 규   국 궁 여 야   여 불 승   상 여 읍

하사고 **下如授**하시며 **勃如戰色**하시며 **足, 蹜蹜, 如有**
　　　하 여 수　　　　　발 여 전 색　　　　　　　족 축 축 여 유

循이러시다. **享禮**에 **有, 容色**하시며 **私覿**에 **愉愉如也**
순　　　　향 례　유 용 색　　　　　사 적　유 유 여 야

러시다.

{풀이}

　규圭를 잡고 계실 때에는 몸을 굽히는 것이 마치 그것을 못 이기는 것 같았다. 올릴 때에는 마치 읍을 하는 듯하였고, 내릴 때에는 물건을 내려놓는 듯하였는데, 안색이 긴장되는 것이 두려워하는 듯하였으며, 발끝으로 걷는 것이 마치 발이 떨어지지 않는 듯하였다. 예물을 바칠 때에는 엄숙하고도 너그러운 기색을 보였으며, 사사로운 예로 만날 때에는 화락한 기색을 하였다.

{주해}

[圭]: 옥으로 만든 예기禮器. [上如揖]: 규를 위로 올릴 때 읍揖하는 듯하다. [戰色]: 긴장과 두려움으로 떠는 듯한 기색. [蹜蹜]: 발걸음을 좁게 내딛는 것. [如有循]: 발이 땅에 붙은 듯 걷는 모양. [享禮]: 임금에게 예를 올리는 의식. [容色]: 부드러운 얼굴 모양. [私覿]: 사사로이 예물을 주고받음. 사신들이 서로 사귐. [愉愉如]: 즐거워하는 모양.

공자가 다른 나라에 사신으로 갔을 때 의례행사와 그 행사 때
공자의 행동거지를 나타내는 글이다.

(6)

君子,不以紺緅飾하시며 紅紫로 不以爲,褻服이
군 자 불 이 감 추 식　　　　　홍 자　불 이 위,설 복

러시다. 當暑하사 袗絺綌을 必,表而出之러시다. 緇
　　당 서　　진 치 격　필 표 이 출 지　　　　치

衣羔裘요 素衣麑裘요 黃衣狐裘러시다.
의 고 구　소 의 예 구　황 의 호 구

褻裘長하되 短右袂러시다. 必有寢衣하시니 長一
설 구 장　　　단 우 메　　　필 유 침 의　　　장 일

身有半이러라. 狐貉之厚로 以居러시다. 去喪이어든
신 유 반　　　호 학 지 후　이 거　　　거 상

無所不佩하시고 非,帷裳必殺之러시다. 羔裘玄冠
무 소 불 패　　　비,유 상 필 쇄 지　　　고 구 현 관

으로 不以弔러시다. 吉月에 必,朝服而朝러시다.
　　불 이 조　　　길 월　필 조 복 이 조

{풀이}

공자께서는 보라색과 주홍색으로 옷깃을 달지 않으며, 분홍색과
자주색으로 평복을 만들어 입지 않았다. 더울 때에는 가는 갈포와 거
친 갈포의 홑옷을 반드시 껴입었다. 검은 옷에는 염소가죽으로 만든

갖옷, 흰옷에는 어린 사슴의 가죽으로 만든 갖옷, 누런 옷에는 여우 가죽의 갖옷을 입었다.

평소에 입는 갖옷은 길게 입었는데, 특히 오른 소매를 짧게 하였다. 반드시 잠옷을 사용하였는데 그 길이가 한 키 반이었다. 여우와 담비의 두꺼운 털옷은 집에서만 입었다. 상喪을 벗고 나면 무슨 패물이든지 가리지 않고 찼다. 조복과 제복이 아니면 반드시 줄여서 간편하게 입었다. 염소 가죽옷과 검은 관을 쓰고는 조문하지 않았다. 매달 초하루에는 반드시 조복을 입고 조회에 나갔다.

{주해}

[君子]: 여기서는 공자를 뜻함. [紺]: 곤색. 제복 관복의 색깔. [緅]: 주홍색. 상복 옷깃의 색깔이다. [紅紫]: 붉은색과 자주색. [褻服]: 평상복. [當暑]: 무더운 여름. [絺]: 가늘고 고운 갈포. [綌]: 굵은 갈포. [表而出之]: 갈포의 홑옷으로는 속살이 보이므로, 속옷을 받쳐 입고 외출했다. [緇衣]: 검정 옷. [羔裘]: 염소 갖옷. [麑]: 새끼사슴. [短右袂]: 오른쪽 소매를 짧게 함. [寢衣]: 잠잘 때 입는 옷. 혹은 이불. [長一身有半]: 길이가 신장의 1배 반. [狐貉之厚]: 여우 담비의 두꺼운 털옷. [帷裳]: 조복이나 제복. [殺之]: 몸에 맞도록 줄이다. [玄冠]: 검은 천으로 만든 관. [吉月]: 매달 초하루.

{해설}

공자의 복장에 대해서 적고 있다.

재계齋戒는 제사를 지내기 십일 전에 시작하는데, 그동안의 마음가짐을 기록한 내용이다.

(7)

齊必有明衣러시니 布러라. 齊必變食하시며 居必
재 필 유 명 의　　　　　　포　　　　　재 필 변 식　　　　　　거 필

遷坐러시다.
천 좌

{풀이}

재계齋戒할 때에는 반드시 깨끗한 옷으로 갈아입는데, 베로 만든 것이었다. 재계할 때에는 술, 매운 것, 냄새나는 것 등을 먹지 않고 거처함도 반드시 자리를 옮겼다.

{주해}

[齊]: 재계하다. [明衣]: 가볍고 깨끗한 옷. [布]: 삼베. [變食]: 음식을 바꾸다. 파, 부추, 마늘과 술을 멀리하다. [遷坐]: 자리를 옮기다.

{해설}

재계齋戒는 제사를 지내기 십일 전에 시작하는데, 그동안의

마음가짐을 적은 글이다.

(8)

食不厭精하시며 膾不厭細러시다. 食饐而餲와 魚
사 불 염 정　　　　　회 불 염 세　　　　　식 애 이 애　　어

餒而肉敗를 不食하시며 色惡不食하시며 臭惡不食
뇌 이 육 패　　불 식　　　　색 악 불 식　　　　취 악 불 식

하시며 失飪不食하시며 不時不食이러시다. 割不正
　　　실 임 불 식　　　　불 시 불 식　　　　　　할 부 정

이어든 不食하시며 不得其醬이어든 不食이러시다. 肉
　　　불 식　　　　부 득 기 장　　　　불 식　　　　　육

雖多나 不使勝.食氣하시면 惟酒無量하시되 不及
수 다　　불 사 승 사 기　　　　유 주 무 량　　　　불 급

亂이러시다. 沽酒市脯를 不食하시며 不撤薑食하시
란　　　　　고 주 시 포　　불 식　　　　불 철 강 식

며 不多食이러시다. 祭於公에 不宿肉하시며 祭肉은
　　부 다 식　　　　제 어 공　　불 숙 육　　　　제 육

不出三日하시더니 出.三日이면 不食之矣니라. 食不
불 출 삼 일　　　　출 삼 일　　　불 식 지 의　　　식 불

語하시며 寢不言이러시다. 雖.疏食菜羹이라도 瓜祭
어　　　　침 불 언　　　　　수 소 사 채 갱　　　　과 제

하시되 必.齊如也러시다.
　　　필 제 여 야

{풀이}

　밥은 정精한 것을 싫어하지 않았으며, 회는 가늘게 썬 것을 싫어하

지 않았다. 밥이 쉬어서 맛이 변한 것과 생선이 상하여 고기가 썩은 것은 먹지 않았으며, 색깔이 나쁜 것과 냄새가 나쁜 것은 먹지 않았다. 익지 않은 음식은 먹지 않았으며, 때가 아니면 음식을 먹지 않았다. 고기를 비록 많이 먹는다 하더라도 밥 기운을 누를 정도까지는 먹지 않았다. 오직 술만은 일정한 양이 없으나 정신을 잃을 정도까지는 먹지 않았다. 주점에서 산 술과 시장에서 산 말린 고기는 먹지 않았고, 생강 먹는 것은 끊지 않되 많이 먹지는 않았다. 나라의 제사에 쓰인 고기는 밤을 넘기지 않았으며, 집안 제사에 쓰인 고기도 삼 일을 넘기 않았고, 삼 일이 지나면 먹지 않았다. 식사를 할 때에는 말씀을 하지 않았으며, 잠자리에 들어도 말을 하지 않았다. 비록 거친 밥과 나물국에 오이 조각이더라도 식사를 하기 전에 제식祭食을 하였는데, 반드시 재계에 임하는 것 같이 하였다.

{주해}

[食]: 밥. [精]: 곱게 찧은 쌀, 정미精米. [不厭]: 싫어하지 않음. [饐]: 밥이 쉬다. [餲]: 밥이 맛이 변함. [餒]: 생선이 썩은 것. [敗]: 고기가 썩은 것. [失飪]: 알맞게 익히지 않는 것. [不時]: 제철이 아닌 때의 음식. [割]: 자르다. [不得其醬]: 간이 맞지 않음. [不使勝食氣]: 밥보다 많이 먹지 않음. [沽酒市脯]: 시장에서 사온 술과 포. [不撤薑食]: 생강은 거르지 않고 먹음. [祭於公]: 임금의 제사에 참례함. [不宿肉]: 고기를 묵히지 않음. 곧 먹어 없앤다. [菜羹]: 나물국. [瓜祭必齊如]: 먹기 전에 고수레를 한다. 과瓜=꼭.

공자의 당시 생활 습관을 잘 말해주고 있다. 그러니 그 당시 식생활과 관계있는 것을 공자께서 그대로 행하고 있었다.

(9)

席不正이면 不坐러시다.
석 부 정　　　　부 좌

{풀이}

공자께서는, 자리가 단정하지 않으면 앉지 않았다.

{주해}

「孔子席不正, 不坐, 割不正, 不食」은 서로 대구를 이루고 있는 공자의 행동과 사람됨을 단적으로 표현하고 있다. 여기 논어에서는 그 첫 구절만을 인용하여 적은 것 같다. '자리가 바르지 않으면 앉지 않는다' 는 것은 그의 안정된 정신을 말하고 있다.

(10)

鄉人飲酒에 杖者出이어든 斯出矣러시다. 鄉人儺
향 인 음 주　　　장 자 출　　　　　사 출 의　　　　　　향 인 나에 朝服而立於阼階러시다.
조 복 이 립 어 조 계

{풀이}

　마을 사람들과 술을 마실 때에는 반드시 노인이 먼저 나가야 따라 나갔다. 마을 사람들이 나례를 지내면 조복을 입고 동쪽 섬돌에 서있었다.

{주해}

[鄕人]: 그 지역 마을 사람들. [杖者]: 노인. 지팡이 짚은 노인. [斯出]: 곧 나가다. 사斯는 곧. [儺]: 나례. 역귀를 쫓아내는 행사. [朝服]: 제사를 지낼 때의 예복. [阼階]: 동쪽에 있는 계단. 공자께서 동쪽 계단에 선 이유는 가묘의 주인용 계단이기에 조상신을 진정시키기 위해서이다.

{해설}

　공자의 '경로사상'을 말하고 있다. 노인들을 공경하고 우대하는 것이 예의이기 때문이다. 젊은 사람이 노인을 공경하고 잘 모시고 받드는 것이 인간만이 가지는 인류의 미덕이다. 개인주의가 팽배해 있는 민주사회일수록 경로사상은 절대불가결의 예의인 것이다. 노인들을 젊은 시대를 살아오면서 그 사회에 희생하고 봉사하면서 그 사회에 공헌했기 때문에, 그 사회의 존경과 우대를 받는 것이 당연한 일이 아닌가? 공자는 벌써 이때부터 경로사상을 몸소 실천하고 있었던 것이다.

(11)

問人於他邦하실새 再拜而送之러시다. 康子饋
문 인 어 타 방　　　　　재 배 이 송 지　　　　　　강 자 궤

藥이어늘 拜而受之曰, 丘未達이라 不敢嘗이라 하시
약　　　　　배 이 수 지 왈　구 미 달　　　　불 감 상

다.

{풀이}

　다른 나라에 있는 사람에게 안부를 전할 때에는 가는 사람에게 두 번 절하고 보내었다. 계강자가 약을 보내오자, 절을 하고 받으며 말씀하시기를,『나는 이 약에 대하여 모르므로 감히 먹지 못하노라.』했다.

{주해}

[問人於他邦]: 다른 나라에 있는 친지에게 안부를 전하다. [拜]: 절을 하다. [康子]: 노나라의 대부. 계강자. [饋]: 보내다. [丘]: 공자 자신. 구丘는 공자의 이름. [未達]: 확실하게 모르다. [嘗]: 먹다. 맛보다.

공자가 예의를 갖추어 정성을 다하고 있다. 그러나 강자康子가 주는 약은 약이기 때문에 함부로 맛볼 수 없음을 솔직히 말하고 있다.

(12)

廐焚이어늘 子,退朝하사 曰, 傷人乎아? 不問馬하
_{구 분}　　_{자 퇴 조}　　_{왈　상 인 호}　　_{불 문 마}
시다.

{풀이}

마구간에 불이 났는데, 공자께서 퇴청하시어 물으시되, 『사람이 다쳤느냐?』고 물으시고, 말에 대해서는 묻지 않으셨다.

{주해}

[廐]: 마구간 구. [焚]: 불이 나다. [退朝]: 조정에서 퇴근하다, 즉 직장에서 돌아오다.

{해설}

공자께서 마구간에 화재에 대해 사람이 다쳤느냐고 묻는 것은 사람의 생명이 가장 중요하기 때문이다. 이것은 당연한 사실이다. 그러나 이 글에서 해석의 차이가 있으니, '子退朝曰 傷人乎不 問馬'라고 읽고 있다. 이렇게 되면 '사람이 다쳤느냐?고 물으시고, 또 말에 대해서도 물으셨다.'로 풀이되는 것이다. 곧, '傷人乎不아 問馬'라고 하면 '사람은 다치지 않았느냐? 그리고 말도 물었다.'로 풀이된다. (육덕명陸德明. 윤尹 준儁의 풀이)

(13)

君이 賜食이어든 必,正席先嘗之하시고 君이 賜腥이시어든 必,熟而薦之하시고 君이 賜生이어시든 必,畜之러시다. 侍食於君에 君祭시어든 先飯이러시다. 疾에 君,視之시어든 東首하시고 加,朝服拖紳이러시다. 君命召시어든 不俟駕行矣러시다.

{풀이}

임금님께서 음식을 내리시면 반드시 자리를 바로 하고 먼저 맛을 보았다. 임금님께서 날고기를 내리시면 반드시 익혀서 조상에게 올렸다.

임금님께서 산짐승을 내리시면 반드시 그것을 길렀다. 임금을 모시고 식사를 할 때에는 임금님께서 제식祭食을 하시는 동안에 먼저 하였다. 병환 중에 임금께서 병문을 오시면 머리를 동쪽으로 두고 조복을 덮고 띠를 그 위에 올려놓았다. 임금께서 부르시는 명을 받으면 수레가 준비되기를 기다리지 않고 떠났다.

{주해}

[賜食]: 음식을 내려줌. [腥]: 날고기. [薦]: 조상의 제사상에 제물로 올림. [生]: 산짐승. [祭]: 고수레. 음식을 조금 떼어서 신에게 던져줌. [先飯]: 먼저 맛을 보다. [視]: 병문하다. [加朝服]: 조복을 이불 위에 덮다. [拖紳]: 큰 띠를 펼쳐놓음. [不俟駕行]: 수레를 기다리지 않고 바로 떠남.

{해설}

공자께서 임금에게 신하로서 지키는 예의를 적을 글이다.

(14)

入.大廟하사 每事를 問이러시다.
　입 태 묘　　　매 사　문

태묘 안에 들어가서는 매사를 물으셨다.

{주해}

[大廟]: 태묘太廟임. 大는 太라고 읽음.

{해설}

공자께서는 매사에 신중을 기했다. 특히 제사를 지낼 때는 더욱 신중했다는 것을 알 수 있다.

(15)

朋友死하여 無所歸어든 曰, 於我殯이라 하다. 朋
붕우사　　　무소귀　　　왈　어아빈　　　　　　붕

友之饋는 雖,車馬라도 非,祭肉이어든 不拜러시다.
우지궤　　수 거마　　　비 제육　　　　불배

{풀이}

친구가 죽어서 거두어 줄 사람이 없으니 공자께서 말씀하시기를, 『나의 집에 빈소를 차려라.』 친구가 주는 선물이 수레와 말이라 할지라도 제육祭肉이 아니면 절하시지 않았다.

{주해}

[無所歸]: 돌아갈 곳이 없음, 즉 시신을 거두어 줄 연고자가 없음. [殯]: 빈소. [饋]: 음식대접. 선물.

{해설}

갈 곳이 없는 친구가 죽으면 그 뒷일을 보살펴야 하는데, 공자께서 맡아 빈소를 꾸미겠다는 것이며, 친구가 주는 선물을 받았더라도 고기가 아니면 절을 하지 않았다.

(16)

寢,不尸하시며 居,不容이러시다. 見,齊衰者하시고
침 불 시　　　　거 불 용　　　　　　견 제 최 자

雖狎이나 必變하시며 見,冕者與,瞽者하시고 雖褻이
수 압　　 필 변　　　　견 면 자 여 고 자　　　 수 설

나 必,以貌러시다 凶服者를 式之하시며 式,負版者러
필 이 모　　　흉 복 자　식 지　　　　식 부 판 자

시다. 有,盛饌이어든 必,變色而作하시며 迅雷風烈에
유 성 찬　　　　필 변 색 이 작　　　　신 뢰 풍 렬

必變이러시다.
필 변

잠잘 때에는 시체처럼 눕지 않았고, 집에 있을 때에는 엄숙한 얼굴을 짓지 않았다. 상복을 입은 사람을 만나면 아무리 친한 사이라도 반드시 얼굴색을 변하여 대했고, 면관免冠을 쓴 사람이나 소경을 만나면 수레 옆을 잡고 예를 취하였으며, 부판負販을 진 사람을 만나도 마차 옆을 잡고 경례를 취하였다. 성찬이 들어오면 반드시 얼굴색이 변하여 일어났으며, 우레와 바람이 심하게 몰아쳐도 안색이 변하였다.

{주해}

[尸]: 시체. [不容]: 엄숙한 표정을 짓지 않음. [狎]: 허물 없는 사이. [變]: 변하다. 엄숙한 표정으로 변함. [冕者]: 면관을 쓴 사람. [瞽者]: 장님. 소경. [褻]: 늘 만나는 사이. [貌]: 예모를 갖춤. [凶服]: 상복. [式]: 수레에 걸친 나무의 일종. 여기서는 인사법의 하나. [負版]: 호적판. 상복의 부판. [盛饌]: 잘 차린 음식. [變色而作]: 정색을 하여 주인에게 경의를 표함. [迅雷風烈]: 우뢰가 요란하고 바람이 매우 불다.

{해설}

공자께서는 마음에서 우러나오는 예절이 몸에 배었으며, 안색과 행동과 마음이 하나로 조화를 이루어 자연스런 예를 행하였음을 알 수 있다.

升車하사 必.正立하여 執綏러시다. 車中에 不.內顧
　　승 거　　　필 정 립　　　　집 유　　　　　거 중　　불 내 고

하시며 不.疾言하시며 不.親指러시다.
　　　부 질 언　　　　　불 친 지

{풀이}

　수레에 오르실 때에는 반드시 바르게 서서 손잡이를 잡으셨다. 차
중에서는 이리저리 돌아다보지 않으시고, 말을 빨리 하지 않으시며,
친히 손가락질하는 일도 없으셨다.

{주해}

[升車]: 수레에 오르다. 타다. [執綏]: 유綏는 마차 입구에 붙은 손잡이
끈. 집執은 잡다. [內顧]: 뒤를 돌아봄. [不疾言]: 큰소리로 심하게 빨리
말하지 않음. [不親指]: 직접 손가락으로 가리키지 않음.

{해설}

　교양인이 차를 타는 품위를 말하고 있다. 즉, 공자께서 수레
를 탈 때 바른 위치에 서서 손잡이를 잡는 것은 안전을 위해서이
다. 뒤를 돌아보면 편안히 쉬고 있는 사람들에게 놀라게 할 염
려가 있기에 뒤를 돌아보지 않으며, 수레에서는 큰소리로 떠들

지 않고 함부로 손가락질을 하지 않는 것은 다른 사람을 놀라게
하는 원인이 되기 때문이다. 이런 것들은 그 당시 작은 예의로
생각했던 모양이다.

(18)

色斯擧矣하여 翔而後集이니라. 曰, 山梁雌雉는
색 사 거 의   상 이 후 집   왈   산 량 자 치

時哉時哉인저! 子路,共之한대 三嗅而作하니라.
시 재 시 재   자 로 공 지   삼 후 이 작

{풀이}

　꿩이 사람의 기색을 살피고 날아올라 빙빙 돌다가 다시 내려왔다.
공자께서 이를 보시고 말씀하시기를, 『산골짝 다리 밑에 노는 암꿩아
때를 만났구나! 때를 만났구나!』하니 자로가 모이를 던져주니, 꿩은
서너 번 냄새를 맡다가 날아갔었다.

{주해}

[色斯擧矣]: 꿩이 사람의 기색을 알고 날아감. [翔而後集]: 빙빙 돌다
가 다시 내려앉음. [梁]: 다리. [雌雉]: 암꿩. 까투리. [三嗅而作]: 세 번
냄새를 맡고 날아감.

이 장은 전문가 사이에 이견이 많은 난해한 장이다. 그러므로 풀이에 어려움이 따를 수 밖에 없었다. 그러나 내용은 자유스럽게 놀고 있는 꿩을 보고 자신을 한탄하는 말이다.

제11편

先進(선진)

┃篇名說┃

이 글에는 제자들의 어질고 어질지 못함을 논평하는 글이다.

(1)

子曰, 先進於禮樂에 野人也요 後進於禮樂에
<small>자 왈　선 진 어 례 악　　　야 인 야　　　후 진 어 례 악</small>

君子也라 하나니 如用之則吾從先進호리라.
<small>군 자 야　　　　　여 용 지 즉 오 종 선 진</small>

{풀이}

　공자께서 말씀하시기를,『선진들의 예와 악은 야인적野人的이고, 후진들의 그것은 군자적君子的이니라. 만약 택한다면 나는 선진들의 예와 악을 좇으리라.』

{주해}

[先進]: 선배임. 초기에 공자의 문하로 들어온 제자. 자로子路, 민자건

閔子騫, 칠조개漆雕開 등. [野人]: 문화적 교양을 갖춘 일이 없는 사람들. 그러나 소박성, 정직성을 갖고 있다. [後進]: 선진에 반하여 늦게 공자의 제자 된 사람. 자하子夏, 자유子游, 자화子華, 자장子張 등. [君子]: 예악과 교양을 많이 몸에 익힌 사람. 야인野人의 반대 개념. [如用之]: 만약 둘 중에 하나를 골라 쓴다면. 여如는 만약, 만일.

{해설}

공자는 지나치게 앞서가는 것보다는 좀 촌스럽지만 옛것을 좋아했다. 예악에 있어서도 내면적인 고풍과 외적인 화려함이 어울려지는 것을 바랐으나 좀 야인野人스런 면을 택하겠다고 했다. 즉, 실질적인 선진을 좇겠다고 한 것이다.

(2)

子曰, 從我於陳蔡者, 皆不及門也로다. 德行엔
자왈 종아어진채자개 불급문야 덕행

顔淵,閔子騫,冉伯牛,仲弓이요 言語엔 宰我,子貢
안연 민자건 염백우 중궁 언어 재아 자공

이요 政事엔 冉有,季路요 文學엔 子游,子夏니라.
정사 염유계로 문학 자유자하

{풀이}

공자께서 말씀하시기를, 『진나라와 채나라에 있을 때 나를 따르던

자들이 지금은 모두 나의 문하에 없구나. 덕행으로 뛰어났던 자는 안연과 민자건, 염백우, 중궁이고, 언어로 뛰어났던 자는 재아와 자공이며, 정사에 뛰어났던 자는 염유, 계로이고, 문학으로 뛰어났던 자는 자유와 자하이니라.』했다.

{주해}

[陳蔡]: 진나라와 채나라. 공자가 이 진陳나라와 채蔡나라에 여행했다. 공자의 어려운 시대. [皆不及門]: 이제 모두 내 문하에는 없다. [言語]: 말솜씨. [文學]: 시서예악詩書禮樂을 포함한 학문을 말함.

{해설}

공자께서 13년 동안 주유천하할 때, 진나라와 채나라에서 함께 고생했던 제자들이 모두 문하를 떠났음을 말한 것이다. 여기서 말한 덕행, 언어, 정사, 문학을 '공문사과孔門四科'라 하고, 이 분야에 뛰어난 열 명의 제자들을 '공문십철孔門十哲'이라 한다.

(3)

子曰, 回也는 非,助我者也로다. 於,吾言에 無所
자왈 회야 비 조아자야 어 오언 무소

不說이오녀.
불 열

　공자께서 말씀하시기를, 『회回는 나에게 도움을 주는 자가 아니로
다. 나의 말에 대하여 무엇이나 모두 기뻐하지 않는 바가 없었으니
말이다.』

{주해}

[回]: 안회顔回. 안연顔淵을 말함. [於]: ~에 대하여. [無所不說]: 기뻐하
지 않는 것이 없다. 열說은 열悅.

{해설}

　공자는 안회를 몹시 칭찬했다. 여기서 '非助我者'라 한 것은
불만스런 말이 아니고 도리어 그를 칭찬한 말이다. 묵묵히 공자
의 말을 듣고 이행하고 실천에 옮긴 안회를 평한 문학적 표현이
라 하겠다. 그러니 공자께서 이렇게 말씀하신 것은 그 말씀이
유감이 있는 듯하나 실제는 바로 깊이 기뻐하신 것이다.

(4)

子曰, 孝哉라 閔子騫이여! 人不間於 其 父母昆
　자 왈　효 재　민 자 건　　　인 불 간 어 기 부 모 곤
弟之言이로다.
제 지 언

{풀이}

　공자께서 말씀하시기를, 『효자로다, 민자건이여! 그 부모나 형제를 사람들에게 욕먹게 하는 일이 없구나.』

{주해}

[閔子騫]: 이름은 손損, 자字가 자건子騫임. 공자의 제자. [不間]: '간間'은 비방함. 욕함. [昆弟]: 형제.

{해설}

　민자건은 일찍 어머니를 여의고 계모 밑에서 자라났다. 어느 날 계모는 자기에겐 홑옷을 입히고, 후처에서 난 자식들은 따뜻한 솜옷을 입혔다. 이것을 알게 된 아버지가 후처를 내쫓고자 할 때, 민자건은 아버지 앞에 나아가서 계모의 내치는 것을 말려 말하기를, 새어머니가 계시면 한 아들만 떨지만, 내치면 4형제가 모두 떨어야 한다고 간곡히 말렸다.

　아버지는 말이 없었다. 그래서 "효자로다, 민자건! 말 한마디로 그 어머니는 돌아오고, 또 한마디로 세 아들이 따숩도다."라고 세상에서 말했다. 그래서 공자도 '孝哉, 閔子騫! 一言其母還, 再言四子溫'라고 했다.

(5)

南容이 三復白圭어늘 孔子以其兄之子로 妻之
하다.

{풀이}

남용南容이 반복하여 백규장白圭章을 외는 것을 보고 공자께서 자기 형의 딸을 그의 아내로 주었다.

{주해}

[三復]: 여러 번 되풀이함. [白圭]: 흰 구슬. 백옥. 시경의 한 구절임. 백규지점白圭之玷은 상가마야尙可磨也어니와 사언지점斯言之玷은 불가위야不可爲也니라. [妻之]: 그의 아내로 삼은.

{해설}

남용南容은 사람 이름으로 '백규지점白圭之玷은 상가마야尙可磨也어니와 사언지점斯言之玷은 불가위야不可爲也니라.'라는 시경의 구절, 이 구절을 3번이나 반복해 외우기에 공자께서 그의 인간적인 처신을 보고 공자의 조카사위로 삼았다는 이야기다.

(6)

季康子.問하되 弟子.孰爲好學이니꼬? 孔子.對
계 강 자 문　　　제 자 숙 위 호 학　　　　　공 자 대

曰. 有.顏回者.好學하더니 不幸.短命死矣라 今也
왈　유 안 회 자 호 학　　　　불 행 단 명 사 의　　금 야

則.亡하니라.
즉 무

{풀이}

　계강자가 묻기를, 「제자들 중에서 누가 배우기를 좋아합니까?」 하
니 공자께서 대답하시기를, 『안회라는 사람이 있어 배우기를 좋아했는
데 불행히도 명이 짧아 죽은 지라 지금은 없느니라.』 했다.

{주해}

[孰]: 누가. [今也則亡]: 지금은 없네. 무亡는 무無와 같음.

{해설}

　제자 안회의 단명을 애석하게 여긴다. 안회가 배우기를 매우
좋아하고 학문에 전념하는 제자인데, 그가 단명하여 죽음을 애
석히 여기고 있다.

(7)

顔淵이 死커늘 顔路,請子之車하여 以爲之椁한대
안 연　　사　　　안 로 청 자 지 거　　　이 위 지 곽

子曰, 才不才에 亦各言,其子也니 鯉也死커늘 有
자 왈　재 부 재　 역 각 언 기 자 야　　 이 야 사 커 늘　유

棺而,無椁하니 吾不徒行하여 以爲之椁은 以,吾從,
관 이 무 곽 하 니　 오 부 도 행　　　이 위 지 곽 은　이 오 종

大夫之後라 不可徒行也니라.
대 부 지 후　　 불 가 도 행 야

{풀이}

　안연顔淵이 죽자, 안로顔路가 공자의 수레를 팔아 안연의 외관을
마련하기를 청하였다. 공자께서 말씀하시기를,『잘났든지 못났든지
간에 역시 각기의 그 아들에 대한 정리는 있기 마련이요. 리鯉가 죽었
을 때에도 관은 했으나 외관은 하지 않았오. 내가 외관을 장만하기
위해서 수레를 팔지 않는 것은, 내가 대부의 뒤를 좇는 신분인지라 걸
어 다닐 수 없기 때문이오.』했다.

{주해}

[顔路]: 안회의 아버지. 이름은 '무유'이며 공자의 제자임. [椁]: 외관.
[才不才]: 재능이 있든 없든. [各言其子也]: 각각 자기의 자식을 위해
말함. [鯉]: 공자의 아들. 자는 백어伯魚. [徒行]: 걸어 다니다. [從大夫
之後]: 대부의 뒤를 좇는 말석.

안회를 사랑하는 마음이 지극하여 수레가 아니라 집까지 팔아서 장례를 치르고 싶지만, 지나치게 성대하게 치르는 것도 예에 어긋남을 말하고 있다.

(8)

顏淵,死커늘 子曰, 噫라! 天喪予하셨다. 天喪予하셨다.
<small>안 연 사　자 왈 희　천 상 여　　천 상 여</small>

{풀이}

안연이 죽자 공자가 말씀하시기를,『슬프다! 하늘이 나를 버리셨도다. 하늘이 나를 버리셨도다.』했다.

{주해}

[噫]: 슬프다. [天喪予]: 하늘이 나를 버리다.

{해설}

안연이 죽을 때, 공자는 70세 때였다. 공자는 안연을 사랑하

고 그를 공자를 이을 만한 제자라고 생각했다. 그러나 안연이
죽었다. 공자는 크게 실망하여 하늘이 나를 버렸다고까지 말하
고 있다. 실망이 큼을 감탄하고 있다.

(9)

顔淵이 死커늘 子, 哭之慟하신대 從者曰, 子慟矣
로이다. 曰, 有慟乎아? 非夫人之, 爲慟이면 而誰爲
리오?

{풀이}

　안연이 죽자 공자께서 통곡하시기에 종자가 말하기를,「선생님께서
지나치게 슬퍼하십니다.」하니 공자께서 말씀하시기를,『내가 통곡을
했다고? 이 사람을 위해 통곡하지 않으면 누구를 위하여 통곡한단
말인가?』

{주해}

[哭之慟]: 통곡함. [夫人]: 안연을 말함. [誰爲]: 수지위통誰之爲慟의 뜻.
즉, 누구를 위하여 통곡할까?

안연의 죽음을 너무 슬퍼하는 공자를 보고 제자가 말하자, 그와 같은 사람의 죽음을 애도하지 않으면 누구를 위해 슬퍼하겠느냐고 반문하는 대목이다. 공자의 제자 안연의 죽음에 대하여 다른 죽음보다 더 애통해 한다는 것은 다른 사람에 견줄 바가 아니기 때문이다. [언言,기사가석其死可惜하여 곡지의통哭之宜慟하니 비非,타인비야他人比也니라.]

(10)

顔淵이 死커늘 門人이 欲厚葬之한대 子曰, 不可하니라. 門人이 厚葬之한대 子曰, 回也는 視予猶父也어늘 予,不得視猶子也하니 非我也라. 夫,二三子也니라.

{풀이}

안연顔淵이 죽자 문인들이 장례를 성대히 치르고자 하는데, 공자께서 말씀하시기를,『안된다.』하셨는데, 그러나 문인들은 성대하게 장례를 지내고자 하니 공자께서 말씀하시기를,『회回는 나를 부모같이 대하여 주었거늘, 나는 그를 아들같이 대하여 주지 못하였구나. 그러나 그것은 나 때문이 아니라 너희들 때문이다.』했다.

{주해}

[門人]: 공자의 제자들. [厚葬]: 후하게 장례를 지냄. [不可]: 안된다. 불가하다. [視予猶父]: 나를 자기 아버지처럼 대함.

{해설}

아무리 아끼는 제자라도 장례는 그 처지에 맞게 지내야 하는데, 그 예를 지키지 못한 것은 제자들의 탓이라고 말했다.

(11)

季路, 問事鬼神한대 子曰, 未能事人으론 焉能事
계 로 문 사 귀 신   자 왈 미 능 사 인   언 능 사

鬼리오. 敢問死하노이다. 曰, 未知生으론 焉知死리
귀   감 문 사   왈 미 지 생   언 지 사

오.

{풀이}

계로가 귀신 섬기는 일에 대하여 묻자 공자께서 말씀하시기를, 『사

람도 능히 섬기지 못하면서 어찌 귀신 섬기는 일을 할 수 있으리오.』
「그러면 죽음에 대하여 여쭙겠습니다.」하니 말씀하시기를, 『아직 삶
도 모르는데 어찌 죽음을 알리요.』했다.

{주해}

[季路]: 자로子路. 중유仲由. [鬼神]: 귀鬼는 조상신. 신神은 산천山川이
나 그 밖의 신으로도 나누어 볼 수 있음.

{해설}

　사람이 하는 일을 깊이 터득하면 귀신이 무엇인지도 깨닫게
되고, 생을 제대로 알게 되면 죽음에 대하여서도 자연히 알게 된
다는 뜻이다. 이것이 공자의 내세관이요 인생관이기도 하다. 인
간의 눈으로 보지 못한 귀신에 대해 알려고 하지 말고, 우선 인
간으로서 눈에 보이는 윤리 도덕 등에 관에서 먼저 알고 행하라
는 속내가 있는 듯하다.

(12)

閔子는 侍側에 誾誾如也하고 子路는 行行如也
하고 冉有.子貢은 侃侃如也어늘 子樂하시다. 若.由

也는 不得其死然이로다.
야　부득기사연

{풀이}

　민자건이 스승 곁에 있을 때에는 그 태도가 온화하면서 공손하고, 자로는 굳세게 보였고, 염유와 자공은 강직하거늘, 이걸 보시고 공자는 즐거워하였다. 그러나 공자는 『유와 같은 사람은 제 명에 죽지 못할 것이다.』하며 근심하였다.

{주해}

[閔子]: 민자건. [侍側]: 곁에 모시다. [誾誾]: 온화함. [行行]: 굳세고 용감함. [侃侃]: 강직함. [不得其死然]: 평온하게 죽지 못할 것이다.

{해설}

　공자의 제자들 중에는 그 나름대로 특성을 지닌 당당한 인물들이 많았다. 그러나 유由의 성격이 지나치게 괄괄하여 염려하고 있는 말이다.

(13)

魯人이 爲,長府러니 閔子騫,曰, 仍舊貫,如之何
노인　위 장부　　민자건왈 잉구관 여지하

오 何必改作이리오? 子曰, 夫人이 不言이언정 言必
　　하 필 개 작　　　　　　자왈 부인　　불언　　　　　언필

有中이니라.
유 중

{풀이}

　　노나라 사람들이 장부長府를 다시 지으려 하니 민자건이 말하기를,
「옛것을 그대로 쓰면 어떠하여 다시 지으려 하는가?」하니 공자께서
말씀하시기를,『저 사람은 좀처럼 말이 없지만, 말을 하면 반드시 맞
느니라.』했다.

{주해}

[魯人]: 노나라의 당국자. [爲]: 다시 짓다. [長府]: 창고 이름. [仍舊貫]:
옛것을 그대로 쓰다. [夫人]: 그 사람. 민자건을 말함. [中]: 말이 맞다.

{해설}

　　민자건의 과묵하고 진중한 말과 태도를 공자가 칭찬하고, 노
나라 위정자를 탓하는 민자건의 말에 동의하고 있다.

(14)

子曰, 由之瑟을 奚爲於丘之門고? 門人이 不敬,
자왈 유지슬　해위어 구지문　　문인　불경

子路한대 子曰, 由也는 升堂矣요 未入於室也니라.
　　자로　　　자왈　유야　　승당의　　미입어실야

{풀이}

　공자께서 말씀하시기를,『유가 비파를 타는 것을 어찌하여 나의 집
에서 하는가?』이에 문인들이 자로를 공경하지 않으니 공자께서 말씀
하시기를,『유는 대청마루에는 올랐어도 아직까지 방에는 들지 못하
였느니라.』했다.

{주해}

[瑟]: 비파, 거문고. [奚]: 어째서. [丘之門]: 공자의 집, 곧 나의 집.
[堂]: 대청마루. [室]: 방. 여기서 대청과 방은 학문의 수준을 비유함.

{해설}

　자로가 비파를 타는 것을 보고 별로 칭찬하지 않으니, 그 후
로 다른 제자들이 그를 존중하지 않았다. 그래서 공자께서 자로
의 학문적 도를 대청까지 올라왔다는 말로 두둔하는 것이다.

(15)

子貢이 問하되 師與商也,孰賢이니꼬? 子曰, 師也
자공　문　　　사여상야숙현　　　　자왈　사야

는 過하고 商也는 不及이니라. 曰, 然則, 師愈與리꼬?
과   상야   부급   왈 연즉 사유여

子曰, 過猶不及이니라.
자 왈   과유불급

{풀이}

　자공이 사師와 상商은 누가 더 현명한가를 물었다. 공자께서 말씀
하시기를, 『사師는 재주가 지나치고 상商은 옹졸하여 미치지 못하느
니라.』 말하기를, 「그러면 사師가 낫다는 말씀입니까?」 공자께서 말씀
하시기를, 『과함은 미치지 못함과 같으니라.』

{주해}

[師]: 공자의 제자. 자장子張을 말함. [商]: 공자의 제자. 자하子夏를 말
함. [過]: 지나치다. [不及]: 미치지 못하다. 모자라다. [過猶不及]: 지
나침은 미치지 못함과 같다. 과過는 낫다. 뛰어나다. [猶]: ~과 같다.
오히려~과 같다.

{해설}

　자공子貢이 그의 스승인 공자께 그의 제자의 인격과 사람됨을
물었을 때, 공자께서는 사師는 지나치고 상尙은 모자란다고 했
다. 이 말속에는 누가 낫고, 누가 모자란다는 말이 아니고 두 사
람의 인격을 평균한다면 좋겠다는 '중용지덕'을 취한 것 같다.

과유불급過猶不及은 이 사회의 중용의 덕을 말하는 필요불가
결의 교훈이다. 모자라지도 않고 지나치지도 않는 중용의 덕을
지키기란 참으로 어렵다. 개인에 있어서만 그런 것이 아니고 사
회 집단에 있어서나 정치를 함에 있어서도 중용의 덕이 중요한
것이다.

(16)

季氏富於周公이어늘 而求也爲之聚斂而附益
　계씨부어주공　　　　이구야위지취렴이부익
之한대 子曰非吾徒也로소니 小子아 鳴鼓而攻之
지　　자왈비오도야　　　　소자　명고이공지
可也니라.
가야

{풀이}

계씨는 주공보다도 더 부유하거늘, 구는 계씨를 위하여 백성에게
조세를 가혹하게 거두어서 그를 더욱 부유하게 만들어 주었다. 공자
께서 말씀하시기를, 『그는 이제 나의 제자가 아니니, 너희들은 북을 울
리며 그를 공격해도 좋으니라.』했다.

{주해}

[季氏]: 노나라의 세력이 강한 계손씨季孫氏를 말함. [求]: 염구冉求를

말함. [聚斂]: 세금을 가혹하게 거두다. [附益]: 더욱 이익되게 해주다.
[吾徒]: 나의 제자. [鳴鼓]: 북을 울리다.

{해설}

　염구는 그의 제자였으나 계씨 밑에서 벼슬을 지내며 백성에게 가혹한 세금을 걷는 것을 보고 분개하여 이르는 말이었다.

(17)

柴也는 愚하고 參也는 魯하고 師也는 辟하고 由也
　시 야　우　　　삼 야　노　　　사 야　벽　　　유 야
는 喭이니라.
　　언

{풀이}

　시柴는 우직하고, 삼參은 둔하고, 사師는 형식적이고, 유由는 거칠고 속되느니라.

{주해}

[柴]: 성은 고高, 이름은 시柴. 공자의 제자. [參]: 증삼曾參. 공자의 제자. [魯]: 둔함. [辟]: 성실하지 못함. [由]: 자로임. 공자의 제자. [喭]:

거칠다. 조잡하다.

{해설}

공자가 그의 제자들의 성품을 평하고 있다. 시柴는 사람됨이 경건하지만 고지식하고, 삼參은 성실하나 행동이 둔하고, 유由 (자로子路)는 거칠고 조잡하여 세련되지 못하다고 했다.

(18)

子曰, 回也는 其庶乎아 屢空이니라. 賜는 不受命
자왈 회야 기서호 누공 사 불수명
이요 而貨殖焉이나 億則屢中이니라.
이 화 식 언 억 즉 누 중

{풀이}

공자께서 말씀하시기를, 『회回는 그 학문이 도에 가까웠으나 자주 쌀 궤짝이 비었느니라. 사賜는 천명을 지키지 않고서 재물을 불렀으나 그의 예측은 흔히 적중했다.』

{주해}

[庶]: 거의 도에 가깝다. [屢空]: 자주 쌀뒤주가 비다. [賜]: 자공의 이

름. [命]: 천명. [貨殖]: 재물을 불림. [億]: 예상. [屢中]: 자주 적중함.

{해설}

두 제자를 비교하여 인물평을 하고 있다. 안회顏回는 학업에 열중하다 보니 자주 양식이 떨어지는 일이 있었고, 자공子貢은 재물을 불리기는 했으나 그의 생각은 거의 적중했다는 것이 공자의 의견이었다.

(19)

子張이 問, 善人之道한대 子曰, 不踐迹이나 亦不
자장   문 선인지도   자왈   불천적   역불

入於室이니라.
입 어 실

{풀이}

자장子張이 선인의 도에 대하여 묻자 공자께서 말씀하시기를, 『배우지 않아도 본바탕이 선한 사람을 말하나, 그렇다고 방에 쉽게 들어가는 사람은 아니니라.』했다.

{주해}

[善人之道]: 선한 사람의 도. [不踐迹]: 성현의 발자취를 쫓지 아니함.

[入於室]: 방에 들어가다.

{해설}

　선인善人이란 천성은 착하지만 배우고 노력하지 않으면 지극한 도의 경지에 이를 수 없다는 것을 말하고 있다.

(20)

子曰, 論篤을 是與면 君子者乎아? 色莊者乎아?
　　자 왈 논 독 　　시 여 　　　군 자 자 호 　　　　색 장 자 호

{풀이}

　공자께서 말씀하시기를, 『언론이 독실한 것을 따르기만 한다면 군자다운 사람이겠는가? 겉만 장엄한 사람이겠는가?』

{주해}

[論篤]: 말이 도리에 맞다. [與]: 찬성을 하다. [色莊]: 겉모양만 장중함.

{해설}

　말과 태도가 의젓한 것만 가지고는 군자인지 위선인지 알 수

없고, 언행이 일치되어야 한다는 것이다.

(21)

子路問.聞斯行諸이꼬? 子曰. 有.父兄이 在하니
자로문 문사행저   자왈 유 부형   재

如之何其.聞斯行之리오. 冉有問.聞斯行諸이꼬?
여지하기 문사행지   염유문 문사행저

子曰.聞斯行之니라. 公西華曰. 由也問.聞斯行諸
자왈 문사행지   공서화왈 유야문 문사행저

어늘 子曰. 有.父兄在라 하시고 求也問.聞斯行諸어
     자왈 유 부형재   구야문 문사행저

늘 子曰.聞斯行之라 하시니 赤也惑하야 敢問하노이
   자왈 문사행지   적야혹   감문

다. 子曰. 求也는 退故로 進之하고 由也는 兼人故로
    자왈 구야 퇴고 진지   유야 겸인고

退之호라.
퇴지

{풀이}

　자로子路가 묻기를, 「도리를 들으면 곧 이행하여야 합니까?」 하니
공자께서 말씀하시기를, 『부형이 계시거늘, 어찌 그 들은 것을 그대로
행한단 말이요.』 염유冉有가 묻기를, 「도리를 들으면 곧 이행하여야
합니까?」 하니 공자께서 대답하시기를, 『듣거든 곧 행하여야 하느니
라.』 이에 공서화公西華가 묻기를, 「도리를 들으면 곧 행하여야 합니

까?」 하고 물었을 때 공자께서 말씀하시기를, 『부형이 살아계신다.』고 말씀하시고, 구求가 「도리를 들으면 곧 행하여야 합니까?」 물었을 때 공자께서 말씀하시기를, 『듣거든 곧 이행하여야 한다.』고 말씀하시니, 저는 의심이 가서 분별하지 못하겠기에 감히 묻습니다. 그러자 공자께서 말씀하시기를, 『구求는 매사가 물러서는 편이므로 앞으로 나아가게 하고, 유由는 다른 사람의 일까지 너무 나아가려 하므로 물러서게 하는 것이니라.』했다.

{주해}

[聞斯行諸]: 좋은 말을 들으면 바로 실행해야 합니까? [公西華]: 공자의 제자. [赤]: 공서화의 이름. [惑]: 당혹함. [退]: 소극적임. [由也兼人]: 자로는 지나치게 과감하다. [退之]: 물러서게 함.

{해설}

　똑같은 문제를 가지고 제자들의 개성에 따라 답과 가르침이 각각 다름을 알 수 있다. 제자들의 성격이나 학력의 차이를 감안하여 공자의 대답이 다름을 알 수 있다.

(22)

子.畏於匡하실새 顔淵이 後러니 子曰, 吾以.女爲
자　외　어　광　　　　　안　연　　　후　　　　자왈　오　이　여위

死矣호라. 曰, 子在어시니 回.何敢死리이꼬?
사 의　　　왈　자재　　　회 하감 사

{풀이}

공자께서 광匡 땅에서 위난을 당하였을 때, 안연이 일행과 떨어져 뒤늦게 도착했다. 공자께서 기뻐 말씀하시기를, 『나는 네가 죽은 줄만 알았다.』「선생님께서 계신데 저(回)가 어찌 감히 죽을 수 있겠습니까?」하고 안연이 말했다.

{주해}

[子畏於匡]: 외畏는 구懼, 광匡은 지명. 공자께서 광匡이란 곳에서 난을 당함. [後]: 뒤늦게 옴. [女]: 너(汝).

{해설}

공자와 안회의 사제 간의 애정 어린 장면이다. 스승과 제자의 신변을 걱정하는 사제 간에 서로 생각하는 마음과 인정이 넘친다. 공자께서 이 난리 통에 네가 죽은 줄로만 알다가 만나니 기쁘다는 마음과 제자가 선생님께서 살아계시는데, 제가 어찌 죽습니까? 하는 대화 속에는 사제 간의 인정이 넘쳐흐른다.

季子然이 問하되 仲由,冉求는 可謂,大臣與이꼬?
계 자 연 문 중 유 염 구 가 위 대 신 여

子曰,吾以子,爲異之問이리니 會,由與,求之問이로
자 왈 오 이 자 위 이 지 문 회 유 여 구 지 문

다. 所謂,大臣者는 以道事君하다가 不可則止하나
소 위 대 신 자 이 도 사 군 불 가 즉 지

니 今,由與求也는 可謂,具臣矣니라. 曰,然則,從之
금 유 여 구 야 가 위 구 신 의 왈 연 즉 종 지

者與이꼬? 子曰,弑父與君은 亦不從也리라.
자 여 자 왈 시 부 여 군 역 부 종 야

{풀이}

계자연季子然이 묻기를, 「중유仲由와 염구冉求는 훌륭한 신하라
하여도 좋겠습니까?」 그러자 공자께서 말씀하시기를, 『나는 그대가 별
다른 질문을 하는가 하였더니, 바로 유와 구에 대한 물음이로다. 이
른 바 훌륭한 신하라 함은 도로써 임금을 섬기다가 옳지 않으면 그만
두는 법이니, 이제 유와 구는 신하의 자리나 채우는 사람이라 하겠느
니라.』 또 묻기를, 「그러면 따르기만 하는 자들입니까?」 하니 공자께
서 말씀하시기를, 『그러나 아비와 임금을 죽이는 일에는 역시 따르지
않으리라.』

{주해}

[季子然]: 노나라의 권신. 계자평季子平의 아들임. [異]: 탁월한 인물.

[曾]: 바로. [道]: 올바른 도리. [具臣]: 자리만 채우는 신하. [弑]: 시해.
윗사람을 죽임.

{해설}

　여기에 나오는 중유仲由와 염구冉求는 계씨季氏의 가신으로
봉직하고 있었다. 계자연의 질문에 공자께서는 우회적으로 그
들의 무도함을 말하고 있다. 끝에 가서 공자께서는 그들은 결코
시부여군弑父與君의 행위는 하지 못할 것이라는 말로 그들의 인
간됨을 말하고 있다.

(24)

子路가 使子羔로 爲費宰한대 子曰, 賊夫人之子
　　　　자 로 사 자 고　　위 비 재　　　　자 왈　　적 부 인 지 자

로다. 子路曰, 有民人焉하며 有社稷焉하니 何必,
　　　　자 로 왈　유 민 인 언　　　　유 사 직 언　　何必,

讀書然後에 爲學이리꼬. 子曰, 是故로 惡夫佞者하
독 서 연 후　　위 학　　　　　자 왈　시 고　오 부 녕 자

노라.

{풀이}

　자로가 자고를 비費의 읍재邑宰가 되게 하였다. 공자께서 말씀하

시기를, 『남의 자식을 망쳐버리는구나.』 자로가 대답하기를, 「백성도 있고 자식도 있사온즉, 서책을 읽는 것만이 학문이 아닐 것입니다.」 공자께서 다시 말씀하시기를, 『이래서 그대와 같이 말재주 있는 사람을 미워하는 것이다.』

{주해}

[費]: 계손씨季孫氏의 시조가 환공桓公에게 분봉分封 받은 도읍. [子羔]: 고시高柴. 자고는 그의 자字. 공자보다 30세 연하였다. [賊夫人之子]: 적賊은 해害, 손상. 즉 남의 자식 하나 버림. [社稷]: 토지 및 곡물 생산의 신. 국가. [佞者]: 말로써 자기 잘못을 은폐하는 자.

{해설}

전도가 유망한 제자를 아직 학문이 이루어지지도 않았는데, 계씨季氏가 지방장관으로 추천하자 공자께서 나무라는 말이다. 내용인즉, 아직 학문도 이루기 전에 벼슬아치가 웬 말이냐는 것이었다.

거기에 자로가 대답하기를, 『글 읽는 것만이 학문이 아닙니다.』 하고 말하니, 공자께서 다시 대답하셨다. 그래서 『나는 말을 잘 돌려대는 자를 싫다.』고 했다. 여기에서 「佞」란 말이 나왔는데, 이는 따끔한 말 한마디였다.

(25)

子路와 曾晳과 冉有와 公西華가 侍坐러니 子曰,
자로　증석　염유　공서화　시좌　　자왈

以吾,一日長乎爾나 毋吾以也하라 居則曰, 不,吾
이오　일일장호이　무오이야　　거즉왈　불오

知也라 하나니 如或知爾면 則,何以哉오. 子路,率爾
지야　　여혹지이　즉하이재　자로솔이

而對曰, 千乘之國이 攝乎,大國之間하여 加之以
이대왈　천승지국　섭호대국지간하여　가지이

師旅요 因之以,饑饉이어든 由也,爲之면 比及三年
사려　인지이기근　유야위지　비급삼년

하여 可使有勇이요 且知方也케 하리라 夫子,哂之하
가사유용　차지방야　부자신지

시다. 求爾는 何如오? 對曰, 方,六七十과 如五六十
구이　하여　대왈　방육칠십　여오륙십

에 求也爲之면 比及三年하여 可使足民이어니와 如
구야위지　비급삼년　가사족민　여

其禮樂에는 以俟君子하리라. 赤아! 爾는 何如오?
기례악　이사군자　적아　이　하여

對曰, 非曰能之라 願學焉하노이다. 宗廟之事와 如
대왈　비왈능지　원학언　종묘지사　여

會同에 端章甫로 願爲,小相焉하노이다. 點아! 爾는
회동　단장보　원위소상언　점아　이

何如오? 鼓瑟希러니 鏗爾,舍瑟而作하여 對曰, 異
하여　고슬희　갱이사슬이작　대왈　이

乎三子者之撰하리다. 子曰, 何傷乎리오? 亦,各言
호삼자자지찬　자왈　하상호　역각언

其志也니라. 曰, 莫春者에 春服이 旣成이어든 冠者
기지야　왈　모춘자　춘복　기성　관자

五六人과 童子六七人으로 浴乎沂하고 風乎舞雩
하여 詠而歸하리이다. 夫子, 喟然歎曰, 吾與點也하
노라. 三子者出커늘 曾晳, 後러니 曾晳曰, 夫三子
者之言이 何如이니꼬? 子曰, 亦各言其志也已矣
니라.

曰, 夫子何哂由也시니꼬? 曰, 爲國以禮어늘 其
言이 不讓이라 是故로 哂之호라. 唯求則, 非邦也與
이니꼬? 安見方六七十과 如, 五六十而, 非邦也者
오 唯赤則, 非邦也與이니꼬? 宗廟會同이 非, 諸侯
而何오? 赤也, 爲之小면 孰能爲之大리오?

{풀이}

　자로子路와 증석曾晳과 염유冉有와 공서화公西華가 스승을 모시고
앉아있으니 공자께서 말씀하시기를, 『내가 너희들보다 나이가 다소
많기는 하나 나를 개의치 말아라. 너희들이 평소에는 '나를 알아주지
않는다.'고 말하였는데, 만약 어떤 사람이 너희들의 학덕을 알아준다
면 어떻게 하겠는가?』하니 자로子路가 불쑥 나서며 대답하기를, 「천

승의 나라가 큰 나라 사이에 끼어서 대군의 침입을 당하고 기근에 시달린다 할지라도 제가 다스린다면 3년이면 그 나라의 백성들을 용감하게 만들고, 또 도의 방향을 알도록 할 수 있겠나이다.」 공자께서 빙그레 웃었다. 『구求야 너는 어떠하냐?』 대답하기를, 「사방 6,70리 혹은 5,60리의 지역을 제가 다스린다면 3년이면 백성들을 풍족히 살게 할 수 있겠으나, 그 지방의 예와 악에 대하여는 군자의 힘을 빌어야 하겠나이다.」 공자께서 다시 『적赤아 너는 어떠하냐?』 하니 대답하기를, 「해낼 수 있다는 말이 아니라 앞으로 배우고자 할 따름입니다. 종묘의 일과 제후들의 모임에 예복과 예관 차림으로 보좌하는 작은 벼슬이나 했으면 하나이다.」 공자께서 『점點아! 너는 어떠하냐?』 하니 점은 나직이 타던 비파를 치렁하게 소리가 나게 밀어내놓고 자리에서 일어서며 대답하기를, 「저는 세 사람의 생각과는 다릅니다.」 그러자 공자께서 묻기를, 『무슨 상관이 있겠는가? 다만 각자 자기의 희망을 말하는 것이니라.』 「늦은 봄철 봄옷이 만들어지거든 어른 대여섯 명과 아이들 6~7명과 더불어 기수沂水에서 목욕하고, 무우舞雩에 올라가 바람을 쐬고, 노래를 부르다가 돌아오겠습니다.」 공자께서 깊이 탄식하며 말씀하시기를, 『나도 점點의 의견을 따르겠노라.』 세 제자가 나가고 증석曾晳이 뒤에 남아 말하기를, 「저 세 사람의 말을 어찌 생각합니까?」 하니 공자께서 말씀하시기를, 『그런대로 각자의 뜻을 말했을 뿐이니라.』

묻기를, 「선생님께서는 어찌 유由의 말을 들으시고 빙그레 웃으셨습니까?」 하니 말씀하시기를, 『군자는 예로서 나라를 다스려야 하거늘, 자로의 말에 겸양의 빛이 없는지라 웃었느니라.』「구求가 말한 것은 나라가 아닙니까?」『어찌 사방 6,70리나 또는 5,60리라 하여 나라가 아니라 하겠느냐?』「적이 말한 것은 나라가 아니잖습니까?」하니 『종묘와 제후의 모임이니 제후의 일이 아니고 무엇이겠느냐? 적赤이 적은 일을 한다면 누가 큰일을 할 수 있겠느냐?』했다.

{주해}

[曾皙]: 공자의 제자. [侍坐]: 모시고 앉다. [一日長乎爾]: 조금 나이가 많다. 일일一日은 겸손을 뜻함. [毋吾以也]: 나를 어려워 말라. [居]: 평소. [何以哉]: 어떻게 하겠는가? [率爾]: 당돌하게 나서는 모양. [攝]: 끼어있음. [加之以師旅]: 군사로서 침략하다. 사師는 군사. [因之]: 거기에 이어서. [饑饉]: 흉년으로 굶다. [比]: 대략. [方]: 올바른 길. [哂]: 빙그레 웃다. [方六七十]: 사방 60리의 영토. [俟]: 기다리다. [宗廟之事]: 임금의 조상신을 모시는 사당. [會同]: 군주들의 모임. [端章甫]: 단端은 검은 예복. 장보章甫는 검은 예관. [小相]: 임금의 의식을 돕는 보좌관. [鏗爾]: 팅겨나가는 소리. [何傷]: 무슨 상관있겠는가? [莫春]: 늦은 봄. [冠者]: 약관. 20세. [沂]: 기수沂水. 강 이름. [風乎舞雩]: 무우舞雩는 기우제. 기우제를 드리는 곳에서 바람을 쐬다. [不讓]: 겸손치 못함. [安]: 어찌.

{해설}

　공자와 자로와 증석과 염구와 공서화 등, 4명의 제자들이 모여 각자의 생각을 말하였다. 4명의 제자들의 성격이나 인품이 그대로 드러나고 있다. 자로는 침착함이 약간 부족하나 용기가 있고, 염유는 냉철한 면을 지니면서 이지적이고 겸손할 줄도 아는 사람이다. 또 공서화는 예가 밝은 사람이며, 증석은 정사보다는 풍류를 즐기는 사람임을 알 수 있다.

제12편

顔淵(안연)

| 篇名說 |

인仁과 정政에 대한 문답이다. 특히 안연顔淵, 중궁仲弓, 사마우司馬牛를 비롯한 여러 사람이 인仁, 정政 등을 질문하였는데, 공자가 추상적인 대답을 한 것이 기록되어 있다.

(1)

顔淵이 問仁한대 子曰, 克己復禮, 爲仁이니 一日,
안 연 문 인   자 왈 극 기 복 례 위 인   일 일

克己腹禮면 天下歸仁焉하나니 爲仁이 由己니 而, 由
극 기 복 례 천 하 귀 인 언   위 인 유 기 이, 유

仁乎哉아!
인 호 재

顔淵이 曰, 請問其目하노이다. 子曰, 非禮勿視하며
안 연 왈 청 문 기 목   자 왈 비 례 물 시

非禮勿聽하며 非禮勿言하며 非禮勿動이니라. 顔淵
비 례 물 청   비 례 물 언   비 례 물 동   안 연

이 曰, 回雖不敏이나 請事斯語矣로이다.
   왈 회 수 부 민   청 사 사 어 의

{풀이}

　안연顔淵이 인仁을 묻자 공자께서 말씀하시기를, 『자기를 극복하고 예에 돌아감이 곧 인이니, 하루에 자기를 극복하여 예로 돌아가면 온 천하가 다 인에 따르게 될 것이니라. 인이 되는 것은 자기로 말미암은 것이지 어찌 남에게 의존할 수 있는 것이랴!』 했다.

　안연이 말하기를, 「청컨대 그 항목을 말씀해 주십시오.」 하니, 공자께서 말씀하시기를, 『예에 벗어난 것은 보지 않으며, 예에 벗어난 것은 듣지 않으며, 예에 벗어난 짓은 말하지 않으며, 예에 벗어난 짓은 하지 않는다.』 안연이 다시 말씀드렸다. 「회는 우둔하기는 합니다만 그 말씀을 실행토록 해보겠습니다.」 했다.

{주해}

[克己]: 자기 단속. 자기 억제. [復禮]: 예를 지향하다. [由己]: 나를 말미암다. [由人乎哉]: 남으로부터 말미암을 수 있겠느냐? [請問其目]: 목은 조목. 구체적으로 항목을 묻기를 청함. [回雖不敏]: 회回가 비록 불민하나. [斯語]: 이 말씀. 즉 극기복례克己復禮를 말함.

{해설}

　극기복례克己復禮는 욕심을 누르고 남에게 양보하는 뜻이다. 남에게 양보한다는 것은 나를 억제하는 것이니 많은 수양이 요하게 되는 것이다. 이 '극기복례'를 실천하는 것이 남이 해주는 것이 아니고 내가 해야 한다는 것이다. 하루라도 극기복례가 이룩되면 인仁으로 돌아가는 것은 쉽게 된다는 뜻이다. 다시 말하면, 자기를 억제하고 타인의 인격을 존중함에 있다.

(2)

仲弓이 問仁한대 子曰, 出門如見大賓하며 使民,
중궁 문인   자왈 출문 여견대빈   사민

如承大祭하고 己所不欲을 勿施於人이니 在邦無
여승대제   기소불욕   물시어인   재방무

怨하며 在家無怨이니라. 仲弓이 曰, 雍雖不敏이나
원   재가무원   중궁   왈 옹수불민

請事斯語矣로이다.
청사 사어의

{풀이}

중궁仲弓이 인仁에 관하여 묻자 공자께서 말씀하시기를,『문을 나설 때에는 귀한 손님을 만난 듯하고, 백성을 부릴 때에는 큰 제사를 받드는 것 같이 하고, 자기가 바라지 않는 것을 남에게 베풀지 말아야하는 것이니, 그렇게만 하면 나라에 있어서도 원망이 없고 가정에 있어서도 원망이 없느니라.』중궁이 말하기를,「제가 비록 우둔하오나 그 말씀을 받들어 실천하도록 힘쓰겠나이다.」했다.

[仲弓]: 염옹冉雍을 말함. 공자의 제자로서 덕행이 높았다. [出門如大賓]: 밖에 나가면 국빈을 뵈옵는 것 같이함. [在邦無怨]: 나랏일에 종사할 때, 여러 벼슬아치들에게 원망 듣는 일이 없도록. [在家無怨]: 집안에 있어서도 원망함이 없다.

{해설}

　중궁이 공자께 인仁에 대해서 물었다 공자께서 말씀하시기를, 밖에 나가서는 누구에게나 국빈 대하듯 하고 백성을 부릴 때에는 큰 제사 받드는 것 같이 하라고 했다. 이것은 모두 대인관계이다. 이 대인관계에서 잘하는 것이 바로 인仁이라고 했다. 자기가 싫어하는 것을 남에게 시키지 말라는 교훈은 바로 인으로 통하는 길인 것이다. 중궁은 덕행이 매우 높았으므로 장차 관직에 나아갈 것으로 생각하고 미리 이런 교훈을 준 것이다.

(3)

司馬牛問仁한대 子曰, 仁者는 其言也訒이니라.
사 마 우 문 인　　　자 왈　인 자　　기 언 야 인

曰, 其言也訒이면 斯謂之仁矣乎이꼬? 子曰, 爲之
왈 기 언 야 인　　　사 위 지 인 의 호　　　　자 왈　위 지

難하니 言之得無訒乎아?
난　　　언 지 득 무 인 호

사마우司馬牛가 인仁에 대하여 물으니 공자께서 말씀하시기를, 『어진 자는 그 말을 참느니라.』하니 다시 묻기를, 「말을 참으면 곧 인仁이 이루어진다고 하시는 말씀입니까?」 공자께서 대답하시기를, 『실천하기 어려우니 어찌 말하는 것이 어렵지 않겠느냐?』 했다.

{주해}

[司馬牛]: 성은 사마司馬, 이름은 경耕, 자는 자우子牛임. [訒]: 말을 더듬다. 말하기를 어렵게 하다. 말을 참다. [爲之難]: 인을 실천하기가 어렵다.

{해설}

사마우는 말이 많고 경솔한 사람이므로, 말을 참고 안하는 것이 인仁이 되는 것이라고 말하는 것이다.

(4)

司馬牛,問君子한대 子曰, 君子는 不憂不懼니라.
사 마 우 문 군 자   자 왈 군 자   불 우 불 구

曰, 不憂不懼면 斯謂之,君子矣乎이꼬? 子曰, 內
왈 불 우 불 구   사 위 지 군 자 의 호   자 왈 내

省不疚어니 夫何憂何懼리오.
성 불 구   부 하 우 하 구

{풀이}

사마우司馬牛가 군자에 대하여 묻자 공자께서 말씀하시기를, 『군자는 근심하지 않고 두려워하지 않는다.』 또 말하기를, 「근심하지 않고 두려워하지 않는다면, 이를 곧 군자라 이른다는 말씀입니까?」 공자께서 다시 말씀하시기를, 『스스로 마음을 반성하여 흠잡을 때가 없다면, 어찌 근심하고 두려워할 것이 있으리오.』

{주해}

[司馬牛]: 사마환퇴의 동생. 말이 많고 경솔함. [不懼]: 두렵지 않음. 懼는 두려울 구. [斯謂之]: 그것으로 ~라 하겠습니다. [不疚]: 흠이 없다. 疚는 병(구). [內省不疚]: 마음으로 반성해서 흠이 없으면. [夫]: 대저. 그러면. 접속사.

{해설}

군자는 하늘에 부끄러움이 없고 남들에게 부끄러움이 없으니, 그렇게 되자면 우선 욕심을 없애야 한다는 뜻이다. 모든 죄악의 근본이 욕심이기 때문이다.

이 문장은 사마우가 항상 두려워했다. 그래서 공자께서 그 근심을 풀어주고 위로도 하고 격려해 주기 위한 것이다.

(5)

司馬牛,憂曰, 人皆有,兄弟어늘 我獨亡로다. 子
夏曰, 商은 聞之矣러니 死生이 有命이요 富貴在天
이라 君子,敬而無失하며 與人恭而,有禮면 四海之
內가 皆,兄弟也니 君子,何患乎,無兄弟也리오.

{풀이}

　사마우司馬牛가 근심하여 말하기를,「남들은 모두 형제가 있거늘, 나만 유독 없구나.」 그러자 자하子夏가 말하기를, '내가 들으니 생사는 명에 있고 부귀는 하늘에 달렸다고 하는데, 군자가 조심하여 과실이 없고 남을 공경하며 예를 지키면 사해四海 안이 모두 형제가 되니 군자가 어찌 형제가 없음을 근심하리요.'

{주해}

[我獨亡]: 무亡는 없음(無). 음도 '무'이다. [商聞之]: 상商은 자하의 이름. 문지聞之는 일찍부터 듣고 있음. [敬而無失]: 조심하여 과실이 없음. 공이유례恭而有禮와 대구를 이룸. [四海之內]: 이 세상. 생각할 수 있는 넓은 지역.

사마우가 형제 없음을 외로워하고 한탄함에 대하여 자하가 위로하듯 말을 하고 있다. 생사유명과 부귀재천을 끌어들여 군자가 과실이 없으면 이 세상 사람이 모두 형제와 같은데, 어찌 형제가 없음을 근심하겠느냐 하고 위로의 말을 한다.

(6)

子張이 問明한대 子曰, 浸潤之譖과 膚受之愬,不
자장　문명　　　자왈 침윤지참　부수지소 불

行焉이면 可謂明也已矣니라. 浸潤之譖과 膚受之
행언　　가위명야이의　　　침윤지참　부수지

愬,不行焉이면 可謂,遠也已矣니라.
소 불행언　　　가위 원야이의

{풀이}

자장子張이 명철明哲에 대하여 묻자 공자께서 말씀하시기를,『물이 스며드는 듯한 참소와 피부를 자극하는 하소연을 받아들이지 않는다면 명철하다 하느니라. 은근히 스며드는 참소와 피부를 자극하는 하소연을 물리친다면 멀리 내다본다고 말할 수 있느니라.』했다.

{주해}

[明]: 총명. 명철. [浸潤之譖]: 매우 매끄러운 참소. [膚受之愬]: 살갗에
파고드는 듯한 호소력. [不行]: 통하지 않음.

{해설}

　사리를 옳게 파악하기 위해서는 참소와 하소연에 이끌리는
감정을 버리고, 남을 헐뜯는 말에는 정신을 차려야 한다. 즉 간
교나 호소를 막아내야만 사회정의를 구현할 수 있다는 말이다.

(7)

子貢이 問政한대 子曰, 足食足兵이면 民이 信之
矣리라. 子貢이 曰, 必, 不得已而去인댄 於斯三者에
何先이니이꼬? 曰, 去兵이니라. 子貢曰, 必, 不得已
而去인댄 於斯二者에 何先이니니꼬? 曰, 去食이니
自古로 皆有死어니와 民無信, 不立이니라.

{풀이}

　자공子貢이 정치에 대하여 묻자 공자께서 말씀하시기를,『식량을

충족시키고 군비를 충분히 하고 백성들을 믿게 하는 것이다.』 자공이 다시 묻기를, 「부득이 한 가지를 버려야 한다면 셋 중에 어느 것을 버려야 합니까?」 공자께서 말씀하시기를, 『군사를 버려라.』 자공이 다시 물었다. 「만부득이 한 가지를 또 버려야 한다면 나머지 둘 중에 어느 것을 버려야 합니까?」 공자께서 말씀하시기를, 『양식을 버려라. 자고로 사람은 누구나 다 죽는다. 그러나 백성들이 믿지 않으면 나라가 존립할 수 없는 것이다.』

{주해}

[足食]: 식량을 풍족히 비축함. [足兵]: 군사를 충분히 훈련시킴. [民信]: 백성들이 나라를 믿게 한다. [不得而已去]: 어쩔 수 없이(세 가지 중에 하나를) 버리다. [民無信不立]: 백성이 나라를 믿지 못하면 나라의 정치가 서지 못함.

{해설}

공자의 정치에 대한 사상과 철학은 족식足食과 족병足兵이요 민신民信이었다. 그런데 이 셋 중에 제일 먼저 버려야 할 것을 자공子貢이 묻자, 군비를 버려야 한다고 했다. 백성이 굶어죽는데 병력과 무기가 왜 필요한가 하는 것은 뻔한 일이다. 그러나 끝까지 버리지 못하는 것이 있으니, 그것은 백성의 신뢰라고 말했다. 국가가 민심을 얻는다는 것은 옛날이나 지금이나 할 것 없이 같은 이치이다.

(8)

棘子成曰, 君子는 質而已矣니 何以文爲리오?
극자성왈 군자 질이이의 하이문위

子貢曰, 惜乎라 夫子之說이 君子也나 駟,不及舌
자공왈 석호 부자지설 군자야 사불급설

이로다. 文猶質也며 質猶文也니 虎豹之鞹이 猶犬,
문유질야 질유문야 호표지곽 유견

羊之鞹이니라.
양지곽

{풀이}

　극자성棘子成이 말하기를, 「군자는 바탕이 훌륭하면 그만이지 문文
으로 꾸며서 무엇하리요?」 자공이 말하기를, 「애석합니다. 군자를 단
정한 그대의 말씀은 네 필의 말이 끄는 마차로도 혀에 미치지 못할
것입니다. 문은 바탕과 같아야 하며, 바탕도 문과 같아야 하는 것입
니다. 범이나 표범의 털을 뽑은 가죽은 개나 양의 털을 뽑은 가죽이나
마찬가지입니다.」 했다.

{주해}

[棘子成]: 위衞의 대부. [質]: 바탕. [文爲]: 글로 꾸미는 것을 말함. [駟
不及舌]: 사마도 혀를 따르지 못한다. 한번 한 말은 다시 주워 담지 못
한다는 말. [文猶質]: 문식은 바탕과 같음. 겉차림도 중요하다는 말.
[鞹]: 털 뽑은 가죽.

학문과 그 바탕이 일치할 때 비로소 군자가 된다고 강조하고
있다.

(9)

哀公이 問於,有若曰, 年饑用,不足하니 如之何오?
애공　문어유약왈　연기용부족　　　여지하

有若이 對曰, 盍徹乎시니이까? 曰, 二도 吾猶不足이
유약　대왈　합철호　　　　왈　이　오유부족

어니 如之,何其徹也리오? 對曰, 百姓이 足이면 君孰
여지하기철야　　대왈　백성　족　　군숙

與,不足이며 百姓이 不足이면 君孰與,足이리꼬?
여부족　　백성　부족　　군숙여족

{풀이}

애공哀公이 유약有若에게 묻기를, 「흉년이 들어서 나라의 비용이 부
족하니 어떻게 하면 좋겠소?」 유약이 대답하기를, 「어찌하여 십분의
일 조세를 쓰지 않으십니까?」 말하기를, 「십분의 이를 거두어도 부족하
거늘 어찌 철법을 쓴단 말이요?」 유약이 대답하기를, 「백성이 풍족하
면 임금이 어찌 부족할 것이며, 백성이 풍족하지 못하면 임금인들 어찌
풍족할 것입니까?」 했다.

[有若]: 공자의 제자. [年饑]: 기근이 들다. [用]: 나라의 비용. [盍]: 어찌하여 ~하지 않는가? [徹]: 주나라 때 10분의 1을 거둬들이는 세법.

{해설}

　애공과 유약의 대화에서 나라의 살림이 부족한 것에 대하여 하는 말, 백성이 넉넉하면 임금이 누구와 더불어 부족함을 말할 것이며, 백성이 궁핍하면 임금이 어찌 넉넉하겠는가에 대한 내용이다.

(10)

子張이 問, 崇德辨惑한대 子曰, 主忠信하며 徙義,
자장　문 숭덕변혹　　자왈 주충신　　사의

崇德也니라. 愛之란 欲其生하고 惡之란 欲其死하
숭덕야　　애지　욕기생　　오지　욕기사

나니 旣欲其生이요 又欲其死는 是惑也니라. 誠不
　　기욕기생　우욕기사　시혹야　　성불

以富요 亦祗以異로다.
이부　역지이이

{풀이}

　자장子張이 덕을 숭상하고 미혹됨을 분별하는 것에 관하여 묻자,

공자께서 대답하시기를,『성실과 신의에 힘쓰고 정의로 옮겨감이 덕을
숭상하는 것이니라. 사랑하면 그가 살기를 바라나 미워하면 그가 죽
기를 바라는데, 이미 살기를 바란데다 또 죽기를 바라니, 이것이 미혹
이니라. 진심으로 부에 말미암은 것이 아니요, 다만 사람에 따라 다
르기 때문이니라.』했다.

{주해}

[崇德]: 도덕을 쌓고 또 높이는 것. [辨惑]: 미혹됨을 풀어서 밝게 함.
즉 판별하다. [主忠信]: 성실과 신의를 생활의 지침으로 삼다. [徙義]:
의로움으로 옮겨가다. [惡]: 미워하다. [誠不以富, 亦祗以異]: 시경에
나오는 구절임. 재물이 많기 때문이 아니라 오직 사람이 달라서 그러
는 것임.

{해설}

　사람의 언행이 한결같기가 어렵지만, 항상 성실과 신의를 지
켜 정의에 따라 행동해야 한다는 뜻이다.

(11)

齊景公이 問政於孔子한대 孔子對曰, 君君臣臣
제 경 공　　문 정 어 공 자　　　　공 자 대 왈　군 군 신 신

父父子子니이다. 公曰, 善哉라 信如君不君하며 臣
　　부부자자　　　　공왈　선재　　신여군불군　　　신

不臣하며 父不父하며 子不子면 雖有粟이나 吾得
　불신　　　　부불부　　　자부자　　수유속　　　오득

而食諸아?
이 식 저

{풀이}

　제경공齊景公이 공자에게 정치에 대하여 묻자 공자께서 말씀하시
기를 『임금은 임금다워야 하고, 신하는 신하다워야 하며, 아비는 아
비다워야 하고, 아들은 아들다워야 합니다.』 제경공이 말하기를, 「참,
좋은 말씀이요. 참으로 임금이 임금답지 못하고, 신하가 신하답지 못
하며, 아비가 아비답지 못하고, 아들이 아들답지 못하면, 비록 먹을
것이 있다고 한들 내 어찌 잘 먹고 지낼 수 있겠소?」

{주해}

[齊景公]: 제나라의 군주. 성은 강. 이름은 저구杵臼. 영공靈公의 아들.
[君君, 臣臣, 父父, 子子]: 저마다 자기의 본분을 지키고 위계질서를 지
킨다는 말. [信如]: 참으로. 만약. [雖有粟]: 비록 곡식이 많다고들 하
나. [粟]: 곡식, 곡물. [吾得而食諸]: 내 어찌 이를 먹을 수 있겠소? 곧
나라가 망하여 왕위를 잃음을 말함. 득得은 가능을 나타내는 조사.
[諸]: 조사, 즉 지호之乎….

임금이 임금답지 못하고, 신하가 신하답지 못하면 나라가 어지러워진다는 것이며, 아비가 아비답지 못하고, 자식이 자식답지 못하면 가정이 어지러워진다는 것이다. 이것은 국가나 가정에 있어서 나름대로 위계질서가 있어야 한다는 것을 말하고 있다. 이것이 공자의 정명사상正名思想임을 알아야 한다. 이것은 명분을 바로잡아야(必也正名乎) 한다는 것을 강조하고 있다. 이런 공자 사상이 잘못 지배계급의 기득권 유지에 그친 감이 없지 않으나 본래의 공자사상의 참뜻은 그런 것이 아닐 것이다.

(12)

子曰. 片言에 可以折獄者는 其由也與인저 子路
자왈 편언 가이절옥자 기유야여 자로
는 無宿諾이러라.
무숙낙

{풀이}

공자께서 말씀하시기를,『짤막한 한두 마디 말을 듣고도 옥사를 판결할 수 있는 자는 바로 유일한 것이며, 자로는 승낙한 일을 미루고 실행하지 않음이 없느니라.』

[片言]: 한 마디 말. 짧은 말. 편안국片安國을 말함. [折獄]: 옥은 송사의 판결을 말함. [由]: 자로. [子路,無宿諾]: 자로는 승낙한 일은 바로 실행한다.

{해설}

자로의 성격이 옳다고 판단된 것을, 곧 행동으로 옮기는 사람임을 나타내는 말이다.

(13)

子曰, 聽訟이 五猶人也니 必也使, 無訟乎인저.
자 왈 청 송 오 유 인 야 필 야 사 무 송 호

{풀이}

공자께서 말씀하시기를,『송사를 듣고 재판을 함에 있어서는 나도 다른 사람과 같이 할 수 있으나, 반드시 송사가 없도록 해야 되느니라.』

{주해}

[聽訟]: 소송을 듣고 판결함.

재판을 바르게 하는 것도 중요하지만, 송사 자체가 일어나지 않는 도덕사회를 이루는 것이 더욱 중요하다는 말임.

(14)

子張이 **問政**한데 **子曰, 居之無倦**하며 **行之以忠**
자장　　문정　　　자왈　거지무권　　　행지이충
이니라.

{풀이}

자장이 정치에 관하여 묻자 공자께서 말씀하시기를,『그 자리에 있을 때는 게을리하지 말고, 일을 집행함에 충실하게 하느니라.』

{주해}

[子張]: 공자의 제자. 이름은 사師. [居之無倦]: 즉 정치하는 자리에 있게 되면 게으르지 말라. [居之]: 之는 정치를 말함. 마음에 둠. 항상 정치에 대하여 생각함. [行之]: 실천하다. [忠]: 충실하고 일관성 있게.

{해설}

위정자는 언제나 올바른 정치만을 생각하고, 그것을 성실히 실천하기에 노력을 기울여야 한다는 것이다. 정치하는 것은 게을러서는 되지 않는다는 것을 특히 강조한다.

(15)

子曰, 博學於文이오 約之以禮면 亦可以 弗畔矣
자왈 박학어문   약지이례   역가이 불반의

夫인저.
부

{풀이}

공자께서 말씀하시기를,『학문을 널리 배우고 예로서 단속하면 가히 도에서 벗어나지 않으리라.』했다.

{주해}

[博學]: 널리 배우다. [約]: 단속. [畔]: 경계. 여기서는 도를 말함.

{해설}

널리 학문을 배우고 자신은 예로서 제어한다면 도에서 크게 벗어남이 없다고 했다.

（16）

子曰, 君子는 成人之美하고 不成人之惡하나니
자왈 군자 성인지미 불성인지악

小人은 反是니라.
소인 반시

{풀이}

공자께서 말씀하시기를, 『군자는 남의 장점을 키워주고 남의 단점을 키워주지 아니하나 소인은 이와 반대이니라.』

{주해}

[成]: 이루게 함. [美]: 아름다운 일. 미덕. [惡]: 나쁜 일.

{해설}

남의 장점을 드러내서 그 사람의 용기를 돋우어 주어야 한다는 말이다.

（17）

季康子가 問政於 孔子한대 孔子 對曰, 政者는
계강자 문정어공자 공자대왈 정자

正也니 子帥以正이면 孰敢不正이리오?
정 야　　　자 솔 이 정　　　　숙 감 부 정

{풀이}

　계강자가 공자에게 정치에 대해 물으니, 공자께서 말씀하시기를, 『정치란 바름(正)이니, 그대가 솔선해서 바르게 하면 누가 감히 부정을 하겠습니까?』

{주해}

[季康子]: 노나라 상경上卿임. [政者正也]: 정치는 '정正'이다. [子帥以正]: 子는 존칭. 당신. 帥 '수'는 솔이니, 솔선수범.

{해설}

　노魯나라의 상경上卿인 계강자가 공자에게 정치에 대해서 물었다. 공자는 정치를 정正이라고 했다. '정자정야政者正也'가 그것이다. 위정자는 언제나 올바른 정치를 이끌고 올바른 생각만 해야 한다고 강조하고, 그것을 실천하기에 노력을 기울여야 한다. 자로편子路篇에 보면, 내 몸을 바르게 하기만 하면 정치를 하는 것은 아무것도 아니다. 내 몸을 바르게 할 수 없다면 어떻게 남들을 바르게 하겠느냐 하고 말하기도 했다. 상서尚書에는 '爾身克正, 罔敢弗正(너 몸이 바르게 되면 감히 부정함이 없을 것이다).'이라 하였으니, 정正은 바로 정政인 것이다.

(18)

季康子患盗하여 問於孔子한대 孔子對曰, 苟子
계 강 자 환 도　　　문 어 공 자　　　공 자 대 왈　 구 자
之不欲이면 雖賞之라도 不竊하리라.
지 불 욕　　　수 상 지　　　부 절

{풀이}

　계강자季康子가 도둑이 많은 것을 걱정하여 공자에게 물었다. 공자
께서 대답하시기를, 『진실로 그대가 탐내는 것이 아니라면 상을 준다
하더라도 백성들은 훔치지 않을 것이오.』했다.

{주해}

[苟]: 진실로. [不欲]: 욕심을 내지 않는다. [不竊]: 훔치지 않는다.

{해설}

　진실로 위정자인 당신 자신부터 탐욕을 버리고 올바르게 정
치한다면, 백성들의 도둑질도 자연적으로 사라지게 될 것이라
는 공자의 말씀이다. 윗자리에 있는 사람이 청렴결백하면 자연

적으로 백성들은 본성을 지킬 것이다.

(19)

季康子,問政於,孔子曰, 如殺無道하여 以就有
<small>계 강 자 문 정 어 공 자 왈　여 살 무 도　　이 취 유</small>

道인댄 何如잇고? 孔子對曰, 子爲政에 焉用殺이리
<small>도　　하 여　　공 자 대 왈　자 위 정　언 용 살</small>

오? 子欲善이면 而,民善矣리니 君子之德은 風이요
<small>자 욕 선　　이 민 선 의　　군 자 지 덕　풍</small>

小人之德은 草라. 草上之風이면 必偃하느니라.
<small>소 인 지 덕　초　초 상 지 풍　　필 언</small>

{풀이}

　계강자季康子가 공자에게 정치에 관하여 묻기를,「무도한 자를 죽
여서 도가 있는 곳으로 나아가게 하면 어떻겠습니까?」공자께서 말씀
하시기를,『그대는 정치를 함에 어찌 함부로 사람을 죽이려 하시오?
그대가 선해지고자 하면 백성들도 선을 행하게 될 것이니, 군자의 덕
이 바람이라면 소인의 덕은 풀이오. 풀은 바람이 불면 반드시 쓰러지
는 것이오.』했다.

{주해}

[無道]: 범법자. 악인. [就有道]: 도를 지키는 방향으로 나아감. [焉用

殺]: 어찌 사람을 죽일 수 있겠는가? [君子]: 여기서는 위정자를 말함.
[小人]: 여기서는 백성을 뜻함. [上]: 더한다는 의미로 쓰임. '加'의 의
미로 쓰임. [偃]: 눕다. 쓰러지다.

{해설}

　법이 엄하면 백성들이 복종은 할 수 있어도 마음으로 따르는
것이 아니므로, 법보다는 위정자의 덕으로 백성들이 따르게 해
야 한다는 뜻이다.

（20）

子張,問하되 士,何如라야 斯可謂之,達矣니꼬? 子
曰, 何哉오 爾,所謂達者여? 子張이 對曰, 在邦必
聞하며 在家必聞이니이다. 子曰, 是는 聞也라 非達
也니라. 夫,達也者는 質直而好義하며 察言而觀色
하여 慮以下人하나니 在邦必達하며 在家必達이니
라. 夫,聞也者는 色取仁而,行違요 居之不疑하나니
在邦必聞하며 在家必聞이니라.

자장子張이 묻기를, 「선비가 어떻게 해야만 통달했다 할 수 있습니까?」 공자께서 말씀하시기를, 『통달한다는 것은 무엇을 뜻하는 것인가?』 자장이 대답하기를, 「나라에 나아가 있어도 이름이 알려지고, 집에 있어도 이름이 알려지는 것입니다.」 공자께서 말씀하시기를, 『그것은 명성이지 달함이 아니니라. 무릇 달했다는 것은 질박하고 정직하여 의를 좋아하며, 남의 말을 잘 살피고 기색을 잘 관찰하여 신중하게 사람을 대하는 것이다. 그래야 나라에 있어서도 반드시 달하게 되고 집에 있어도 반드시 달하게 되느니라. 대저 명성을 얻는 것이란 겉으로는 인을 취하면서 행동함에는 어긋나 의심하지 않고 태연함을 가장하는 것이다. 그렇게 하면 나라에 나아가서도 명성을 얻고 집에 있어도 반드시 명성을 얻게 되느니라.』 했다.

{주해}

[達]: 통달. [在邦]: 나라의 일을 함. 곧 임금을 섬긴다는 뜻. [聞]: 명성을 날리다. [質直]: 소박함. [好義]: 의로움을 좋아하다. [察言]: 남의 말을 바르게 헤아리다. [觀色]: 얼굴빛을 보고 그 마음을 알다. [慮以下人]: 생각이 깊고 남에게 겸허함. [色取仁]: 겉으로는 인을 행하는 척하다. [行違]: 실제의 행동은 어긋남. [居之不疑]: 살면서도 거리낌이 없음.

명성을 얻기에만 급급해 하지 말고 덕을 쌓아 통달하여 이룰
것을 권고하는 말이다.

(21)

樊遲從遊於舞雩之下러니 曰, 敢問, 崇德脩慝辨
번지종유어무우지하　　　　왈 감문 숭덕수특변

惑하노이다. 子曰, 善哉라 問이여 先使後得이 非, 崇
혹　　　　자왈 선재 문　　선사후득　비 숭

德與아? 攻其惡이요 無, 攻人之惡이 非脩慝與아?
덕여　　공기악　　무 공인지악　비수특여

一朝之忿으로 忘其身하여 以及其親이 非惑與아?
일조지분　　　 망기신　　이급기친　비혹여

{풀이}

번지樊遲가 공자를 따라 무우舞雩 아래서 노닐 때에 말하기를, 「덕
을 숭상하고 사악함을 바로잡으며 미혹을 분별하는 것에 관하여 감
히 묻겠습니다.」하니 공자께서 말씀하시기를, 『좋은 질문이로다. 일은
먼저 하고 소득은 뒤로 미루는 것이 덕을 쌓는 것이 아니겠느냐? 자기
의 악은 공격하고 남의 악은 공격하지 않는 것이 간사함을 바로잡는
것이 아니겠느냐? 한때의 분노로 그 몸을 잊고 함부로 행동하여 자기
부모에게 화를 미치게 하는 것이 미혹됨이 아니겠느냐?』했다.

[舞雩]: 기우제를 드리는 제단. [脩慝]: 사악함을 다스려 올바른 일을 행하게 하는 것. [辨惑]: 마음의 미혹을 바르게 판단함. [先使後得]: 일부터 먼저 하고 보수는 나중에 생각함. [一朝之忿]: 하루아침의 분노.

{해설}

　옳은 일은 이득을 바라지 않고 앞장서서 하고, 남의 잘못보다는 자신의 잘못을 반성하여 시정하고 일시적 흥분에 따라 행동하지 말라는 뜻이다.

(22)

樊遲,問仁한대 子曰, 愛人이니라 問知한대 子曰,
번지문인　　　자왈　애인　　　문지　　　자왈

知人이니라. 樊遲未達이어늘 子曰, 擧直,錯諸枉이
지인　　　　　번지미달　　　자왈　거직조저왕

면 能使,枉者直이니라. 樊遲,退하여 見,子夏曰, 鄕
　능사왕자직　　　　　번지퇴　　　견자하왈　향

也에 吾見於,夫子而問知하니 子曰, 擧直,錯諸枉
야　오견어부자이문지　　　자왈　거직조저왕

이면 能使,枉者直이라시니 何謂也오? 子夏曰, 富哉
　　능사왕자직　　　　　하위야　　　자하왈　부재

라 言乎여 舜有天下에 選於衆하자 擧,皐陶하시니
　언호　순유천하　　선어중　　　거고요

不仁者_는 遠矣_요 湯有天下_에 選於衆_{하사} 擧_.伊尹
불 인 자 원 의 탕 유 천 하 선 어 중 거 이 윤

{하시니} 不仁者.遠矣_{니라.}
불 인 자 원

{풀이}

번지樊遲가 인仁에 대하여 묻자 공자께서 말씀하시기를, 『사람을 사랑하는 것이니라.』 또 지知에 대하여 묻자 공자께서 말씀하시기를, 『사람을 알아보는 것이니라.』 번지가 말뜻을 알아듣지 못하자, 또 공자께서 말씀하시기를, 『정직한 사람을 등용하여 정직하지 못한 사람 위에 두면, 정직하지 못한 사람을 정직하게 만들 수 있느니라.』 하니 번지가 물러나와 자하子夏를 만나서 말하기를, 「아까 내가 선생님을 뵙고 지知에 대하여 물어보았더니, 선생님께서는 정직한 사람을 등용하여 정직하지 못한 사람의 위에 두면 정직하지 못한 사람을 정직하게 할 수 있다 하였는데 그게 무슨 뜻이오?」 하니 자하가 말하기를, 「뜻이 넓고 큰 말씀이오. 순임금께서 천하를 다스릴 때 여러 사람 중에서 고요皐陶를 골라 등용시키니 어질지 아니한 자가 멀리 사라졌으며, 탕왕께서 천하를 다스림에도 여러 사람 중에 이윤伊尹을 골라 등용시키자 어질지 못한 사람이 멀리 사라져버렸소.」 했다.

{주해}

[未達]: 잘 이해하지 못함. [擧直]: 마음이 곧은 사람을 등용함. [錯諸

枉]: 곧지 못한 사람의 윗자리에 앉게 함. [鄕]: 아까. 조금 전. [皐陶]: 사람 이름. 유우씨有虞氏로, 순임금 밑에서 사사로 형법을 다스림. [湯]: 은나라의 시조 임금. 천자가 되어 이윤伊尹을 등용하여 도덕 정치를 베풀었다. [伊尹]: 은나라 탕임금의 재상으로 창업을 도움.

{해설}

　인仁은 사람을 널리 사랑하는 것이고, 지知는 인재를 알아보고 이를 등용하여 인정仁政을 베풀 수 있게 한다는 뜻이다.

(23)

子貢이 問友한대 子曰, 忠告而,善道之하다가 不
　자공　　문우　　자왈　충고이　선도지　　불
可則止하야 無,自辱焉이니라.
가 즉 지　　무 자 욕 언

{풀이}

　자공子貢이 벗 사귀는 것에 대하여 물으니 공자께서 말씀하시기를, 『성의 있게 잘못됨을 일러주고 선함을 권하여 잘 이끌어주되, 그것이 가능하지 않으면 그만두어서 자기까지 욕됨이 없어야 하느니라.』 했다.

[忠告]: 성실하게 일러줌. 告는 음이 곡. [道]: 이끎(導).

{해설}

 벗이 그릇된 짓을 하고 있을 때 내가 취해야 할 태도를 말하고 있다. '그가 듣지 않으면 그만두라. 자신을 욕되게 하면 안 된다.'고 하며, 충고를 하다가 안되면 그만두라고 했다. 친구에게 잘못을 지적하고 바르게 하라고 하면 그 벗은 반발하기 쉬우므로 오히려 내가 욕이 될 수 있음을 주의하고 있다.

 자유子游가 말하기를, '임금을 섬김에 끈덕지게 하면 도리어 벌을 받는다. 벗에게 끈덕지게 하면 도리어 사이가 멀어지는 수가 있다'고 했다.

(24)

曾子曰, 君子는 以文會友하고 以友輔仁이니라.
증자왈 군자 이문회우 이우보인

{풀이}

 증자가 말하기를, 「군자는 글(학문)로써 벗을 모으고, 벗으로써 인仁을 돕는다.」

{주해}

[以文會友, 以友輔仁]: 벗과 인仁의 관계를 말하고 있다. [輔]: 돕다.

{해설}

　학문과 예와 벗의 관계를 말하고 있다. 군자는 글로 말미암아 벗을 만나서 알게 되고, 또 친구로서 인을 도와 벗의 장점을 본받고 인을 향상시킨다는 뜻이다.

| 篇名說 |

주로 정치에 대한 질문이 많고, 정치와 가정도덕 및 정치를 담당할 위정
자로서 지녀야 할 도덕성에 관한 것이 많다.

(1)

子路問政한대 子曰, 先之勞之니라. 請益한대 曰,
無倦이니라.

{풀이}

　자로子路가 정사에 관해 묻자 공자께서 말씀하시기를,『먼저 일하
고 위로할 것이니라.』더 청하자 말씀하시기를,『게을리하지 말아야
하느니라.』

{주해}

[先之勞之]: 지之는 민民. 솔선하여 행하고 백성의 수고를 위로함. [請

益]: 설명을 첨가해 주십시오. [倦]: 게으르다.

{해설}

정치는 백성들의 앞에 서서 일하고, 위로하고, 끝까지 지치지
말고, 시종일관하게 하고, 게으르지 않게 하는 것이 정치라고 말
했다.

백성들이 행해야 할 것을 위정자가 먼저 솔선수범하면 명령
하지 않아도 행해지고, 백성들이 해야 할 일을 자신이 부지런히
애써 하면 백성들은 비록 수고롭더라도 윗사람을 원망하지는
않는다.

(2)

仲弓이 爲,季氏宰하여 問政한대 子曰, 先有司요
중궁   위계씨재   문정   자왈 선유사

赦,小過하며 擧,賢才니라. 曰, 焉知,賢才而擧之이
사소과   거현재   왈 언지현재이거지

리꼬? 曰, 擧爾所知면 爾所不知를 人其舍諸아?
왈 거이소지   이소부지   인기사저

{풀이}

중궁仲弓이 계씨의 가재가 되어 정사에 관해서 묻자 공자께서 말

씀하시기를, 『우선 유사들에게 일을 맡기되 사소한 일은 용서하며 어진 사람을 등용하도록 하라.』 다시 묻기를, 「어떻게 어진 사람을 알아보고 등용합니까?」 말씀하시기를, 『네가 알고 있는 사람을 등용하면 네가 모르는 사람을 다른 사람들이 내버려 두겠는가?』 했다.

{주해}

[宰]: 가재. 가신의 우두머리. [有司]: 가재 밑의 여러 직원들. [赦小過]: 작은 과실을 용서해줌. [人其舍諸]: 남들이 그 인재를 버려두겠는가? 사숨는 버리다.

{해설}

  인사를 잘 관리하는 그 중요성을 말하고 있는 것으로, 유능한 인재를 골라서 등용하여 소신껏 일하게 하라는 뜻이다.

(3)

子路曰, 衛君이 待子而, 爲政하시니 子將奚先이
자로왈 위군 대자이 위정 자장해선

니꼬? 子曰, 必也, 正名乎인져. 子路曰, 有是哉라 子
자왈 필야 정명호 자로왈 유시재 자

之迂也여 奚其正이리꼬? 子曰, 野哉라 由也여! 君
지우야 해기정 자왈 야재 유야 군

子於其所不知에 蓋闕如也니라. 名不正이면 則言
자어 기소부지 개궐여야 명부정 즉언

不順하고 言不順이면 則事不成하고 事不成이면
불순 언불순 즉사불성 사불성

則禮樂不興하고 禮樂이 不興이면 則刑罰不中하
즉례악불흥 예악 불흥 즉형벌부중

고 刑罰이 不中이면 則民無所措手足이니라. 故로
형벌 부중 즉민무 소조수족 고

君子名之인댄 必可言也며 言之면 必可行也니 君
군자명지 필가언야 언지 필가행야 군

子於其言이 無所苟而已矣니라.
자어기언 무소구이이의

{풀이}

　자로子路가 말하기를, 「위나라 군주께서 선생님을 맞아들여 정치를
하게 된다면 선생님께서는 장차 무엇부터 시작하시겠습니까?」 하니
공자께서 말씀하시기를, 『반드시 명분을 바로세우리라.』 자로가 또 말
하기를, 「이러한 점에는 선생님께서 현실과 거리가 먼 것이 있습니다.
어찌하면 그 명분을 밝히겠습니까?」 하니 공자께서 말씀하시기를, 『천
하고 속되구나, 유由여! 군자는 알지 못하는 것에 대해서는 참견하지
않는 것이니라. 명분이 바르게 서지 않으면 말이 서지 않고, 말이 서지
않으면 일이 이루어지지 않고, 일이 이루어지지 않으면 예와 악이 일어
서지 않고, 예와 악이 일어서지 않으면 형벌이 도리어 맞지 않고, 형벌
이 도리어 맞지 않으면 백성은 손발을 둘 곳이 없느니라. 그러므로 군
자가 명분을 세우면 반드시 말이 서고, 말이 서면 반드시 시행되는 것

이니, 군자는 그 말을 세움에 있어서 조금도 소홀함이 없어야 하느니라.』

{주해}

[衛君]: 위나라의 임금. [待子]: 선생님을 초대하다. [奚先]: 무엇을 책임진다는 것입니까? [正名]: 사물의 이름을 바로잡음. [有是哉]: 그렇습니까? 시是는 정명正名을 뜻함. [迂]: 현실과 거리가 멀다. [野]: 행동이 야비함. 경솔함. [闕如]: 비워두다. [不中]: 적절하지 못함. [措]: 두다. [無所苟]: 소홀함이 없어야 함.

{해설}

대의명분이 없으면 아무리 명령을 내려도 시행되지 않고, 그렇게 되면 백성들을 다스릴 수 없다는 뜻이다.

(4)

樊遲, 請學稼한대 子曰, 吾不如, 老農하니라. 請學
번지 청학가   자왈 오불여 노농   청학

爲圃한대 曰, 吾不如, 老圃호라. 樊遲, 出커늘 子曰,
위포   왈 오불여 노포   번지 출   자왈

小人哉라 樊須也여 上이 好禮하면 則, 民莫敢, 不敬
소인재   번수야   상 호례하면 즉 민막감 불경

하고 上이 好義하면 則,民莫敢,不服하고 上이 好信
　　　상　호의　　　즉민막감불복　　　　상　호신

하면 則,民莫敢,不用情이니 夫,如是면 則,四方之民
　　　즉민막감불용정　　　부여시　즉사방지민

이 襁負,其子而至矣리니 焉用稼리오.
　　강부기자이지의　　　언용가

{풀이}

　번지樊遲가 곡식을 심는 법에 관하여 배우기를 청하니 공자께서 말
씀하시기를,『나는 늙은 농부만 같지 못하느니라.』하니, 또 채소 가꾸
는 것에 관하여 배우기를 청하자, 공자께서『나는 채소를 가꾸는 일
이 늙은 농부만 못하느니라.』했다. 그러니 번지가 물러나자 공자께서
말씀하시기를,『소인이로다. 번수는-. 윗사람이 예를 좋아하면 백성이
감히 존경하지 않을 수 없고, 윗사람이 의를 좋아하면 백성이 감히 복
종하지 않을 수 없고, 윗사람이 신의를 좋아하면 백성이 감히 성실하
지 않을 수 없을 것이다. 대개 이렇게 하면 사방의 백성들이 포대기에
자식을 싸서 들고라도 모일 것인데, 곡식을 심는 방법을 배워서 무엇하
리요.』

{주해}

[稼]: 곡식 심는 일. [圃]: 채전 밭. [須]: 번지樊遲의 이름. 번수樊須. [莫
敢不用情]: 감히 성실하지 않을 수 없다. [襁負]: 포대기에 싸서 등에
업다.

　사람은 각자가 할 일이 있다는 뜻으로, 정치가인 군자가 되려는 사람은 정치나 학문, 예악이나 덕행에 몰두해야 한다는 뜻이다. 공자 같은 사람에게 농사일을 묻는 것은 얼토당토않는 일이란 것이었다.

(5)

子曰, 誦詩三百하되 授之以政에 不達하며 使於
자왈　송시삼백　　수지이정　부달　　사어

四方에 不能專對하면 雖多나 亦,奚以爲리오.
사방　불능전대　　수다　역,해이위

{풀이}

　공자께서 말씀하시기를,『시경의 시 3백 편을 외우더라도 정치를 맡겨줌에 제대로 해내지 못하고, 사방에 사절로 보내져도 혼자서 응대하지 못한다면, 비록 시를 많이 안다 한들 어디에 쓰겠느냐.』

{주해}

[誦]: 외우다. 암송하다. [詩三百]: 시경에 있는 3백여 편의 시. [授之以政]: 정사를 맡기다. [使於四方]: 외국에 파견되는 사자使者. [專對]: 온

전히 홀로 맡아 처리함. [奚以爲]: 무슨 쓸모가 있겠는가?

{해설}

　시 3백 편을 암송한다는 것은 당시에는 군자로서 절대적 필수 교양이었다. 정치를 함에도 교훈으로 활용해야 하고, 외교관으로 외국에 나갔을 때도 시詩와 악樂으로 활용해야 실수 없이 업무를 수행할 수 있다는 것이다. 즉, 학문은 지식을 쌓는데 그쳐서는 안 되며, 이를 활용하여 실생활에 실천할 수 있어야 한다는 뜻이다.

(6)

子曰, 其身이 正이면 不令而行하고 其身이 不正
자 왈 기 신   정   불 령 이 행   기 신   부 정

이면 雖令不從이니라.
수 령 부 종

{풀이}

　공자께서 말씀하시기를,『위정자가 그 몸이 바르면 명령을 내리지 않아도 행해지고, 그 자신이 바르지 않으면 비록 명령을 내린다 하더라도 따르지 않느니라.』

[不令而行]: 명령을 내리지 않아도 수행됨. [雖令不從]: 비록 명령을 내려도 따르지 않음.

{해설}

공자는 정치문제에 있어서도 그 묻는 사람에 따라, 혹은 그 사람의 행동이나 학문의 깊이에 따라 날카롭게 비판 혹은 교훈적인 말씀을 해주셨다. 그러나 이 글에서는 묻는 사람이 없이도 올바른 정치관을 가지고 객관적으로 피력하고 있다. 즉 윗사람이 바르게 행하면 아랫사람은 저절로 따르고 마음으로 깊이 복종한다는 뜻이다.

(7)

子曰, 魯衛之政은 兄弟也로다.
자 왈 노 위 지 정　　　형 제 야

{풀이}

공자께서 말씀하시기를, 『노나라와 위나라의 정치는 형제이니라.』 했다.

[魯衛]: 노나라와 위나라.

{해설}

   노나라와 위나라의 정치형태나, 나라가 어지러운 형세가 모두 비슷하다는 뜻이다.

(8)

子謂,衛公子,荊한대 善,居室이로다. 始有에 曰, 苟
합矣라 하고 少有에 曰, 苟完矣라 하고 富有에 曰,
苟美矣라 하니라.

{풀이}

   공자께서 위나라의 공자公子 형荊을 평하여 말씀하시기를,『집을 잘 다스렸도다. 재물이 좀 늘었을 때는 「진실로 모였다.」라고 했고, 좀 더 모였을 때는 「진실로 완비되었다.」라고 했으며, 부유해졌을 때에는 「진실로 화려하다.」고 말하였느니라.』

[公子荊]: 공자公子는 임금의 서자, 형荊은 겸손한 인품. [善居室]: 가정을 잘 다스리다. [始有]: 처음 재물이 조금 생겼을 때. [苟]: 진실로. [合]: 재물을 모으다. [完]: 다 갖추다. [苟美]: 진실로 화려하게 되었다.

{해설}

위나라의 대부인 형荊이 가난하면서도 재물을 탐내지 않고, 부유해져도 사치하거나 교만하지 않았으며 항상 겸허한 생활태도를 지닌 것을 칭찬하는 내용이다.

(9)

子適衛하실새 冉有僕이러니 子曰, 庶矣哉라. 冉有曰, 旣庶矣어든 又何加焉이리꼬? 曰, 富之니라 曰, 旣富矣어든 又何加焉이리꼬 曰, 敎之니라.

{풀이}

공자께서 위나라에 갔을 때에 염유冉有가 마차를 몰고 따르니, 공자께서 말씀하시기를,『번성하고나.』 염유가 말하기를, 「이미 번성하면 또 무엇을 해야 합니까?」 하니, 공자께서『가르쳐야 하느니라.』고 했다.

{주해}

[適]: 가다. [僕]: 하인. [庶]: 많은 백성. [富之]: 백성을 잘 살게 해줌.
[敎之]: 백성을 잘 가르쳐 주다.

{해설}

국가에는 백성이 많아야 하고, 다음에는 백성이 골고루 부유해야 하며, 그 후에는 교화하여 문화의 향상과 도의를 확립하여 이상 국가를 이룩해야 한다는 내용이다.

(10)

子曰, 苟有用我者면 朞月而已라도 可也니 三年
자왈 구유용아자　기월이이　　가야　　삼년

이면 有成이리라.
　　유성

{풀이}

공자께서 말씀하시기를,『진실로 나를 등용해주는 사람이 있다면 일

년만 되더라도 괜찮을 것이며, 삼 년이 지나면 훌륭하게 되어지리라.』

{주해}

[苟]: 진실로. 만약. [朞月]: 만 1년. [而已]: ~일 뿐. [可]: 국정을 바로
잡게 됨. [有成]: 치적을 이룸.

{해설}

공자께서 3년이면 도덕정치를 실현할 수 있다는 그의 포부를
밝힌 것이다.

(11)

子曰, 善人이 爲邦百年이면 亦可以勝殘去殺矣
자왈 선인 위방백년 역가이승잔거살의
라 하니 誠哉라 是言也여!
성재 시언야

{풀이}

공자께서 말씀하시기를, 『선인이 백 년 동안 나라를 다스리면 가히
잔학함을 누르고 사형을 폐지시킬 수 있다고 하니, 진실이로다 이 말
이여!』했다.

[爲邦]: 나라를 다스림. [勝殘]: 잔악한 자를 누르고 이기는 것. [去殺]: 사형을 없애는 것.

{해설}

옛말을 인용하여 성인도 이런 정도인데, 하물며 군자나 성인이 나라를 다스리면 더욱더 좋을 것이라는 내용의 말이다.

(12)

子曰, 如有王者라도 必世而後仁이니라.
자 왈 여 유 왕 자 필 세 이 후 인

{풀이}

공자께서 말씀하시기를,『만일 성왕이 있을지라도 반드시 한 세대 이후에라야 인덕이 세상에 미치리라.』

{주해}

[如]: 만약. [王者]: 성왕. 인정을 베푸는 성인. [世]: 한 세대. 약 30년. [仁]: 인덕仁德이 미침.

치국은 3년이면 되지만, 평천하平天下는 30년도 더 걸린다는
뜻이다.

(13)

子曰, 苟正其身矣면 於從政乎에 何有며 不能,
자왈 구정기신의　어종정호　하유　불능

正其身이면 如正人에 何오?
정기신　여정인　하

{풀이}

공자께서 말씀하시기를, 『진실로 그 자신이 바르다면 정사에 종사
함에 있어서 무슨 어려움이 있겠는가, 그 자신을 바로잡지 못한다면
어찌 남을 바르게 다스릴 수 있으리오?』했다.

{주해}

[從政]: 정치에 종사하다. [如正人何]: 어떻게 사람을 바르게 다스릴
수 있겠는가?

{해설}

우선 자기가 옳지 못하면 정치도 할 수 없다는 것이다. 그러

니 우선 자신이 올바라야 한다는 것이다.

(14)

冉子,退朝어늘 子曰, 何晏也오? 對曰, 有政이러
염 자 퇴 조   자 왈 하 안 야   대 왈 유 정

이다. 子曰, 其事也로다 如有政인댄 雖不,吾以나 吾
     자 왈 기 사 야   여 유 정   수 불 오 이   오

其與,聞之니라.
기 여 문 지

{풀이}

　염유冉有가 조정에서 퇴청해 오자 공자께서 말씀하시기를,『왜 그
렇게 늦었느냐?』하니 대답하기를,「정사에 관한 일이 있었나이다.」
공자께서 말씀하시기를,『그것은 사사로운 일이었을 것이다. 만일 정
무政務에 관한 일이었다면 등용되지 않았다고 해도 나는 그 일을 함
께 들었을 것이다.』

{주해}

[冉子]: 염유를 말함. 당시 계씨의 재宰로 있었음. [退朝]: 조정에서 물
러나옴. 퇴근. [晏]: 만晩. 늦다. [政]: 나라의 정치정무. [事]: 사사로운
일. [以]: 등용함. [吾其與聞之]: 나도 정무를 함께 들었을 것이다.

{해설}

공자의 이 말에는 계씨의 참월 무도함에 대한 강한 반감이 스며있다. 그러니 한 제자인 염유에게 공과 사를 혼돈하지 말라는 내용의 말이다.

(15)

定公정공이 問문하되 一言而,可以興邦일언이가이흥방이라 하니 有諸유저이 꼬? 孔子,對曰공자대왈, 言不可以,若是其幾也언불가이약시기기야어니와 人之인지 言언에 曰왈, 爲,君難위군난하며 爲,臣不易위신불이라 하나니 如知爲,君여지위군 之難也지난야인댄 不幾乎,一言而,興邦乎불기호일언이흥방호이꼬? 曰왈, 一言일언 而喪邦이상방이라 하니 有諸유저이꼬? 孔子,對曰공자대왈, 言不可以,언불가이 若是其幾也약시기기야어니와 人之言인지언에 曰왈, 予無樂乎,爲君여무락호위군이 요 唯其言而,莫予違也유기언이막여위야라 하나니 如其善而,莫之違여기선이막지위 也야인댄 不亦善乎불역선호이꼬? 如,不善而,莫之違也여불선이막지위야인댄 不불 幾乎,一言而,喪邦乎기호일언이상방호이꼬?

{풀이}

정공定公이 묻기를, 「한 마디의 말로 나라를 흥하게 할 수 있다는데, 그런 말이 정말 있습니까?」 공자께서 대답하시기를, 『말이란 그렇게 한 마디로 그 뜻을 나타낼 수 없거니와, 세상 사람들의 말에 〈임금 노릇하기도 어렵고 신하 노릇하기도 쉽지 않다.〉라는 것이 있습니다. 만일 임금 노릇하기가 어려운 줄 안다면 그 한 마디가 바로 나라를 흥하게 하는 말에 가깝지 않겠습니까?』 하니 다시 말하기를, 「한 마디의 말로 나라를 잃는다고 하였는데 그런 말이 있습니까?」 공자께서 대답하여 말씀하시기를, 『말이란, 그와 같이 한 마디로 그 뜻을 나타낼 수는 없거니와 세상 사람의 말에는 〈나는 임금이 된 것이 즐겁지 않고, 내가 말만 하면 아무도 나를 어기지 못하는 것이 즐거우니라.〉라는 것이 있습니다. 만일 임금의 말이 옳기 때문에 어기지 못한다면 역시 좋은 일이 아니겠습니까? 그러나 옳지 않는데도 어기지 못한다면 그 한 마디가 바로 나라를 잃는다는 말에 가깝지 않겠습니까?』 했다.

{주해}

[定公]: 노나라의 임금. [興邦]: 나라를 흥하게 함. [幾]: 기幾는 기期와 같음. 효과를 기약함. [人之言]: 사람들의 말. 속담. [莫予違]: 나의 말을 아무도 거역하지 않음. [不亦善乎]: 또한 좋은 일이 아니겠습니까?

여기서는 노나라 임금 정공과 공자의 대화로 이루어져 있다.

임금이 먼저 임금다움으로 나라를 다스려야 모든 백성들이 따르게 된다는 말이다. 임금은 오로지 자신의 말의 위력에 도취되어 있으면 그 나리는 망할 것이라는 내용이다.

(16)

葉公이 問政한대 子曰, 近者.說하며 遠者.來니라.
섭 공　　　문 정　　　자 왈 근 자 열　　　원 자 래

{풀이}

섭공이 정치에 관하여 묻자 공자께서 말씀하시기를, 『가까운 사람들을 기뻐서 따르게 하면 먼 곳에 있는 사람들이 덕을 따라 자연히 오게 된다.』고 했다.

{주해}

[葉公]: 초나라 저명한 대부. 자字는 자고子高. 초나라 섭현葉縣의 영令. [說]: 열悅과 같음. *엽葉: 1) 춘추시대 초楚의 섭현葉縣. 2) 지금의 하남성 섭현葉縣.

인재 등용은 자기 주위에서 하라. 그러면 먼 곳에 있는 인재도 자연히 찾아오게 된다는 것을 섭공에게 가르쳐 준 것이다. 그래서 그 은혜를 입으면 기뻐하고, 그 소문을 들으면 오게 되어 있다. 그러나 가까이 있는 자가 기뻐한 뒤에야 멀리 있는 자가 찾아오는 것이다. 즉, 덕으로 나라를 다스리면 사람들이 모인다는 뜻이다.

(17)

子夏爲.莒父宰하여 問政한대 子曰. 無.欲速하며
자 하 위 거 보 재   문 정   자 왈 무 욕 속

無見.小利니 欲速則.不達하고 見.小利則.大事不
무 견 소 리   욕 속 즉 부 달   견 소 리 즉 대 사 불

成이니라.
성

자하子夏가 거보莒父의 읍재邑宰가 되어 정치에 관하여 물으니 공자께서 말씀하시기를,『일을 빨리 하려고 하지 말며, 작은 이익을 돌아보지 말라. 빨리 하고자 하면 달하지 못하고, 작은 이익을 돌아보면 큰일을 이루지 못하느니라.』

[子夏]: 공자의 제자. 이름은 상商. [莒父]: 노나라의 지명. 현재 산동성 거현莒縣이다.

{해설}

　매사에 서두르면 원대한 목적을 달성할 수 없고, 조그마한 이익을 보고자 서두르면 큰일을 망칠 수 있다는 말이다. 소탐대실 小貪大失이란 말도 있다. 즉, 급히 서둘러 하면 허술하게 되는 수가 많고, 작은 이익에 마음을 주었다가 큰일을 해내지 못한다는 뜻이다.

(18)

葉公이 語,孔子曰, 吾黨에 有,直躬者하니 其父
섭공　　어공자왈 오당　　유직궁자하니　기부

攘羊이어늘 而子證之하니이다. 孔子曰, 吾黨之,直
양양　　　이자증지　　　　공자왈 오당지직

者는 異於是하니 父爲子隱이며 子爲父隱하나니 直
자　이어시　　부위자은　　자위부은하나니　직

在,其中矣니라.
재 기중의

{풀이}

섭공葉公이 공께 말하기를, 「우리 마을에 행실이 정직한 사람이 있습니다. 그 아버지가 양을 훔친 것을 아들이 증언하였나이다.」 공자께서 말씀하시기를, 『우리 마을의 정직한 사람은 그와 다릅니다. 아버지는 자식을 위하여 숨기고, 자식은 아버지를 위하여 숨기나니 그 가운데 정직함이 있습니다.』 했다.

{주해}

[黨]: 마을. [直躬]: 자신의 몸가짐을 곧게 하여 행하는 사람. 정직한 사람. [攘羊]: 양을 훔치다. [隱]: 숨기다.

{해설}

법에 앞서 도의적인 문제로 은근히 잘못을 시정하도록 하는 것이 인정이고 도덕적이라는 뜻이다.

(19)

樊遲, 問仁한대 子曰, 居處恭하며 執事敬하며 與
번 지 문 인   자 왈 거 처 공   집 사 경   여

人忠을 雖之夷狄이라도 不可棄也니라.
인 충   수 지 이 적   불 가 기 야

번지樊遲가 인에 대하여 물으니 공자께서 대답하시기를, 『평소에
공손하고 일을 하는데 있어 신중하고 남과 사귀기를 성실히 하면, 오
랑캐의 땅에 갈지라도 결코 버림을 받지 않으리라.』했다.

{주해}

[居處]: 평소 한가하게 있을 때. [執事]: 일을 처리함. [忠]: 성의를 다
함. 도리를 다함. [與人]: 남과 어울림.

{해설}

평소에 언행을 공손히 하고 공사의 집무를 신중히 하며 성실
히 하라는 처세에 관한 교훈이다.

(20)

子貢이 問曰, 何如斯可謂之士矣이니꼬? 子曰,
자공 문왈 하여사가위지사의 자왈

行己有恥하며 使於四方하여 不辱君命이면 可謂
행기유치 사어사방 불욕군명 가위

士矣니라. 曰, 敢問其次하나이다. 曰, 宗族이 稱孝
사의 왈 감문기차 왈 종족 칭효

焉하며 鄕黨이 稱弟焉이니라. 曰, 敢問其次하노이
언 향당 칭제언 왈 감문기차

다. 曰, 言必信하며 行必果하면 硜硜然, 小人哉나
　　　왈　언필신　　행필과　　경경연 소인재

抑亦可以, 爲次矣니라. 曰, 今之從政者는 何如이니
억 역 가 이 위 차 의　　왈 금 지 종 정 자　　하 여

이꼬? 子曰, 噫라 斗筲之人을 何足算也리오.
　　　자왈　희　두소지인　　하족산야

{풀이}

　자공子貢이 묻기를, 「어찌하여야 가히 선비라 할 수 있겠습니까?」
하니 공자께서 말씀하시기를, 『행함에 있어서 염치를 알고 다른 나라
에 사신으로 가서 임금의 명령을 욕되게 하지 않는다면 선비라 할 수
있느니라.』또 묻기를, 「감히 그 다음 가는 사람을 묻고 싶습니다.」하
니 공자께서『친척들로부터 효자라는 말을 듣고 마을 사람들로부터
공손하다는 칭찬을 듣는 것이니라.』했다. 또 자공子貢이 말하기를,
「감히 그 다음을 묻겠나이다.」하니 또 대답하시기를,『말에는 반드시
믿음이 있고 행동에는 언제나 성과가 있다면 좀 딱딱한 소인이기는
하나 억지로라도 다음에 놓을 수 있느니라.』했다. 또 묻기를, 「요즘에
정치에 종사하는 사람은 어떻습니까?」하니 공자께서 말씀하시기를,
『아, 한 말들이의 작은 도량을 가진 사람들을 어찌 셈에 넣을 수 있으
리오.』했다.

{주해}

[士]: 뜻을 세워 공부하는 사람. [有恥]: 염치가 있음. [其次]: 그 다음

수준의 사람. [宗族]: 일가친척. 종宗은 종택. [硜硜然]: 단단하고 방정하여 움직이기 어려운 모양. [斗筲]: 한 말들이 그릇.

{해설}

　선비의 등급에 대하여 말하고 있다. 제1등급의 선비는 자기 행위에 대하여 염치를 알고, 외국에 사신으로 가서는 나라의 위신을 높일 줄 아는 선비, 다음 등급의 선비는 효행과 공경심으로 일가와 온 고을 사람들에게 칭찬을 듣는 선비이다.

（21）

子曰, 不得.中行而與之인댄 必也.狂狷乎인저!
자왈 부득 중행 이여지 　필야 광견호

狂者는 進取요 狷者는 有所.不爲也니라.
광자 진취 견자 유소 불위야

{풀이}

　공자께서 말씀하시기를,『중용의 길을 행하는 사람을 얻어 가르치지 못할 바에야 반드시 과격하고 고집이 센 사람을 택하리라. 과격한 사람은 진취적이고, 고집이 센 사람은 함부로 나쁜 짓을 하지 않느니라.』

[中行]: 중용의 도를 행하는 사람. [狂者]: 뜻이 지나치게 높고 행위가 거리낌이 없는 사람. [進取]: 스스로 옳은 일을 하려는 사람. [狷者]: 슬기는 미치지 못하나 절조를 굳게 지키는 사람. [有所不爲]: 하지 않는 바가 있음. 나쁜 일을 절대로 하지 않음.

{해설}

중용의 도를 아는 사람이면 더욱 좋지만 그렇지 못하더라도 적극적으로 선을 행하려는 과격파가 아니면 소극적으로 악을 행하지 않으려는 고집쟁이만 되어도 바탕은 선하니 가르치고 사귈만하다는 뜻이다.

(22)

子曰, 南人이 有言曰, 人而無恒이면 不可以作
자왈 남인 유언왈 인이무항 불가이작

巫醫라 하니 善夫라 不恒其德이면 或承之羞라 하니
무의 선부 불항기덕 혹승지수

子曰, 不占而已矣니라.
자왈 부점이이의

{풀이}

공자께서 말씀하시기를, 『남방 사람들의 말에 〈사람으로서 꾸준함이 없으면 무당이나 의원도 손을 쓸 수 없다〉라는 말이 있는데, 옳은 말이다. 그 덕을 행함에 꾸준함이 없으면 항상 부끄러움을 당하느니라.』 공자께서 또 말씀하시기를,『그런 사람은 점을 칠 것도 없느니라.』

{주해}

[南人]: 오吳, 월越나라의 남국인. [恒]: 변하지 않는 마음. 항심恒心. [不可以作巫醫]: 무당도 의원도 손쓸 수 없다. [不恒其德,或承之羞]: 덕행이 꾸준하지 않으면 수치를 당하게 된다는 뜻.

{해설}

덕을 지키기 위해서는 항심이 있어야 한다. 항심이란 늘 변함 없는 꾸준한 마음을 의미한다. 사람에게 이런 꾸준한 끈기가 없으면 아무것도 이룰 수가 없다는 내용을 말하고 있다.

(23)

子曰, 君子는 和而不同하고 小人은 同而不和니라.
자 왈 군 자 화 이 부 동 소 인 동 이 불 화

공자께서 말씀하시기를, 『군자는 화합하되 뇌동雷同하지 않으며, 소인은 뇌동雷同만 하고 화합하지 못한다.』

{주해}

[和]: 조화, 협조. 남과 협조를 함. [同]: 동화. 자기 개성도 상실하고 뇌동한다. 즉 부화뇌동附和雷同을 말함.

{해설}

군자는 화합은 할 수 있어도 부화뇌동하지 않으며, 소인은 무조건 남의 말을 잘 듣고 주관이나 줏대가 없다. 즉, 대인관계에 있어서도 군자와 소인의 차이가 나며, 군자는 개성과 주관을 가지고 조화를 이루고 있지만, 소인은 주관도 없이 이익만을 따라 움직이니 여러 사람과 고르게 잘 어울리지 못한다는 뜻이다.

(24)

子貢이 問曰, 鄕人이 皆, 好之면 何如이니꼬? 子
자공 문왈 향인 개 호지 하여 자

曰, 未可也니라. 鄕人이 皆, 惡之면 何如이니꼬? 子
왈 미가야 향인 개 오지 하여 자

曰, 未可也니라 不如,鄕人之善者,好之요 其,不善
왈 미 가 야　　　　　　불 여 향 인 지 선 자 호 지　　　기 불 선

者惡之니라.
자 오 지

{풀이}

　　자공子貢이 묻기를, 「마을 사람들이 모두 어떤 사람을 좋아한다면
그는 어떡합니까?」 공자께서 대답하시기를, 『아직 부족하다. 마을 사
람들이 다 싫어한다면 어떡합니까?』 공자께서 말씀하시기를, 『아직
부족하다. 마을 사람들 중에서 선한 자는 좋아하고, 악한 자는 싫어
하는 것만 못하느니라.』

{주해}

[未可也]: 그것으로는 부족하다. [何如]: 어떻습니까?

{해설}

　　온 마을 사람들이 모두 그를 좋아한다고 해서 그가 덕망 있는
사람은 아니다. 반대로 온 마을 사람들이 그 한 사람을 미워한
다고 해서 그 사람이 나쁜 사람은 아니다. 선인은 선인을 따르
고, 악인은 악인을 따르기 때문이다.

(25)

子曰, 君子는 易事而 難說也니 說之 不以道면
자왈 군자 이사이 난열야 열지불이도

不說也요 及其使人也하얀 器之니라. 小人은 難事
불열야 급기사인야 기지 소인 난사

而 易說也이니 說之雖 不以道라도 說也요 及其使
이이열야 열지수불이도 열야 급기사

人也하얀 求備焉이니라.
인야 구비언

{풀이}

　공자께서 말씀하시기를, 『군자는 섬기기는 쉬우나 기쁘게 해주기
는 어려우니, 그를 기쁘게 함에 바른 도리로써 하지 아니하면 기뻐하
지 않고, 사람을 쓸 때에는 기량대로 맞게 쓴다. 소인은 섬기기는 어려
우나 기쁘게 해주기는 쉬우니, 그를 기쁘게 함에 비록 바른 도리로써
하지 아니하여도 기뻐하고, 사람을 쓸 때에는 모두 갖추기를 요구한
다.』

{주해}

[易事]: 섬기기는 쉬움. [難說]: 기쁘게 하기는 어렵다. [器之]: 그릇에
따라 함. 즉, 능력에 따라 부림. [難事而易說]: 섬기기는 어렵고 기쁘
게 하기는 쉽다. [求備]: 다 갖추기를 요구함. 모든 기능을 구비할 것
을 요구한다.

군자와 소인을 주인으로 하여 그를 섬길 경우에 대하여 비교하고 있다. 군자는 그 사람에게 완전하기를 요구하지 않고 각기 본령으로 하는 바를 끌어내어 섬기기 쉬운 것이다. 소인의 경우는 이와 반대이다. 예를 들면, 윗사람이 군자이면 일의 성과로써 기뻐하고, 소인이면 뇌물을 가지고도 기뻐하게 할 수 있다는 뜻이다.

'기지器之'는 군자가 그릇이 아니라고 하였다. 하나의 그릇은 하나의 용도, 또는 기능을 지니고 있다. 그것을 활용하는 것이 '기지器之'이며, 그것에 한정되어 있는 것이 '불기不器'이다. 즉, 그의 재주와 그릇에 따라 부림이 다름을 이른다.

(26)

子曰, 君子는 泰而不驕하고 小人은 驕而不泰니
자 왈 군 자   태 이 불 교   소 인   교 이 불 태
라.

{풀이}

공자께서 말씀하시기를,『군자는 태연하되 교만하지 않으며, 소인은 교만하되 태연하지 못하다.』

[泰而不驕]: 태泰는 안安. 교驕는 교만驕慢함. [驕而不泰]: 교만하지만 태연하지는 못하다.

{해설}

　군자는 부의 다과多寡나 권력의 대소大小를 문제 삼지 않으며 사람을 깔보지 않는다. 이것이 곧 태연하되 교만하지 않음을 말한다. 즉, 군자는 스케일을 크게 살고, 소인은 사리사욕이란 좁은 한계 속에서 산다는 뜻이다.

(27)

　子曰, 剛毅木訥이 近仁이니라.
　자 왈　강 의 목 눌　　근 인

{풀이}

　공자께서 말씀하시기를, 『강직, 과감, 질박, 그리고 눌변, 이러한 사람은 인에 가까우니라.』

{주해}

[剛毅木訥]: '剛'은 사욕이 없고, 뜻이 강함. 강직함. '毅'는 뜻이 굳세어

굽히지 않고 과감함. '木'은 질박함. '訥'은 말이 적음.

{해설}

　강직한 자는 욕심이 없어서 과감하고, 과감한 자는 질박하며, 질박한 자는 말이 없고 둔한 듯하다. '강의목눌剛毅木訥'은 한 구의 낱말로 하나의 의미를 내포하고 있으며, 그 뜻을 공자는 '근인近仁'이란 말로 표현했다. 즉, 묵묵히 자기의 옳은 뜻을 굳세게 실천하는 것이 인에 가까워지는 것이라 하겠다.

(28)

　子路,問曰, 何如라야 斯可,謂之士矣리꼬? 子曰,
　　자 로 문 왈　　하 여　　　　사 가 위 지 사 의　　　　　자 왈

切切偲偲하여 怡怡如也면 可謂士矣니 朋友,切切
절 절 시 시　　　　이 이 여 야　　가 위 사 의　　　봉 우 절 절

偲偲오 兄弟,怡怡니라.
시 시　　형 제 이 이

{풀이}

　자로子路가 묻기를, 「어떻게 하여야 선비라 할 수 있습니까?」 공자께서 말씀하시기를, 『간절히 선을 권하고 기뻐하여 화락한다면 선비라 이를 수 있으니, 친구에게 정과 의로 간절히 권하고 형제에겐 기쁨

과 화목함이니라.』

{주해}

[切切]: 정성을 다하여 선을 권하다. [偲偲]: 자상하게 살피다. [怡怡]:
화락하는 모습.

{해설}

자로子路가 선비로서 해야 할 도리를 공자께 물었다. 선비는
도를 통하여 선을 권고하고 친구 간에 관심과 형제간의 화락함
을 해야 한다고 권하고 있다.

(29)

子曰, 善人이 敎民七年이면 亦可以, 卽戎矣니라.
자 왈 선 인   교 민 칠 년   역 가 이 즉 융 의

{풀이}

공자께서 말씀하시기를, 『선한 사람이 백성을 7년 동안 교화시킨다
면 가히 전쟁이라도 나갈 수 있게 할 수 있다.』 했다.

{주해}

[教民]: 백성을 가르치다. [卽戎]: 싸움터에 나가게 함. 즉卽은 취就이다.

{해설}

선인이 교화를 시키면 병사라도 교화되어 정의로운 군인이
되어 전쟁터에라도 나갈 수 있다고 했다.

(30)

子曰, 以, 不敎民戰이면 是謂棄之니라.
자 왈 이 불 교 민 전   시 위 기 지

{풀이}

공자께서 말씀하시기를, 『가르치지 않은 백성으로 전쟁을 하는 것은,
곧 그들을 버리는 것이니라.』

{주해}

[不敎民]: 가르치지 않은 백성. [棄之]: 백성을 버림.

{해설}

공자의 철학에서 백성이 굶으면 정치를 잘못한 것이라 했다.

백성이 굶으면서 전쟁 준비를 하면 그것은 죄악이다. 그래서 '거병去兵'이란 말을 써서 전쟁 준비를 말아야 한다고 했다. 그리고 이 장에서는 백성을 교화하여 가르치지 않고 무식한 상태에서 전쟁을 하게 되면 그 나라는 백성을 버리는 것이라 하여 경고하고 있다.

제14편

憲問(헌문)

헌문憲問이란 원헌原憲이란 사람이 질문한다는 뜻으로 풀이되고 있다. 주로 제후와 대부들의 행적을 논하고 위인爲仁과 지치知恥와 수신修身과 안민安民이 정치의 요체要諦임을 밝히고 있다.

(1)

憲問恥한대 子曰, 邦有道에 穀하되 邦無道에 穀

　　헌 문 치　　　자 왈 방 유 도　　곡　　　　방 무 도　　곡

이 恥也니라.

　　치 야

{풀이}

　헌憲이 수치에 대하여 물으니 공자께서 말씀하시기를, 『나라에 도道가 행하여지고 있으면 봉록俸祿을 받되, 나라에 도가 행하여지고 있지 않는데도 봉록俸祿을 받는 것은 수치이다.』

{주해}

[憲]: 공자의 제자. 여기서는 원헌原憲. 자기 자신이 공자에게 묻는 형

식으로 되어있다. [邦有道穀]: '邦'은 제후의 나라, '穀'은 봉록俸祿을 말함.

{해설}

도가 행해지는 나라는 정의로 다스려지고, 그렇지 않는 나라는 불의가 행해지는 나라이니, 불의가 행해지는 나라에서 신하로서 녹을 받는다는 것은 선비로서의 도가 아니라는 내용이다. '邦有道, 貧且賤焉, 恥也. 邦無道, 富且貴焉, 恥也.'

(2)

克伐怨欲을 **不行焉**이면 **可以爲仁矣**이니꼬? **子**
극 벌 원 욕　　불 행 언　　가 이 위 인 의　　　　자
曰, 可以爲難矣어니와 **仁則吾不知也**하노라.
왈　 가 이 위 난 의　　　　인 즉 오 부 지 야

{풀이}

「남에게 이기기를 좋아하며, 남을 원망하고 욕심을 부리는 일을 하지 않는다면 인이라 할 수 있습니까?」하니 공자께서 말씀하시기를, 『가히 어려운 일이거니와 그것이 인仁인지는 내 아직 모르겠노라.』했다.

[克]: 남에게 이기기를 좋아하다. [伐]: 자기의 공로를 자랑하다. [怨]: 성내고 원망함. [可以爲難]: 그렇게 하기란 무척 어려운 일이다.

{해설}

사람들이 흔히 남을 누르고 올라서기를 좋아하고, 자신을 자랑하고 남을 원망하며 사욕을 부리게 되는데, 그런 것들을 하지 않는다고 해서 인자仁者라고만 할 수는 없다는 내용이다.

(3)

子曰, 士而懷居면 不足, 以爲士矣니라.
자 왈 사 이 회 거   부 족 이 위 사 의

{풀이}

공자께서 말씀하시기를,『선비가 편안하게 살기만을 원한다면 선비라고 할 수 없느니라.』했다.

{주해}

[懷居]: 편안히 살기만을 바라는 것. 회懷는 그것을 생각함.

선비는 배운 사람으로서 책임의식과 사명감을 가져야 한다. 그래서 선비가 안일한 생활에 빠져있으면 학문에의 뜻이 멀어진다는 말이다.

(4)

子曰, 邦有道엔 危言危行하고 邦無道엔 危行
자 왈 방 유 도 위 언 위 행 방 무 도 위 행
言孫이니라.
언 손

{풀이}

공자께서 말씀하시기를, 『나라에 도가 있다면 말을 엄하게 하고, 행동도 엄하게 하고, 나라에 도가 없다면 행동은 엄하게 하되 말을 겸손하게 하라.』

{주해}

[危言危行]: 위危는 엄함. 세속을 좇아 아첨한 짓을 하지 않음. 자신의 정당한 바를 언행으로 나타냄. [言孫]: 손孫은 손遜, 순順이다. 말을 순하게 하는 것은 해를 피하기 위해서이다.

　정의로운 사회에서는 악과 불의를 기탄없이 지적하여 정의를 과감하게 실천해도 되지만, 불의가 횡행하는 사회에서는 옳은 일을 실천하는데 겸손하지 않으면 불의의 화를 당하게 될 수 있다는 뜻이다.

(5)

　子曰, 有德者는 必有言이어니와 有言者는 不必 有德이니라 仁者는 必有勇이어니와 勇者는 不必有 仁이니라.

{풀이}

　공자께서 말씀하시기를, 『덕이 있는 사람은 반드시 올바른 말을 하지만, 바른말을 하는 사람이라고 모두 덕이 있는 것은 아니다. 어진 사람은 반드시 용맹이 있거니와 용맹한 사람이라고 모두 어진 것은 아니다.』

{주해}

[德]: 올바른 정신과 행동. [德者]: 올바른 정신에 알맞게 행동을 하는

사람. [有言]: 도리에 맞는 훌륭한 말을 한다는 뜻. [仁]: 어질다. [仁者]: 어진 사람.

{해설}

덕이란 올바른 정신에 입각하여 행동하는 행위이다. '말만 잘한다고 덕德과 인仁이 있는 것이 아니다.' 라고 한 말에 항상 명심해야 한다. 즉, 말에는 반드시 실천이 따라야 하고, 용기에는 반드시 정의가 따라야 한다는 뜻이다.

(6)

南宮适이 問於 孔子曰, 羿는 善射하고 奡는 盪舟
남 궁 괄   문 어 공 자 왈   예   선 사   오   탕 주
하되 俱不得 其死어늘 然이나 禹稷은 躬稼而 有天
구 부 득 기 사   연   우 직   궁 가 이 유 천
下하시니까? 夫子不答이러시니 南宮适이 出하거늘
하   부 자 부 답   남 궁 괄   출
子曰, 君子哉라. 若人이여 尙德哉라. 若人이여.
자 왈   군 자 재   약 인   상 덕 재   약 인

{풀이}

남궁괄南宮适이 공자에게 묻기를, 「예羿는 활을 잘 쏘고, 오奡는 배를 끌만한 힘이 있었으나, 모두 제 명에 죽지 못하였습니다. 그러

나 우禹와 직稷은 몸소 농사를 지었는데도 천하를 다스리지 않았습니까?」 공자께서 대답이 없었다. 남궁괄이 나가자 말씀하시기를, 『군자로다. 그 같은 사람은 덕을 숭상하도다. 그 같은 사람은-.』

{주해}

[南宮适]: 공자의 제자. 노나라의 대부로 사람됨이 진중했다. [羿]: 유궁국의 임금. 활을 잘 쏘았다. [奡]: 배를 끌 정도로 힘이 세었다. 포악한 짓을 하다가 주살 당함. [盪舟]: 큰 배를 뭍으로 끌어올림. [禹]: 하나라의 시조. [稷]: 주나라의 선조. [躬稼]: 몸소 농사를 짓다.

{해설}

　힘과 재주만을 믿고 덕으로 나라를 다스리지 않으면 평천하平天下가 되지 않는다는 말이다.

(7)

子曰, 君子而, 不仁者는 有矣夫어니와 未有, 小人
자왈 군자이 불인자 유의부 미유소인

而, 仁者也니라.
이 인자야

　공자께서 말씀하시기를,『군자이면서도 어질지 않는 사람은 있으나, 소인이면서 어진 사람은 아직 없었느니라.』

{주해}

[不仁者]: 어질지 못한 사람. [有矣夫]: 있을 수 있으나. 矣, 夫는 어조사임. [未有]: 있지 않았다.

{해설}

　군자는 노력하면 인자가 될 수 있지만, 소인은 아무리 노력하여도 인자가 될 수 없다는 뜻이다.

(8)

　子曰, 愛之란 能勿勞乎아. 忠焉이란 能勿誨乎
　자 왈　애 지　능 물 로 호　충 언　　능 물 회 호
아.

{풀이}

　공자께서 말씀하시기를,『진정으로 사랑한다면 수고를 시키지 않을 수 있겠는가. 진심으로 충성한다면 일깨워주지 않을 수 있겠는가.』

{주해}

[能勿勞]: 勞는 위로慰勞. [勞]: 어려운 일을 시킴. 사랑하는 자식이나 제자를 단련시키는 일. [能勿誨]: 誨는 가르침. [誨]: 일깨워 가르치다. [能勿]: ~을 않을 것인가.

{해설}

　사랑하는 자식도 어려운 일을 시켜야 되고, 충성스런 사람도 승진도 시키고 나를 떠나 다른 곳에 가서도 잘할 수 있도록 가르쳐 주어야 한다는 뜻이다.

　즉, 자식이나 제자들을 사랑한다면 그들의 학문과 덕을 닦도록 하지 않을 수 없으며, 벗이나 윗사람을 진심으로 위한다면 그들의 잘못을 일깨워주지 않을 수 없다는 뜻이다.

(9)

子曰, 爲命에 裨諶이 草創之하고 世叔이 討論之하고 行人子羽, 修飾之하고 東里子産이 潤色之하니라.

{풀이}

공자께서 말씀하시기를, 『정나라에서 외교문서를 작성할 때 비심裨諶이 초안을 작성하면 세숙世叔이 검토하고, 외교관 자우子羽가 수정하고 동리東里의 자산子産이 문채를 윤색하였느니라.』 했다.

{주해}

[命]: 외교문서. [裨諶]: 정나라의 대부. [草創]: 초고를 만들다. 초안. [世叔]: 정나라의 대부. [討論]: 내용을 살피고 심의하다. [行人]: 사신을 관장하는 벼슬. [子羽]: 정나라의 대부. [修飾]: 수정함. [東里]: 자산이 살던 마을. [子産]: 정나라의 대부. [潤色]: 문장을 다듬다.

{해설}

정나라는 약소국가였다. 그러나 자산 같은 정치가가 있어 나라를 잘 지켰다. 국서를 작성할 때 비심, 세숙, 자우, 자산이 있어 외교문서에 빛이 났다는 내용이다.

(10)

或이 問,子産한대 子曰, 惠人也니라. 問,子西한대
혹　 문 자산　　자왈　혜인야　　　문 자서

曰, 彼哉여 彼哉여. 問,管仲한대 曰, 人也奪,伯氏,
왈　피재　 피재　　문 관중　　왈　인야탈 백씨

騈邑.三百하거늘 飯疏食.沒齒하되 無.怨言하니라.
병 읍 삼 백　　반 소 사 몰 치　　무 원 언

{풀이}

　어떤 사람이 자산子産에 대하여 묻자 공자께서 말씀하시기를, 『은혜로운 사람이다.』 자서子西에 대하여 묻자 말씀하시기를, 『그저 그런 사람이다.』 관중管仲에 대하여 묻자 말씀하시기를, 『훌륭한 사람이다. 그의 백씨의 병읍 3백 호를 빼앗았으나 빼앗긴 백씨는 거친 밥을 먹었으나 죽을 때까지 원망하는 말이 없었다.』 라고 했다.

{주해}

[惠人]: 남에게 은혜를 베푸는 사람. [子西]: 초나라의 대부. [彼哉]: 그저 그런 사람. [管仲]: 제나라의 명재상. [人也]: 이 사람은. [伯氏]: 제나라의 대부. [沒齒]: 목숨이 다할 때까지. 齒는 수명.

{해설}

　자산子産과 자서子西는 그저 그런 사람이라고 했다. 관중管仲은 제나라의 환공을 도와 정치를 잘한 사람이라고 말하고 있다.

(11)

子曰, 貧이 無怨은 難하고 富而無驕는 易하니라.
자 왈 빈 무 원 난 부 이 무 교 이

{풀이}

공자께서 말씀하시기를, 『가난하면서도 원망하지 않기는 어렵고,
부자이면서 교만하지 않기는 쉬우니라.』

{주해}

[無怨]: 원망하지 않음. [無驕]: 교만하지 않음.

{해설}

학이편學而篇에 보면 '가난하면서도 아첨하지 않고 부유하면
서도 교만하지 않는 것은 어떻습니까?' 하고 자공子貢이 문제를
제기했다. 그 내용과 연관 있는 공자의 말씀을 여기에 다시 소
개하고 있다. 여기에는 빈貧과 부富가 대구를 이루고, 난難과 이
易가 대구를 이루어 논리를 서술하고 있다. 즉, 가난해서 안빈낙
도하며 남을 원망하지 않는 것은 많은 수양을 필요로 한다는 뜻
이다.

(12)

子曰, 孟公綽이 爲, 趙魏老則優어니와 不可以爲,
자 왈 맹 공 작 위 조 위 로 즉 우 불 가 이 위

藤薛大夫니라.
등 설 대 부

{풀이}

　공자께서 말씀하시기를, 『맹공작은 조씨나 위씨의 가신이 되기에는
넉넉하지만, 등나라 설나라의 대부가 될 수는 없느니라.』했다.

{주해}

[孟公綽]: 노나라의 대부. 매우 청렴한 인물임. [老]: 가로家老. 가신의
우두머리. [優]: 여유가 있다. [藤薛]: 노나라 이웃에 있던 작은 나라
임. [大夫]: 국정을 맡은 사람. 장광.

{해설}

　노나라의 맹공작은 찬찬하고 욕심이 없어 남의 밑에서 신하
노릇은 할 수 있어도, 작은 나라일망정 책임을 지는 군주가 될
만한 그릇은 못 된다는 것이다.

子路問,成人한대 子曰,若,臧武仲,之知와 公綽,
자로문 성인　　자왈 약 장무중 지지　　공작

之不欲과 卞莊子,之勇과 冉求,之藝에 文之以,禮
지불욕　　변장자 지용　　염구 지예　　문지이 례

樂이면 亦可以爲,成人矣니라. 曰,今之成人者는
악　　　역가이위 성인의　　　　　왈 금지성인자

何,必然이리요 見利思義하며 見危授命하며 久要에
하 필연　　　견리사의　　　　견위수명　　　구요

不忘,平生之言이면 亦可以爲,成人矣니라.
불망 평생지언　　　역가이위 성인의

{풀이}

　　자로子路가 성인成人에 대하여 묻자 공자께서 말씀하시기를,『장무
중의 지혜와 맹공작의 과욕과 변장자의 용기와 염구의 재주에 예악
으로 꾸민다면 성인이라 할 수 있느니라.』또 말씀하시기를,『오늘날
의 성인이란 어찌 그럴 필요가 있겠는가. 이익을 눈앞에 두고 의를 생
각하며, 위험한 시기를 당하면 목숨을 내놓으며, 오랜 약속에 대하여
지난날의 말을 잊지 않고 실천한다면 또한 성인이라 할 수 있느니라.』
했다.

{주해}

[成人]: 완성된 인물. [臧武仲]: 노나라의 대부. [不欲]: 과욕. [卞莊子]:

노나라의 대부. [文]: 꾸미다. [授命]: 목숨을 바침. [久要]: 오래된 약속.

{해설}

　성인이란 정의를 존중하여 이를 돌보지 않고, 나라의 위급함을 보면 목숨을 내놓으며, 오래된 언약이라도 평생토록 잊지 않고 지킬 수 있는 사람이 성인이다.

(14)

子問,公叔文子於,公明賈曰, 信乎아? 夫子不
자문 공숙문자어 공명가왈 신호 부자불

言,不笑不取乎아 公明賈,對曰, 以告者,過也로소
언 불소불취호 공명가 대왈 이고자 과야

이다. 夫子,時然後言이라 人不厭,其言하며 樂然後
부자 시연후언 인불염 기언 락연후

笑라 人不厭其笑하며 義然後取하니 人不厭,其取
소 인불염기소 의연후취 인불염 기취

하나이다. 子曰, 其然고 豈其然乎리오?
자왈 기연 기기연호

{풀이}

　공자께서 공숙문자에 대하여 공명가에게 묻기를, 『진실이오? 그분

은 말하지 않고 웃지도 않고 뇌물을 취하지도 않는다는데…」 공명가
가 대답하기를, 「전하여 말씀드린 것이 좀 지나쳤습니다. 그분은 때가
된 연후에야 말하는지라 사람들이 그의 말을 싫어하지 않으며, 즐거
워진 후에야 웃는지라 사람들이 그의 웃음을 싫어하지 않으며, 의로
운 것임을 안 뒤에야 취하는지라 사람들이 그의 취함을 싫어하지 않
나이다.」 공자께서 말씀하시기를, 『그러합니까? 어찌 그럴 수 있으리
오.』 했다.

{주해}

[公叔文子]: 위衛나라의 대부로 청렴한 인물임. [公明賈]: 위나라의 대
부. [信乎]: 사실인가? [不厭]: 싫어하지 않음.

{해설}

　하는 말에 거짓이 없고 웃음에도 꾸밈이 없으며, 의義에 따라
사는 공숙문자公叔文子야말로 정말 군자라는 뜻이다.

(15)

子曰, 臧武仲이 以防으로 求爲, 後於魯하니 雖曰,
자왈 장무중 이방 구위후어노 수왈

不要君이나 吾不信也하노라.
불요군 오불신야

공자께서 말씀하시기를, 『장무중臧武仲이 방성을 점거하여 노나라에 자기의 후계자를 세울 것을 요구한 때에, 비록 다른 사람은 그가 임금을 위협하지 않았다 하나 나는 믿지 못하노라.』했다.

{주해}

[以防]: 방읍을 근거로 하여. [求爲後於魯]: 노나라 임금에게 자신의 후계자를 세우게 해달라고 요청함. [要]: 강요하다.

{해설}

장무중의 무례하고 무도함과 노나라의 처사가 못마땅함을 나타내고 있다.

(16)

子曰, 晉文公은 譎而不正하고 齊桓公은 正而不
자왈 진문공 휼이부정 제환공 정이불
譎하니라.
휼

{풀이}

공자께서 말씀하시기를, 『진의 문공은 거짓이 있고 바르지 않았으나, 제의 환공은 바르고 거짓이 없었다.』했다.

{주해}

[晉文公]: 제나라의 패자霸者. [齊桓公]: 제나라의 군주. [譎]: 속이다.

{해설}

　진晉나라의 문공은 권모술수를 써서 세도를 누렸으나 제나라
의 환공은 대의명분을 지켜 군자답게 처신했다.

(17)

子路曰, 桓公이 殺,公子糾하거늘 召忽은 死之하
고 管仲은 不死하니 曰, 未仁乎인져? 子曰, 桓公이
九合諸侯하되 不以兵車는 管仲之方也니 如其仁
如其仁이리오.

{풀이}

　자로가 말하기를, 「환공이 공자公子 규糾를 죽이자, 소홀召忽은 따

라서 죽었으나 관중管仲은 죽지 않았으니, 말하자면 관중은 인仁하지 못한 것입니까?」 공자께서 말씀하시기를, 『관중이 제후를 규합하되 무력을 쓰지 아니함은 관중의 힘이었으니, 누가 그의 인仁함과 같으리 오.』

{주해}

[曰未仁乎]: 어질지 못한 사람이라고 해야겠습니까? [九合]: 九는 규糾 임. [兵車]: 무력. 전쟁. [如其仁]: 누가 그의 인덕을 따르겠는가?

{해설}

　위력을 쓰지 않고 제후들을 규합하여 인정을 베풀어 나라를 부강하게 한 관중의 인덕을 높이 평가한 것이다.

(18)

子貢曰, 管仲은 非.仁者與인져? 桓公이 殺.公子
자공왈 관중 비인자여 환공 살공자

糾어늘 不能死요 又相之오녀 子曰, 管仲이 相.桓
규 불능사 우상지 자왈 관중 상환

公.霸諸侯하여 一匡天下하니 民到于今이 受其賜
공패제후 일광천하 민도우금 수기사

하나니 微.管仲이면 吾其.被髮左衽矣러니라. 豈若.
미관중 오기피발좌임의 기약

匹夫匹婦之,爲諒也라 自經於,溝瀆而,莫之知也
필부필부지위량야   자경어구독이막지지야
리오.

{풀이}

　자공子貢이 말하기를,「관중은 인한 사람이 아니었습니까? 환공이
공자公子 규糾를 죽였거늘, 따라 죽지 못하였고 더욱이 돕기까지 하
였으니.」공자께서 말씀하시기를,『관중이 환공을 도와서 제후들의 패
자가 되게 하고 천하를 하나로 통일하여 바로잡았으니, 백성들은 지
금도 그 혜택을 받고 있다. 만일 그가 없었다면 우리들은 머리를 풀고
옷깃을 여미는 오랑캐족이 되었을 것이다. 어찌 필부필부匹夫匹婦들이
조그만 신의를 위하여 스스로 개천에서 목매어 죽어도 알아주는 사람
이 없는 것과 같으리오.』했다.

{주해}

[覇]: 제후의 으뜸. [匡]: 바로잡음. 오랑캐를 물리치다. [受其賜]: 그
혜택을 입고 있음. [微]: ~이 아니었다면, 미微는 무無와 같음. [被髮左
袵]: 머리를 풀고 옷깃을 왼쪽으로 여밈. [豈若]: 어찌 ~와 같겠는가?
[匹夫匹婦]: 평범한 사람. 평범한 남녀. [諒]: 작은 신의. 사소한 절개.
[自經]: 스스로 목을 매다. [溝瀆]: 도랑. 개천. [莫之知也]: 아무도 알
아주지 않음.

　작은 불의를 보고 목숨을 버리는 것보다 후에 그의 공덕으로 많은 백성들이 나라를 잃지 않고 살 수 있게 된 것을 높이 평가하는 공자의 말씀이다.

(19)

公叔文子之臣,大夫僎이 與,文子로 同升諸公이러니 子,聞之하시고 曰, 可以,爲文矣로다.
공 숙 문 자 지 신 대 부 선　　여 문 자　　동 승 제 공
자 문 지　　　　왈　가 이 위 문 의

{풀이}

　공숙문자公叔文子의 가신 대부 선僎이 문자文子와 함께 조정에 나아가 벼슬을 하자 공자께서 듣고 말씀하시기를,『시호를 문文이라 할 만 하구나.』했다.

{주해}

[公叔文子]: 위나라의 대부. [臣]: 가신. [大夫僎]: 대부선. 공숙문자를 섬기는 가신. [同升諸公]: 함께 위나라 조정에 나아가서 벼슬을 함. [爲文]: 문이라고 시호를 내리다.

공숙문자가 그의 가신의 인물됨을 인정하고 그와 같이 조정에 나아가서 국사를 의논하게 하자, 그의 인물됨을 칭찬하는 말이다.

(20)

子言衛靈公之無道也러시니 康子曰 夫如是로
자 언 위 령 공 지 무 도 야　　　　강 자 왈　부 여 시

대 奚而不喪이니꼬? 孔子曰仲叔圉는 治賓客하고
해 이 불 상　　　　공 자 왈　중 숙 어　　치 빈 객

祝鮀는 治宗廟하고 王孫賈는 治軍旅하니 夫如是
축 타　치 종 묘　　왕 손 가　치 군 려　　부 여 시

奚其喪이리오.
해 기 상

{풀이}

　공자께서 위衛 나라의 영공靈公의 무도함을 말하자 강자康子가 말하기를, 「그와 같이 무도한데, 어찌 군주의 자리를 잃지 않나이까?」 공자께서 말씀하시기를, 『중숙어仲叔圉는 빈객을 알아보고 축타祝鮀는 종묘를 맡아보고, 왕손가王孫賈는 군사의 지휘를 맡아보고 있소. 이와 같이 하는데, 어찌 왕의 자리를 잃을 까닭이 있겠소.』 했다.

[衛靈公]: 위나라의 군주. [康子]: 노나라의 계강자. [奚而]: 어째서. 왜. [不喪]: 지위를 잃지 않음. [仲叔圉]: 위나라의 대부. [祝鮀]: 위나라의 대부. [王孫賈]: 위나라의 대부.

{해설}

영공은 무도한 군주이지만, 인재를 적재적소에 배치하였으므로 왕위를 유지할 수 있었다는 내용이다.

(21)

子曰, 其言之不怍이면 則, 爲之也難하니라.
자 왈   기 언 지 부 작   즉 위 지 야 난

{풀이}

공자께서 말씀하시기를, 『말할 때 부끄럽게 생각하지 않으면 실행하는 것이 어려우니라.』

{주해}

[不怍]: 부끄러워하지 않음. [爲之]: 그 말을 실천함.

말을 함부로 하지 못하는 것은 실천이 뒤따르지 못할 것을 부끄러워하기 때문이라는 뜻이다.

(22)

陳成子_{진성자},弑_시簡公_{간공}이어늘 孔子_{공자},沐浴而朝_{목욕이조}하사 告於_{고어}

哀公曰_{애공왈}, 陳恒_{진항}이 弑其君_{시기군}하니 請討之_{청토지}하소서. 公曰_{공왈},

告夫三子_{고부삼자}하라. 孔子曰_{공자왈}, 以吾從大夫之後_{이오종대부지후}라 不敢_{불감},

不告也_{불고야}하니 君曰_{군왈}, 告夫_{고부},三子者_{삼자자}오녀 之_지,三子告_{삼자고}한대

不可_{불가}라하거늘 孔子曰_{공자왈}, 以吾從大夫之後_{이오종대부지후}라 不敢不_{불감불}

告也_{고야}니라.

{풀이}

진성자陳成子가 제나라의 간공簡公을 살해하자, 공자께서 목욕하고 조정에 나아가 애공哀公에게 고하여 말하시기를, 『진항陳恒이 그의 임금을 살해하였으니 토벌할 것을 청하나이다.』 공이 말하기를, 「삼자三子들에게 고해 보시오.」 하니 공자께서 말씀하시기를, 『나는

대부의 말석을 차지하고 있는지라 감히 고하지 않을 수 없는데, 임금께서는 삼자들에게 말하라 하시는구나.』삼자에게 고하였으나 안된다고 하자 공자께서 말씀하시기를,『나는 대부의 말석을 차지하고 있었기에 감히 말하지 않을 수 없었느니라.』했다.

{주해}

[陳成子]: 제나라의 대부. [簡公]: 제나라의 군주. [三子]: 노나라의 세도가인 맹손씨孟孫氏, 숙손씨叔孫氏, 계손씨季孫氏를 가리킴. [大夫之後]: 공자는 한때 대부를 지난 적이 있었다.

{해설}

중대한 나라의 일을 비록 실권은 다른 사람이 쥐고 있었으나 먼저 임금에게 고해야 한다는 뜻이다.

(23)

子路問, 事君한대 子曰, 勿欺也요 而犯之니라.
자 로 문 사 군　　　자 왈 물 기 야　이 범 지

{풀이}

자로가 임금을 섬기는 일에 대하여 묻자 공자께서 말씀하시기를,

『속이지 말고 직언으로 간하느니라.』했다.

{주해}

[勿欺]: 속이지 말라. [犯]: 임금 앞에서 올바른 말로 잘못을 일러줌. 즉, 뜻을 거슬러서라도 간함.

{해설}

　임금에게 잘 보이기 위해 속이지 말고 마음을 다하여 충성하라는 뜻이다.

(24)

子曰, 君子는 上達하고 小人은 下達하니라.
　자 왈 　군 자 　 상 달 　 　소 인 　 　 하 달

{풀이}

　공자께서 말씀하시기를, 『군자는 위로 달하고, 소인은 아래로 통달하느니라.』했다.

{주해}

[達]: 통달하다.

군자와 소인의 차이를 말하고 있다. 진리에 뜻을 둔 군자는 인격이 날로 높아지고, 권리의 욕심에 눈이 먼 소인은 타락해간 다는 뜻이다.

(25)

子曰, 古之學者는 爲己러니 今之學者는 爲人이
자왈 고지학자 위기 금지학자 위인
로다.

{풀이}

공자께서 말씀하시기를, 『옛날의 공부하던 사람은 자기 수양을 위해 했으나, 지금의 공부하는 사람은 남에게 알리기 위해서 한다.』

{주해}

[爲己]: 자기 자신을 닦기 위함. [爲人]: 남에게 알리기 위함. 남에게 자랑을 하기 위함.

{해설}

옛날의 공부하는 사람은 자기를 위하여 했는데, 지금의 공부하는 사람들은 남에게 자기를 과시하기 위해 한다는 말이다. 즉, 학업은 원래 자기의 인격 수양을 위해 하는 것인데, 남에게 알리고 과시하기 위해 공부하는 풍토를 개탄하는 말이다.

(26)

蘧伯玉이 使人於孔子어늘 孔子,與之坐而問焉
<small>거백옥　　　사인어공자　　　공자여지좌이문언</small>

曰, 夫子는 何爲오? 對曰, 夫子,欲寡其過나 而未
<small>왈　부자　　하위　　대왈　부자욕과기과　　이미</small>

能也니이다. 使者出커늘 子曰, 使乎,使乎여!
<small>능야　　　사자출　　　자왈　사호　사호여</small>

{풀이}

　거백옥蘧伯玉이 사자를 공자에게 보내왔다. 공자가 그와 함께 앉아 물어보기를, 『그분께서는 무엇을 하고 계시오?』 사자가 대답하기를, 「그분께서는 과실을 적게 하려고 애쓰나 아직 충분하지 못하옵니다.」 사자가 가자 공자께서 말씀하시기를, 『훌륭한 사자로구나, 사자여!』 했다.

{주해}

[蘧伯玉]: 위나라의 대부. [與之坐]: 그와 함께 앉았다. [何爲]: 무엇을

하고 계시오? [欲寡其過]: 자기의 허물을 덜려고 애를 쓰다. [使乎]: 참 훌륭한 사자이다.

{해설}

심부름 온 사자에게 주인의 안부를 묻자, 주인에게 배운대로 겸손하게 대답하여 그를 칭찬하고 있다.

(27)

子曰, 不在其位하얀 不謀其政이니라.
자 왈 부 재 기 위 불 모 기 정

{풀이}

공자께서 말씀하시기를, 『그 직위에 있지 아니하면 그 직무를 논하지 말아야 하느니라.』

{주해}

[位]: 자리. 직위. [謀]: 꾀하다. 도모하다. 논하다. [政]: 정사. 정치.

{해설}

다른 사람의 소관을 간섭하지 말라는 뜻으로, 남의 하는 일이

나 자기와 관계없는 일에 대하여 이렇고 저렇고 말하지 말라는
뜻이다.

(28)

曾子曰, 君子는 思, 不出其位니라.
증 자 왈 군 자 　 사 불 출 기 위

{풀이}

증자가 말하기를, 「군자는 생각이 그 지위에서 벗어나지 않느니라.」
했다.

{주해}

[不出其位]: 자기의 지위에서 벗어나지 않음.

{해설}

자신의 지위에서 벗어나는 일을 도모하지 말라는 증자의 말
이다.

(29)

子曰, 君子는 恥,其言而,過其行이니라.
자 왈 군 자 치 기 언 이 과 기 행

{풀이}

공자가 말씀하시기를,『군자는 자신의 말이 행동보다 지나침을 부
끄럽게 여기느니라.』했다.

{주해}

[君子]: 도덕적 인간형. [恥]: 부끄럽다.

{해설}

말을 앞세우고 실천하지 않으면 신의가 없다는 뜻이다.

(30)

子曰, 君子,道者三에 我無能焉호니 仁者는 不憂
자 왈 군 자 도 자 삼 아 무 능 언 인 자 불 우

하고 智者는 不或하고 勇者는 不懼니라. 子貢曰, 夫
지 자 불 혹 용 자 불 구 자 공 왈 부

子,自道也삿다.
자 자 도 야

{풀이}

　공자께서 말씀하시기를, 『군자의 도 세 가지 중에 내가 할 수 있는 것이 하나도 없으니, 인자는 근심하지 않고, 지자는 사리에 미혹되지 않고, 용자勇者는 두려워하지 않느니라.』 자공이 말하기를, '선생님께서 스스로 겸손해서 하시는 말씀입니다.'

{주해}

[道者三]: 군자가 밟아 나갈 길이 세 가지다. 즉 仁者不憂, 知者不惑, 勇者不懼. [我無能焉]: 나는 그 가운데 아무것도 하지 못한다. [自道]: '道'를 이르다. 자신의 일을 말하다.

{해설}

　논어 자한편子罕篇에 이 '君子道三者'가 나온다. 그것은 「知者不惑, 仁者不憂, 勇者不懼」가 그것이다. 군자가 갖추어야 할 세 가지 덕목으로 지, 인, 용을 말하고 있는데, 공자께서는 그것을 하나도 갖추고 있지 못하다고 말했다.

　이 말을 듣고 있던 자공子貢이 그것은 선생님의 겸손한 말씀입니다 하고 대답한다. 즉, 군자는 이 3가지 지知, 인仁, 용勇을 갖추고 있어야 한다는 것을 말하고 있다.

(31)

子貢이 方人하더니 子曰, 賜也는 賢乎哉아. 夫我
자공　　방인　　　　자왈　사야　　현호재　　부아

則不暇하노라.
즉불가

{풀이}

　자공子貢이 남을 비교하여 평하자, 공자께서 말씀하시기를, 『사賜
는 현명하구나. 나는 그럴 틈이 없었노라.』했다.

{주해}

[方]: 서로 견주어 평함. [不暇]: 틈(겨를)이 없다.

{해설}

　자기의 인격수양을 하기에도 시간이 모자라는데, 남의 일들
을 하며 시간을 낭비하는 자공子貢을 은근히 나무라는 말이다.

(32)

子曰, 不患人之不己知요 患其不能也니라.
자왈　불환인지불기지　　환기불능야

공자께서 말씀하시기를, 『남들이 나를 알아주지 않음을 걱정하지 말고, 나에게 능력이 없음을 걱정하라.』

{주해}

[不患]: 걱정하지 말라. [人]: 남. [患己不能]: 내가 무능함을 걱정함.

{해설}

공자는 스스로 반성하는 것을 존중한다. 여기에 같은 말이 혹은 같은 구를, 혹은 비슷한 구를 사용하고 다소 변형하여 논어에 되풀이하여 나오고 있다. 내용인즉, 내가 실력을 쌓으면 저절로 알아줄 것이니, 남에게 인정받기 위해 노력하지 말고 실력을 쌓으라는 뜻이다.

즉, 올바른 사회에서는 능력 있는 사람이 반드시 등용된다. 그렇다면 남이 나를 몰라준다고 걱정할 것이 아니라 자기의 능력이 없음을 걱정해야 된다는 말이다.

(33)

子曰, 不逆詐하며 不億不信이니 抑亦先覺者,是
자 왈 불 역 사   불 억 불 신   억 역 선 각 자 시

賢乎인저.
현 호

{풀이}

　공자께서 말씀하시기를, 『남이 나를 속일 것이라 미리 경계하지 않고, 남이 믿지 않을 것이라 미리 억측하지 않으며, 일이 일어나면 먼저 잘못을 깨닫는 사람이야말로 현명한 사람이로다.』했다.

{주해}

[逆詐]: 남이 자기를 속일 것이라고 미리 경계함. [億]: 보기도 전에 미리 지레짐작. [不信]: 나를 믿지 않음. [抑]: 도리어. 그러나. [先覺]: 상대방의 진위를 직감적으로 알아차리는 것.

{해설}

　대인 관계에서 무조건 의심하거나 경계하지 말고 믿는 마음으로 대하라는 뜻이다.

(34)

微生畝, 謂, 孔子曰, 丘는 何爲, 是, 栖栖者與오?
미 생 무 위 공 자 왈 구   하 위 시 서 서 자 여

無乃爲佞乎아. 孔子曰, 非敢爲佞也라. 疾固也니
무 내 위 녕 호　　공 자 왈　비 감 위 녕 야　　질 고 야
라.

{풀이}

　　미생무微生畝가 공자에게 이르기를,「구丘는 어찌하여 그리도 분주
한가? 설마 구변으로 남의 마음을 사려는 것은 아니겠지.」공자께서
말씀하시기를,『구변으로 남의 마음을 사보겠다는 생각은 감히 하지
않습니다. 다만 고루함을 싫어할 뿐입니다.』했다.

{주해}

[微生畝]: 사람 이름. 나이가 많고 덕이 있는 분이라고 생각함. [栖栖]:
새가 나뭇가지에 머무름. 서서棲棲와 같음. [無乃]: 곧 ~이 아니냐?
[佞]: 구변. 말재주. [疾固]: 세상의 고루함을 미워함.

{해설}

　　공자의 천하주유를 말재간이나 부리는 것이 아닌가 하고 묻
는 미생무에게 고루한 제후들의 사고방식을 깨우치려 함을 말
한 것이라고 했다.

(35)

子曰, 驥는 不稱其力이요 稱其德也니라.
자 왈 기 불 칭 기 력 칭 기 덕 야

{풀이}

공자께서 말씀하시기를,『천리마는 그 힘을 칭찬함이 아니라, 그 덕을 칭찬함이니라.』

{주해}

[驥]: 하루에 천리를 달리는 병마. 천리마. [德]: 여기서는 말의 조련 효과를 말함.

{해설}

말이 하루에 천리를 달리는 것은 말의 힘 때문이 아니라 주인의 지시대로 움직이고 따르는 말의 덕 때문인데, 하물며 사람은 재주로써 존경을 받는 것이 아니라 그 덕행이 높아야 존경을 받는다는 것이다.

짧고 단순한 말이나 그 뜻은 매우 깊다. 공자의 정치관이 여기에 내포된 것이다. 학문의 정신을 상징해주는 말로써 천리마가 잘 달리는 것은 힘이 아니고 잘 조련된 결과로 양마良馬로써 칭찬을 받게 된다는 것이다. 사람도 재주와 덕을 겸비해야 한다는 것을 밝히고 있다.

(36)

或曰, 以德報怨이 何如이니꼬? 子曰, 何以報德
혹 왈　이 덕 보 원　　하 여　　　자 왈　하 이 보 덕
고? 以直報怨이오 以德報德이니라.
이 직 보 원　　　이 덕 보 덕

{풀이}

　어떤 사람이 말하기를, 「덕으로 원한을 갚는 것이 어떠하나이까?」
하니 공자께서 말씀하시기를, 『그러시다면 덕에 대하여는 무엇으로
갚겠소? 원한은 강직으로 갚고, 덕은 덕으로 갚아야 하는 것이오.』했
다.

{주해}

[以德報怨]: 원한을 은덕으로 갚는다. [直]: 사랑하고 미워하며.

{해설}

　은혜는 은혜로 갚고, 원한은 상대방에게 강직함을 보여주는
것으로 갚으라는 뜻이다.

(37)

子曰, 莫, 我知也夫인저. 子貢曰, 何爲其, 莫知子
자왈 막 아지야부   자공왈 하위기 막지자

也이꼬? 子曰, 不怨天하며 不尤人이요 下學而上達
야   자왈 불원천   불우인   하학이상달

하나니 知我者는 其天乎인저.
지아자 기천호

{풀이}

　공자께서 말씀하시기를, 『나를 알아주는 사람이 없구나.』 자공子貢
이 말하기를, 「어찌 선생님을 알아주는 사람이 없겠습니까?」 공자께서
말씀하시기를, 『하늘을 원망하지 않고 남을 탓하지도 않으며, 아래로
부터는 인사人事를 배우고 위로부터는 천리天理에 통달해 가노니, 나
를 알아주는 것은 역시 저 하늘이리라.』 했다.

{주해}

[莫我知]: 나를 알아주지 않음. [尤]: 탓하다. [下學而上達]: 일상생활
의 비근한 일을 배우기 시작하여, 서서히 심오한 이치에 통달하게 됨.

{해설}

　아무도 알아주는 사람이 없지만 꾸준히 배우고 닦아 하늘이 준
사명을 통달하였으니, 하늘만은 알아주리라는 공자의 말이다.

公伯寮,愬,子路於季孫이어늘 子服景伯,以告曰,
<small>공백료소 자로어계손   자복경백 이고왈</small>

夫子固有,惑志於公伯寮하나니 吾力이 猶能,肆諸
<small>부자고유 혹지어공백료   오력   유능 사저</small>

市朝니이다. 子曰, 道之,將行也與도 命也며 道之,
<small>시조   자왈 도지 장행야여   명야   도지</small>

將廢也與도 命也니 公伯寮,其如命何리오.
<small>장폐야여   명야   공백료 기 여명하</small>

{풀이}

　공백료公伯寮가 자로子路를 계손씨季孫氏에게 참소하자, 자복경백
子服景伯이 이를 공자께 말하기를,「그분은 확실히 백료伯寮의 참소에
뜻이 흔들리고 있으나, 나의 힘은 그 공백료公伯寮를 처단하여 시체를
시장이나 조정에 내걸게 할 수 있나이다.」공자께서 말씀하시기를,『장
차 도가 행하여지는 것도 천명이며, 도가 행하여지지 않는 것도 천명
인데 공백료가 그 천명을 어찌하리요.』했다.

{주해}

[公伯寮]: 노나라 사람으로, 자로와 함께 계손씨를 섬김. [愬]: 참소하
다. [子服景伯]: 노나라의 대부. [固]: 진실로. [惑志]: 마음속으로 의심
함. [肆]: 죄수를 처형하여 그 시체를 내걸다.

삼환의 횡포가 극심하여 공자가 자로를 내세워 삼환의 세력을 꺾고 왕권을 회복하려다가 실패해서 망명길에 올랐을 때 이야기다.

(39)

子曰, 賢者는 辟世하고 其次는 辟地하고 其次는
자왈 현자 피세 기차 피지 기차

辟色하고 其次는 辟言이니라. 子曰, 作者七人矣로다.
피색 기차 피언 자왈 작자칠인의

{풀이}

공자께서 말씀하시기를, 『현자는 어려운 세상을 피하고, 그 다음 가는 사람은 어지러운 지방을 피하고, 그 다음 가는 사람은 군주의 안색을 보고 피하고, 그 다음 가는 사람은 말을 듣고 피하느니라.』 공자께서 또 말씀하셨다. 『이렇게 실천한 사람이 일곱 사람 있었다.』

{주해}

[辟世]: '辟'는 피避이다. 그때는 국왕을 섬기지 않고 은둔함. [辟地]: 어지러운 나라를 떠나 평화로운 나라로 감. [辟色]: 안 좋은 안색으로 대

하면 그 나라를 떠남. [辟言]: 궂은 소리를 들으면 그 나라를 떠남. [七人]: 장저長沮, 걸익桀溺, 장인丈人, 석문石門, 하괴荷蕢, 봉인封人, 접여接輿의 일곱 사람.

{해설}

　천하가 도가 없으면 은둔하는 것이고, 나라가 어지러우면 그 나라를 떠나 잘 다스리는 나라로 가는 것이고, 군주의 예모禮貌가 안 좋으면 떠나고, 그 다음으로 말이 어긋나 맞지 않으면 떠나야 한다고 했다. 즉, 현명한 사람은 세상이 어지러우면 은거하고, 그보다 조금 덜 현명한 사람은 도가 행해지지 않는 다른 나라로 찾아가며, 그 다음 가는 사람은 군주의 태도가 옳지 않으면 은퇴한다. 또 그 다음 사람은 군주의 잘못을 간諫하다가 듣지 않으면 물러난다고 피력하고 있다.

　이러한 사상은 은둔사상과 통하며 동양사상에서 나와 사람들과의 사이에서 자기의 뜻이 통하지 않으면 은둔하거나 다른 곳으로 떠난다는 말이다.

（40）

子路, 宿於石門이러니 晨門曰, 奚自오? 子路曰,
자 로 숙 어 석 문　　　　　신 문 왈 해 자　　　　자 로 왈

自孔氏로라. 曰, 是知其, 不可而爲之者與아?
자 공 씨　　　　왈　시 지 기　불 가 이 위 지 자 여

자로子路가 석문 근처에서 묵게 되었는데 문지기가 말하기를, 「어디서 오시는 거요?」 자로가 대답하기를, 「공씨 댁에서 옵니다.」 문지기가 말하기를, 「바로 그 안될 줄을 알면서도 애쓰시는 그 사람 말이요?」 했다.

{주해}

[石門]: 지명. 노나라의 성문이 있었음. [晨門]: 문지기. [奚自]: 어디에서부터 왔소? [自孔氏]: 공씨 문중에서 왔소.

{해설}

석문 근처의 문지기는 은자였는데, 공자의 노력을 부질없이 애만 쓰는 사람으로 알고 하는 말이다.

(41)

子,擊磬於衛러시니 有,荷蕢而過,孔氏之門者曰,
자 격 경 어 위　　　유 하 궤 이 과 공 씨 지 문 자 왈

有心哉라 擊磬乎여! 旣而曰,鄙哉라 硜硜乎여! 莫
유 심 재 격 경 호　　　기 이 왈 비 재 경 경 호　　　막

己知也어든 斯,已而已矣니 深則厲요 淺則揭니라.
기 지 야　　　사 이 이 이 의 심 즉 려 천 즉 게

子曰, 果哉라 末之難矣니라.
자 왈 과 재 말 지 난 의

{풀이}

　공자가 위나라에 있을 때 경쇠란 악기를 치자, 삼태기를 지고 공자의 집 문 앞을 지나던 사람이 말하기를, 「마음이 담겨있도다 경쇠 치는 소리는!」 다시 말하기를, 「속되도다. 경쇠의 소리가! 자기를 몰라주면 그만두면 그뿐인데, 물이 깊으면 옷을 입은 채로 건너고, 물이 얕으면 옷을 걷고 건너면 될 것을…」 했다. 공자가 말씀하시기를, 『과감하도다. 그렇게 산다면 어려울 게 없느니라.』 했다.

{주해}

[磬]: 돌로 만든 타악기. [荷蕢]: 삼태기를 걸머짐. [旣而]: 잠시 후에. [鄙哉]: 비루하구나! [硜硜乎]: 의성어. 돌을 두드릴 때의 소리. [斯己而已矣]: 그만둘 따름이다. [深則厲]: 물이 깊으면 옷을 입은 채로 강을 건넘. [末之難矣]: 末은 없다. 즉, 어려움은 없다. 쉽다.

{해설}

　세상이 알아주지 않는다고 현실 도피자가 되는 것은 쉬운 일이나 그렇게 해서는 안 된다는 뜻이다.

(42)

子張曰, 書云에 高宗이 諒陰三年을 不言이라 하
자장왈　서운　　고종　　양음삼년　　불언

니 何謂也이꼬? 子曰, 何必高宗이리오 古之人이 皆
하위야　　　자왈　하필고종　　　　고지인　개

然하니 君薨커시든 百官이 總己하여 以聽於家宰三
연　　　군훙　　　백관　　총기　　　이청어총재삼

年하니라.
년

{풀이}

　자장子張이 말하기를, 「서경書經에 이르기를, 고종께서는 부왕의
삼년상 동안 말하지 않았다.」 했으니, 무슨 뜻입니까? 공자께서 말씀
하시기를, 『어찌 고종만이 그러하였으랴. 옛사람들이 다 그러하였으
니, 임금이 돌아가시면 백관들은 각기 직책을 맡아 삼 년 동안 총재의
지휘에 따랐느니라.』

{주해}

[書]: 서경. [高宗]: 은나라 중흥의 군주. [諒陰]: 천자가 복상하는 동안
을 말함. 양암諒闇이라고도 한다. [不言]: 정치에 대해서 말하지 않음.
[薨]: 왕이 죽다. 천자가 죽으면 '붕崩'이라 했다. [總己]: 자기의 직책을
수행함. [家宰]: 재상. 총리.

 고대에는 왕이 죽으면 신왕은 삼 년 동안 여막에 거처하면서
정치에 간여하지 않고 총재가 대신 정치를 한다는 뜻이다.

(43)

子曰, 上이 好禮면 則, 民易使也니라.
자 왈 상 호 례 즉 민 이 사 야

 공자께서 말씀하시기를, 『윗자리에 있는 사람이 예를 좋아하면 아
랫사람을 부리기 쉬우니라.』했다.

[上]: 윗자리에 있는 사람. 위정자.

 위정자가 먼저 법도에 맞게 처신하면 백성들이 스스로 따른
다는 뜻이다.

(44)

子路問君子한대 子曰, 修己以敬이니라. 曰, 如
자로문군자   자왈 수기이경   왈 여

斯而已乎이꼬? 曰, 修己以安人이니라. 曰, 如斯而
사이이호   왈 수기이안인   왈 여사이

已乎이꼬 曰, 修己以安百姓이니 修己以安百姓은
이호   왈 수기이안백성   수기이안백성

堯舜其猶病諸니라.
요순기유병저

{풀이}

　자로子路가 군자에 대하여 묻자 공자께서 말씀하시기를,『마음을
경건히 하여 자기를 수양하는 것이니라.』말하기를,「그렇게 할 뿐입
니까?」공자께서 또 말씀하시기를,『자기가 수양을 해서 백성들을 편
안하게 하여 주는 것이다. 자기 수양을 해서 백성을 편안하게 해주는
것은 요순堯舜도 오히려 부족하게 여기어 걱정하였느니라.』했다.

{주해}

[修己以敬]: 자기를 수양하고 공경, 성실하게 하다. [如斯而已乎]: 그
렇게만 하면 됩니까? [安人]: 자기의 덕행으로 벗과 친족들을 안락하
게 하다. [病]: 마음을 상심함. 고심함. 걱정.

군자는 먼저 자기의 인격 수양부터 하고 겸허한 마음으로 학
문을 닦아 덕을 쌓아야 한다는 뜻이다. 그래서 군자는 수신제가
치국평천하修身齊家治國平天下를 이루는 것이라고 했다.

(45)

原壤이 夷俟러니 子曰, 幼而不孫弟하며 長而無
원양 이사   자왈 유이불손제   장이무

述焉이오 老而不死니 是爲賊이라시고 以杖叩其脛
술언   노이불사 시위적   이장고기경

하시다.

{풀이}

원양原壤이 쭈그리고 앉아서 공자를 기다리니 공자께서 말씀하시
기를,『어려서는 공손하지 못했고, 자라서는 칭찬 받을 일이 없으며,
늙어서는 죽지도 않았으니 너야말로 도둑이로다.』하고 지팡이를 들어
그의 정강이를 두드렸다.

{주해}

[原壤]: 노나라 사람으로, 공자의 친구. [夷]: 쭈그리고 앉다. [俟]: 기다
림. [孫弟]: 겸손하고 공경함. [述]: 칭찬을 받다. [叩]: 두드리다. 때리

다. [脛]: 정강이.

{해설}

원양의 인간됨이 모자람을 공자께서 나무라고 있다.

(46)

闕黨童子,將命이어늘 或이 問之曰, 益者與이고?
궐 당 동 자 장 명   혹   문 지 왈   익 자 여

子曰, 吾見,其居於位也하며 見其與,先生竝行也
자 왈   오 견 기 거 어 위 야   견 기 여 선 생 병 행 야

하니 非,求益者也라 欲速成者也니라.
    비 구 익 자 야   욕 속 성 자 야

{풀이}

　궐당闕黨의 동자가 손님의 안내를 맡아 하고 있었는데, 어떤 사람
이 공자에게 묻기를, 「학문의 진취가 있는 사람입니까?」 공자께서 말
씀하시기를, 『나는 그 아이가 어른들 자리에 앉고 어른들과 나란히 걷
는 것을 보았으니, 그는 학문에 정진하려는 아이가 아니라 빨리 이루
어지기를 바라는 아이이니라.』 했다.

{주해}

[闕黨]: 공자가 살았던 마을 이름. 당은 원래 5백 호의 마을을 뜻함.

[將命]: 손님을 안내하다. [益者與]: 배우려고 하는 아이입니까? [居於位]: 어른들의 자리에 앉다. [先生]: 어른. 손위의 사람. [欲速成]: 빨리 성취되기를 바람.

{해설}

　공문孔門에 신입생이 들어왔는데, 학문에 정진하려 하지 않고 빨리 입신출세했으면 하는 기질이 있어보여서 예절부터 가르치려는 의도였다.

제15편

衛靈公(위령공)

┃篇名說┃

수신修身과 처세處世에 대한 방도를 기술하고 있다. 제1장에 위령공과 공자의 대화에서 편명篇名을 따온 것이다.

(1)

衛靈公이 問陳於,孔子한대 孔子對曰, 俎豆之事
위령공　　　문진어공자　　　공자대왈　조두지사

는 則,嘗聞之矣어니와 軍旅之事는 未知學也라 하
　　즉　상문지의　　　군려지사　　　미지학야

시고 明日에 遂行하시다. 在陳絶糧하니 從者病하여
　　명일　　수행　　　　　재진절량　　　종자병

莫能興이러니 子路,慍見曰, 君子,亦,有窮乎이고?
막능흥　　　자로온견왈 군자 역 유궁호

子曰,君子固窮이니 小人은 窮斯濫矣니라.
자왈 군자고궁　　　소인　　궁사람의

{풀이}

　위나라 영공靈公이 공자에게 진법에 관하여 물으니 공자께서 말씀하시기를, 『조두俎豆를 다루는 일에 관하여는 일찍이 들어서 알지만,

군사를 지휘하는 일은 아직 배운 바가 없습니다.』라 하고, 그 이튿날 길을 떠났다. 진나라에 있을 때에 양식은 떨어지고 따르던 사람들은 병이 들어 일어나지 못하니, 자로가 화를 내며 공자를 보고 말하기를, 「군자도 곤궁한 때가 있습니까?」 공자께서 말씀하시기를, 『군자는 곤궁에 대하여 잘 견디어 나아가지만, 소인은 곤궁해지면 과도하게 행동하느니라.』 했다.

{주해}

[衛靈公]: 위나라의 임금. 기원전 534—492년까지 재위 [陳]: 군사 배치. 진陣과 같음. [俎豆]: 제사의식 때 쓰는 그릇. 제기祭器를 말함. '俎 豆之事'는 예의의 초보를 말함. [軍旅]: 군사에 관한 여러 가지 일. 1 軍—12,500명. 1旅—500명. 천자는 6군, 대국은 3군, 소국은 1군. 군의 장수로는 경卿이 임명됨.

{해설}

위나라 영공을 방문한 공자에게 군사 및 군사 쓰는 법을 물었다. 공자께서는 전쟁에 관한 답변이 하기 싫어 일부러 회피하는 듯한 느낌을 주기도 한다. 공자 자신은 군사작전에 대한 것은 하나도 모른다고 했다. 안다면 오직 조두俎豆, 즉 제사에 관한 예의범절과 예의 도덕적인 것밖에 모른다고 대답하고, 그 이튿날 위나라를 떠나왔던 것이다. 다시 말하면, 공자는 위령공에게

도의 정치에 대해서는 도움을 줄 수 있으나 힘으로 다스리는 무력정치는 아무런 도움을 줄 수 없다는 뜻을 피력하고 돌아온 것이다.

(2)

子曰, 賜也아! 女以予로 爲多學而, 識之者與아!
자왈 사야 여이여 위다학이 지지자여

對曰, 然하니다. 非與이고? 曰, 非也라 予는 一以貫
대왈 연 비여 왈 비야 여 일이관

之니라.
지

{풀이}

공자께서 말씀하시기를, 『사야! 너는 내가 많이 배워서 그것을 모두 기억하고 있는 사람이라고 생각하느냐?』 사가 대답하기를, 「그렇습니다. 그렇지 않사옵니까?」 하니 공자께서 다시 말씀하시기를, 『아니니라. 나는 하나로써 모든 것을 관철하고 있느니라.』 했다.

{주해}

[賜]: 공자의 제자인 자공의 이름. [女]: 여汝와 같음. 너. 그대. [以~爲~]: 을 ~라고 생각하다. [多學]: 널리 보고 배우다. [識]: 외우다. 기억

하다. [一以貫之]: 하나로서 모든 것을 관철함.

{해설}

공자 제자인 자공子貢과의 대화를 통해 원칙을 알면 사물의 이치를 미루어 할 수 있다는 교훈적인 말을 하고 있다.

(3)

子曰, 由야! 知德者,鮮矣니라.
자 왈 유 지 덕 자 선 의

{풀이}

공자께서 말씀하시기를,『유由야! 덕을 알아주는 사람은 드물구나.』

{주해}

[由]: 자로의 이름. 공자께서 직접 자로의 이름을 부르고 있다. [知德者鮮]: 덕이 있는 자를 알아주는 사람이 드물다. 선鮮은 소少.

{해설}

사람이 권력이나 재력에는 민감하나, 덕이니 인격이니 하는 것에는 별로 관심을 갖지 않는다는 말이다.

(4)

子曰, 無爲而治者는 其舜也與인져. 夫何爲哉시
_{자 왈 무 위 이 치 자 기 순 야 여 부 하 위 재}
리오? 恭己, 正南面而已矣시니라.
_{공 기 정 남 면 이 이 의}

{풀이}

　공자께서 말씀하시기를,『아무것도 하지 않고 천하를 잘 다스린 사람은 순임금이었을 것이다. 그분이 무엇을 하였겠는가? 자신을 공손히 하고 바르게 남면南面하였을 따름이니라.』했다.

{주해}

[無爲而治]: 잘 다스리는 일. 애쓰지 않고 잘 다스리는 일. [恭己]: 자기의 몸가짐을 공손히 함. [正南面]: 똑바로 남면하여 앉다.

{해설}

　인자仁者를 적재적소에 등용하여 천하를 잘 다스렸다는 순임금의 덕을 칭송하고 있다.

(5)

子張이 問行한대 子曰, 言忠信하며 行篤敬이면 雖,
자장 문행   자왈 언충신   행독경   수

蠻貊之邦이라도 行矣이니라. 言不忠信하며 行不篤
만맥지방   행의   언불충신   행불독

敬이면 雖州里나 行乎哉아 立則見其參於前也요
경   수주리 행호재 입즉견기참어전야

在與則見其倚於衡也니 夫然後에 行이니라. 子張
재여즉견기의어형야 부연후 행   자장

이 書諸紳하니라.
서저신

{풀이}

　자장子張이 행실에 대하여 묻자 공자께서 대답하시기를, 『말이 성실하여 신의가 있고, 행동이 돈독하여 공경스러우면 비록 오랑캐의 나라에서라도 행할 수 있을 것이다. 말이 성실치 못하여 신의가 없고, 행동이 돈독하지 못하여 공경스럽지 않으면, 비록 작을 고을이라 할지라도 행할 수 있겠느냐, 서있을 때에는 이 말이 너의 눈앞에서 아른거리고, 수레에 탔을 때에는 이 말이 멍에에 걸려 있음을 보아야 한다. 그렇게 된 후면 진실로 행하게 된다.』 자장은 이 말씀을 자기의 허리띠에 적었다.

{주해}

[行]: 어디서나 통할 수 있는 행실. [篤敬]: 독실하고 경건함. [蠻貊]: 남

만 북적, 즉 오랑캐를 말함. [州里]: 마을 향리. [參]: 어울림. 실천함.
[輿]: 수레. [倚於衡]: 수레의 멍에에 기대어 있음. [書諸紳]: 큰 띠의 자
락에다 적어둠.

{해설}

　공자는 사람의 올바른 언행을 충, 신, 독, 경으로 생각하고 있
었다. 언행이 모두 이렇다면 오랑캐의 나라에서도 통할 수 있다
고 했다.

(6)

　子曰, 直哉라. 史魚여! 邦,有道에 如矢하며 邦,無
　　자왈 직재   사어   방유도 여시   방무
道에 如矢로다 君子哉라! 蘧伯玉이여! 邦,有道則
도 여시   군자재   거백옥   방유도즉
仕하고 邦,無道則可卷而懷之로다.
사   방무도즉 가권이회지

{풀이}

　공자께서 말씀하시기를,『곧은 사람이로다. 사어史魚여! 나라에 도
가 있어도 화살같이 곧았고, 나라에 도가 없어도 화살같이 곧았도다.
군자로구나! 거백옥蘧伯玉이여! 나라에 도가 있으면 벼슬을 하고, 나

라에 도가 없으면 덕을 거두어 숨을 수 있도다.』했다.

{주해}

[史魚]: 사람 이름. 위衞의 대부. [如矢]: 화살처럼 곧음. [蘧伯玉]: 위衞의 대부. [仕]: 벼슬을 하다. [卷而懷之]: 자기의 재능을 발휘하지 않고 숨어서 지내다.

{해설}

  사어史魚는 소신이 곧아서 직언을 잘했으며, 거백옥蘧伯玉은 난을 다스림에 따라서 거취를 정하는 덕망이 높은 사람이었다.

(7)

子曰, 可與言而 不與之言이면 失人이오 不可與
_{자 왈 가 여 언 이 불 여 지 언   실 인   불 가 여}

言而 與之言이면 失言이니 知者는 不失人하며 亦
_{언 이 여 지 언   실 언   지 자 불 실 인   역}

不失言이니라.
_{불 실 언}

{풀이}

  공자께서 말씀하시기를,『더불어 말을 할 만한 사람과 더불어 말을 하지 않으면 사람을 잃고, 더불어 말을 해서는 안 되는 사람과 더불어 말을 하면 실언이 된다. 지혜로운 자는 사람도 잃지 않고, 또 실언도 하지 않는다.』

{주해}

[可與言]: 함께 말을 나눌만함. [與之言]: 그와 더불어 말함. [不可與言]: 더불어 말을 할 수 없음.

{해설}

우리가 일상생활에서 그 사람과 말을 나눌만한 사람인데, 더불어 말을 하지 않았다가는 그 사람을 잃어버리는 수가 있다. 그와 반대로 그 사람과는 말을 할 수 없는 사람이 있다. 그런 사람과 말을 잘못하면 실언이 된다는 뜻이다.

즉, 사람이 사람을 얻는 일이 매우 어려우므로 처음부터 무조건 경계하지 말고, 진정을 토로할 수 있는 지기知己를 얻도록 노력하라는 말이다.

(8)

子曰, 志士仁人은 無求生以害仁이오 有殺身
자 왈   지 사 인 인   무 구 생 이 해 인   유 살 신

以成仁이니라.
이 성 인

{풀이}

　공자께서 말씀하시기를, 『뜻있는 선비와 어진 사람은 삶을 구하여 인을 해치는 일이 없고, 몸을 죽여서라도 인을 이룩하느니라.』

{주해}

[志士]: 인과 도를 구현코자 뜻을 가지고 공부하는 선비. 즉, 뜻있는 선비. [仁人]: 어진 사람. [求生]: 살기 위해서 [殺身]: 몸을 죽여서.

{해설}

　나 혼자 잘 살겠다고 인을 파괴할 수는 없다. 오히려 인을 위해 나를 희생하는 일을 해야 한다. 즉, 지조가 굳고 수양을 쌓은 사람은 생명을 아껴 불의를 저지르는 일이 없고, 정의를 위하여 목숨을 내놓는 일은 있다는 뜻이다. 요즈음 현실 사회에서도 이 사회와 혹은 정의를 위하여 자기 몸을 희생하는 일을 종종 볼 수 있으니, 이것이 바로 살신성인殺身成仁의 정신이다.

(9)

子貢.問爲仁한대 子曰. 工欲.善其事인댄 必.先
자공 문 위 인   자 왈 공 욕 선 기 사   필 선

利其器니 居是邦也하여 事其.大夫之賢者하며 友
리 기 기 거 시 방 야   사 기 대 부 지 현 자   우

其.士之仁者니라.
기 사 지 인 자

{풀이}

　자공子貢이 인仁에 대하여 묻자, 공자께서 말씀하시기를, 『장인匠
人이 그 일을 하려면 우선 그 연장을 예리하게 해야 한다. 진실로 인
仁을 행하려면 현재 살고 있는 나라에 대부 중에 현명한 사람을 섬기
고, 선비 중에 어진 사람을 벗으로 사귀어야 하느니라.』했다.

{주해}

[工]: 장인(匠人). [善其事]: 자기의 일을 잘해야 한다. [利其器]: 그의 연
장을 예리하게 손질해 둠.

{해설}

　현명한 자공이 인을 행하는 방법을 질문한 것이다. 현명한 사
람을 윗사람으로 섬기고 뜻이 같은 현자들과 벗하라는 말이다.

(10)

顔淵,問爲邦한대 子曰, 行夏之時하며 乘殷之輅
하며 服周之冕하며 樂則韶舞요. 放,鄭聲하며 遠,佞
人이니 鄭聲은 淫하고 佞人은 殆니라.

{풀이}

　안연顔淵이 나라를 다스리는 것에 대하여 묻자 공자께서 말씀하시기를,『하夏나라의 역법을 쓰고, 은殷나라의 수레를 타고, 주周나라의 면류관을 쓰고, 음악은 순舜의 소무韶舞를 해야 한다. 정나라의 음악을 추방하고 아첨하는 사람을 멀리할 것이니, 정나라의 음악은 음탕하고 아첨하는 사람은 위험하니라.』했다.

{주해}

[爲邦]: 나라를 다스리는 방도. [夏之時]: 하나라의 역법. [殷之輅]: 은나라 천자가 타던 검소한 나무 수레. [周之冕]: 주나라 시대의 예관禮冠. [韶舞]: 순임금의 음악. [放]: 몰아냄. 금지. [鄭聲]: 정나라의 노래. 남녀의 애정을 노래했음. 음탕했다. [佞人]: 아첨하는 자.

{해설}

　정치는 백성을 위한 것이어야 하고, 위정자들의 생활은 검소해야 하며, 비속한 음악은 배제되어야 하고, 아첨하고 퇴폐적인 풍조도 배제되어야 한다.

(11)

子曰, 人無遠慮면 必有近憂니라.
자 왈　인 무 원 려　　필 유 근 우

{풀이}

　공자께서 말씀하시기를, 『사람은 멀리 생각하지 않으면 반드시 가까운 곳에 근심이 있느니라.』

{주해}

[遠慮]: 멀리를 생각하다. [近憂]: 가까운 곳에 있는 근심.

{해설}

　이 말은 역시 진리에 가까운 말이다. 사람은 항상 멀리 생각해야 한다는 것이다. 가까운 이익이나 가까운 곳에 있는 조그만 이득을 취한다면 반드시 가까운 곳에는 근심이 숨어 있다고 했다. 바로 혜안慧眼과 원려遠慮를 생각하게 하는 말씀이다. 즉, 목표가 먼 곳에 있지 않으면 코앞에 있는 이익만을 추구하게 되므로, 곧 걱정과 근심거리가 생길 수 있다는 뜻이다.

(12)

子曰, 已矣乎라! 吾未見,好德을 如,好色者也라.
자 왈 이 의 호   오 미 견 호 덕   여 호 색 자 야

{풀이}

공자께서 말씀하시기를, 『다 되었구나! 내 아직 덕을 사랑하기를 여색을 좋아하는 것 같이하는 사람을 보지 못하였구나.』

{주해}

[已矣乎]: 다 되었군! [好色]: 여색을 좋아함.

{해설}

세상 사람들이 덕은 좋아하지 않고 색을 좋아하는구나. 즉 색보다 덕을 좋아하는 것을 나는 보지 못했다라고 했다.

(13)

子曰, 臧文仲은 其,竊位者與인저. 知,柳下惠之
자왈 장문중 기 절위자여 지류하혜지

賢을 而不與,立也로다.
현 이불여립야

{풀이}

　공자께서 말씀하시기를, 『장문중臧文仲은 그 벼슬자리를 도둑질한
사람이로다. 유하혜柳下惠의 현명함을 알면서도 그와 함께 서려고
하지 않았으니 말일세.』했다.

{주해}

[臧文仲]: 노나라의 대부. [竊位]: 벼슬자리를 훔치다. 직책을 다하지
않고 녹만 받아먹었음. [柳下惠]: 노나라의 대부. 유하柳下는 그의 호
이며, 혜惠는 시호임. [不與立]: 그와 함께 조정에 서지 않았다는 말.

{해설}

　장문중은 자기보다 나은 유하혜를 조정에 천거하지 않고, 저
혼자만 그 자리에서 녹을 받아먹고 있었다는 말이다.

(14)

子曰, 躬自厚하며 而.薄責於人이면 則.遠怨矣니
_{자 왈 궁 자 후} _{이 박 책 어 인} _{즉 원 원 의}
라.

{풀이}

　공자께서 말씀하시기를, 『자기 스스로 책망하기를 엄하게 하고, 남
의 잘못을 가볍게 책망하면 남의 원망이 멀어지느니라.』

{주해}

[躬自厚]: 박책어인薄責於人과 대구를 이루고 있다. 후厚는 후책厚責의
준말. 궁躬은 자기 자신. 즉 '자기 꾸짖기를 호되게' 한다. [薄責]: 남의
잘못을 가볍게 책망함. [遠怨]: 원망이 멀어지다.

{해설}

　일반적으로 사람들은 자기의 잘못에 대하여는 관대하고, 남
의 잘못에 대하여는 엄격하게 하는 것이 일반적이다. 그러나 공
자께서는 그와 반대의 견해다. 자기의 잘못에 대하여는 호되게
꾸짖고, 남의 잘못은 가볍게 책망하게 되면 남으로부터 원망을
듣지 않게 된다는 뜻이다.

즉, 자기반성은 가혹하게 하되 남의 잘못에 대하여는 관대하라는 내용이다.

(15)

子曰, 不曰, 如之何, 如之何者는 吾未如之, 何也
자왈 불왈 여지하 여지하자   오미여지하야
已矣니라.
이 의

{풀이}

공자께서 말씀하시기를, 『어떻게 할까? 어떻게 할까? 하고 깊이 생각하지 않는 사람은 나도 어찌할 도리가 없느니라.』

{주해}

[如之何]: 이를 어떻게 하나. [未]: 하지 못함. 부정사임.

{해설}

본인이 의욕을 잃고 있으면 다른 사람도 아무런 대책이 없다는 뜻이다.

(16)

子曰, 羣居終日에 言不及義오 好行小慧면 難
<small>자 왈 군 거 종 일　　 언 불 급 의　 호 행 소 혜　　 난</small>

矣哉라.
<small>의 재</small>

{풀이}

공자께서 말씀하시기를, 『종일토록 여럿이 모여 있으면서 이야기가
의義에 미치지 못하고 잔꾀만 부린다면 사람 구실하기 어려우니라.』
했다.

{주해}

[羣居終日]: 여럿이 종일토록 모여 있음. [言不及義]: 하는 말이 의에
는 미치지 못함. [小慧]: 자잘한 잔꾀. [難矣哉]: 딱한 일이다.

{해설}

오랫동안 이야기 하고도 뜻있는 말이 나오지 않으면 벗할 필
요가 없다는 뜻이다.

(17)

子曰, 君子, 義以爲質이요 禮以行之하며 孫以出
<small>자 왈 군 자 의 이 위 질　　예 이 행 지　　손 이 출</small>

之하며 信以成之하나니 君子哉라.
<small>지　　신 이 성 지　　군 자 재</small>

{풀이}

　공자께서 말씀하시기를,『군자는 의로써 바탕을 삼고, 예에 따라
행하고, 공손한 태도로 말하고, 신의로써 이루어야만 진실로 군자이
니라.』했다.

{주해}

[義]: 의로움. 대의. [質]: 본질. [孫]: 겸손. 손遜과 같음. [出之]: 말로
의를 나타냄. [信以成之]: 신의로써 의를 성취함.

{해설}

　군자는 언행이 의롭고 뜻을 같이하는 사람과 신의로 사귀어
정의를 실현시킨다는 뜻이다.

(18)

子曰, 君子는 病無能焉이요, 不病人之 不己知
자 왈 군 자 병 무 능 언   불 병 인 지 불 기 지

也니라.
야

{풀이}

　공자께서 말씀하시기를, 『군자는 자기의 능력이 없음을 걱정하지만,
남이 자기를 알아주지 않음을 걱정하지 않느니라.』 했다.

{주해}

[病]: 걱정. 근심. [不己知]: 자기를 알아주지 않음.

{해설}

　자기가 능력이 충분이 있으면 저절로 남들이 인정해준다는
뜻이다.

(19)

子曰, 君子는 疾 沒世而名不稱焉이니라.
자 왈 군 자 질 몰 세 이 명 불 칭 언

{풀이}

　공자께서 말씀하시기를,『군자는 죽은 뒤에 이름이 칭송되지 않을까 걱정하느니라.』했다.

{주해}

[疾]: 근심하다. [沒世]: 세상을 등진 뒤에. [不稱]: 칭송되지 않을까봐.

{해설}

　일생동안 덕을 쌓은 노력이 죽은 뒤에 어떻게 평가될 것인가에 대해서 염려된다는 뜻이다.

(20)

子曰, 君子는 求諸己요, 小人은 求諸人이니라.
자 왈　군 자　　구 저 기　　소 인　　구 저 인

{풀이}

　공자께서 말씀하시기를,『군자는 자기에게서 구하고, 소인은 남에게서 구하느니라.』했다.

[求諸己]: 자신을 반성함. 잘못을 자기에게서 찾음. [求諸人]: 남에게 잘못을 돌린다.

{해설}

　군자는 모든 잘못을 자기에게 찾고자 하는 반면에, 소인은 모든 잘못을 남에게 있다고 돌린다는 말이다.

(21)

子曰, 君子는 矜而不爭하며 群而不黨이니라.
자 왈 군 자　 긍 이 부 쟁　　 군 이 부 당

{풀이}

　공자께서 말씀하시기를, 『군자는 긍지를 지니면서도 다투지 않고, 여러 사람과 어울리면서도 편당을 가르지 않느니라.』했다.

{주해}

[矜]: 긍지를 가지다. [不黨]: 파당을 만들지 않음.

군자는 정의와 지조를 지니며, 남과 과도하게 경쟁하거나 헐뜯고 다투지 않는다는 말이다.

(22)

子曰, 君子는 不以言, 擧人하며 不以人, 廢言이니라.
자왈 군자 불이언 거인 불이인 폐언

{풀이}

공자께서 말씀하시기를, 『군자는 말로써 사람을 천거하지 않으며, 사람으로 인해서 그 말을 버리는 일이 없느니라.』

{주해}

[不以言]: 말로서 ~하지 않음. [擧人]: 사람을 천거하다.

{해설}

군자는 사람을 말로서 평하지 말고, 보잘것없어도 말이 훌륭하면 소홀히 하지 말라는 말이다.

(23)

子貢이 問曰, 有一言而可以終身行之者乎이꼬?
자 공 문 왈 유 일 언 이 가 이 종 신 행 지 자 호

子曰, 其恕乎인저. 己所不欲을 勿施於人이니라.
자 왈 기 서 호 　 　 기 소 불 욕 　 물 시 어 인

{풀이}

자공子貢이 묻기를, 「한마디의 말로 평생토록 실행할 만한 것이 있겠습니까?」 공자께서 말씀하시기를, 『그것은 용서일 것이다. 자기가 하고자 하지 않는 바를 남에게 베풀지 말아야 하느니라.』

{주해}

[子貢]: 공자의 제자. 이름은 사. [終身行之]: 평생토록 지키고 행하다.
[恕]: 용서하다. [勿]: ~하지 말라.

{해설}

남을 용서한다는 것이 바로 인仁이다. 그것은 남을 사랑한다는 것과 통한다. 그래서 내 마음을 통하여 남을 이해하는 일이다. 내가 하기 싫은 일을 남에게 베풀지 말라는 것이 바로 인을 위하는 일이다. 내가 하기 싫은 일을 남에게 주어서 하라는 그것, 이것이 바로 잘못된 일이고 남을 사랑하지 않는 일이 된다.

(24)

子曰, 吾之於人也에 誰毁誰譽리오. 如有所譽
자왈 오지어인야 수훼수예 여유소예
者면 其有所試矣니라. 斯民也는 三代之所以直道
자 기유소시의 사민야 삼대지소이직도
而行也니라.
이 행 야

{풀이}

　공자께서 말씀하시기를, 『내가 사람에 대하여 누구를 헐뜯고, 누구
를 칭송하리요. 만일 칭송하는 사람이 있다면 그것은 그럴만한 이유가
있느니라. 이 백성은 삼대의 곧은 도를 행하고 있기 때문이니라.』했
다.

{주해}

[毁]: 나무라다. [譽]: 칭찬하다. 자랑하다. [有所試]: 시험하여 확인함.
[斯民也]: 지금의 백성들. 也는 주격임. [三代]: 하夏, 은殷, 주周임.
[直道而行]: 바른 도를 행함.

{해설}

　군자는 사욕으로 누구를 두둔하거나 헐뜯지 않고, 만일 칭찬
한다면 그 사람을 사귀어 알아보고 그 이유가 있다고 생각하기

때문이란 뜻이다.

(25)

子曰, 吾, 猶及史之, 闕文也와 有馬者, 借人乘之
자왈 오 유급사지궐문야 유마자차인승지

하나 今, 亡矣夫인저!
금 무의부

{풀이}

　공자께서 말씀하시기를,『내가 전에는 그래도 사관史官이 분명하
지 않는 것을 기록에서 빼놓는 일과, 말을 가진 사람이 남에게 빌려주
어서 타게 하는 것을 볼 수 있었다. 그러나 지금은 그런 것들이 사라지
고 말았구나!』했다.

{주해}

[猶及]: 그래도 볼 수 있었다. [闕文]: 의심스러운 것은 적지 않고 빼놓
음. [借人乘之]: 남에게 빌려주어 그것을 타게 함. [亡]: 없어짐. 무無와
같음.

정의에 대한 생각이 점점 없어지고 후한 인심이 각박해지는 것을 한탄하는 것이다.

(26)

子曰, 巧言은 亂德이요, 小, 不忍則, 亂大謀니라.
자 왈 교 언 난 덕 소 불 인 즉 난 대 모

{풀이}

공자께서 말씀하시기를, 『교묘하게 꾸미는 말은 덕을 어지럽히고, 작은 일을 참지 않으면 큰 계획을 어지럽히느니라.』 했다.

{주해}

[小不忍]: 작은 일을 참지 못함. [大謀]: 큰일.

{해설}

언행을 꾸미면 진위를 가리기 어려워 덕행을 잃고, 작은 괴로움을 이겨내지 못하는 사람은 큰일을 이룰 수 없다는 말이다.

子曰, 衆惡之라도 必察焉하며 衆好之라도 必察
　　자왈　중오지　　　필찰언　　　중호지　　　필찰
焉이니라.
언

{풀이}

　공자께서 말씀하시기를, 『여러 사람들이 미워하더라도 반드시 살
펴보아야 하며, 여러 사람들이 좋아할지라도 반드시 살펴보아야 하
느니라.』

{주해}

[衆惡之]: 오惡는 미워하다. 여러 사람들이 미워하더라도. [必察焉]:
반드시 살펴볼 것.

{해설}

　사람과 사람의 인격적인 문제에 관한 일이다. 한 고을 사람들
이 모두 그를 칭찬하여도 한번 살펴볼 일이요, 한 고을 사람들
이 모두 그 사람을 미워한다고 해도 나는 반드시 살펴볼 일이
다. 내가 확인하지 못한 사실에 대하여 이러쿵저러쿵할 수 없다
는 것이다. 즉 여론에 무조건 따르지 말고, 정의에 입각한 자기

의 안목으로 관찰하여 시비를 판단해야 한다는 뜻이다.

(28)

子曰, 人能弘道요 非道弘人이니라.
자 왈　인 능 홍 도　　비 도 홍 인

{풀이}

　공자께서 말씀하시기를,『사람이 도를 넓힐 수는 있으나, 도가 사람을 넓히는 것은 아니다.』했다.

{주해}

[弘道]: 도를 넓힘. 인도를 널리 폄.

{해설}

　사람이 인도를 넓게 개발해야 한다는 것이다. 이것이 인간중심주의인 것이다. 즉 진리나 절대선絶代善 자체가 사람의 가치 판단에 의해 존재하게 된다는 뜻이다.

(29)

子曰, 過而不改를 是謂過矣니라.
자 왈 과 이 불 개   시 위 과 의

{풀이}

　공자께서 말씀하시기를,『잘못을 저지르고도 이것을 고치지 않으면, 이것이 곧 잘못이니라.』

{주해}

[不改]: 고치지 않음. [是謂過]: 이것이 바로 허물이다.

{해설}

　인간은 항상 불완전한 동물이기 때문에 언제든지 잘못을 저지를 수 있다. 그러나 두 번 다시 잘못에 빠질 수는 없는 것이다. 잘못을 범한 사람이 그것이 잘못인 줄 모르고 다시 잘못을 범하는 것, 그것이 문제인 것이다. 그러므로 자기의 잘못을 제힘으로 고칠 수 있는 것이 바로 그 사람의 인격인 것이다. 그것이 잘못인 줄 아는 것이 바로 그 사람의 인격이라면, 그것이 잘못인 줄을 모르는 것이 바로 그 사람의 허물이라고 말하고 있다.

　그래서 공자께서는 '잘못을 했으면 서슴지 말고 고쳐라' 하는 것이 공자의 인생관이다.

（30）

子曰, 吾嘗, 終日不食하며 終夜不寢하야 以思하
니 無益이라 不如學也로다.

{풀이}

공자께서 말씀하시기를, 『내 일찍이 하루 종일 먹지 않고, 밤새도록
잠자지 않으며, 생각해보아도 유익함이 없었으나 배우는 것만 같지
못하였다.』

{주해}

[吾嘗]: 내 일찍. [終夜不寢]: 밤새도록 자지 않음. [不如學]: 배우는 것
만 같지 못함.

{해설}

공자의 학문하는 즐거움을 피력하고 있다. 일찍이 학이편學而
篇의 '학이시습지學而時習之'에서 이미 배움의 즐거움을 말한 바
있다. 여기서도 뭐니 뭐니 해도 학문의 즐거움을 이야기한다.
종일토록 밥을 먹지 않고 한밤 내 잠을 자지 않고 깊이 생각하니
글 읽기만큼 나를 즐겁게 하는 것은 없다고 했다. 즉 학문과 사

색이 병행되어야 하지만, 그중에서도 학문에 치중하고 사색과 명상이 뒤따라야 한다는 뜻이다.

(31)

子曰, 君子는 謀道요 不謀食이니 耕也에 餒在其
_{자왈 군자 모도 불모식 경야 뇌재기}
中矣요 學也에 祿在其中矣니 君子는 憂道不憂貧
_{중의 학야 녹재기중의 군자 우도불우빈}
이니라.

{풀이}

공자께서 말씀하시기를, 『군자는 도를 얻기 위해 노력하나 먹을 것을 얻고자 노력하지는 않는다. 농사를 지어도 그 가운데 굶주림이 있을 수 있으나 학문에 힘쓰면 거기서 녹을 얻을 수도 있다. 군자는 도에 대하여 걱정할 뿐 가난함에 대하여 걱정하지 않느니라.』했다.

{주해}

[謀]: 꾀함. 도모함. [餒]: 굶주리다.

{해설}

농사를 지으면 간혹 천재지변으로 인해서 흉년이 들 수도 있지만, 군자가 학문을 닦으면 부수적으로 벼슬이 따를 수 있고, 근본적으로 쌓은 덕행은 없어지지 않아 자기 인격을 높여준다는 것이다.

(32)

子曰, 知及之라도 仁不能守之면 雖得之나 必失
자왈 지급지 인불능수지 수득지 필실

之니라. 知及之하며 仁能守之라도 不莊以涖之면
지 지급지 인능수지 부장이리지

則民不敬이니라. 知及之하며 仁能守之하며 莊以
즉민불경 지급지 인능수지 장이

涖之라도 動之不以禮면 未善也니라.
리지 동지불이례 미선야

{풀이}

공자께서 말씀하시기를,『지혜가 그 지위에 미친다 하더라도 인으로써 지키지 못하면, 비록 얻었다 할지라도 반드시 잃게 되느니라. 지혜로 그 지위를 얻고 인으로 지킬 수 있다 하더라도 위엄으로 임하지 않으면 백성들이 공경하지 않느니라. 지혜로 그 지위를 얻고 인으로 그 자리를 지킬 수 있고, 위엄으로 임한다 할지라도 예로써 백성을 다스리지 않는다면 아직 잘 된 것은 아니니라.』

[知及之]: 슬기가 거기에 미침. [莊]: 위엄. 장중한 태도. [涖]: 임하다.
[動之]: 백성을 움직임. [以禮]: 예로써 지도함.

{해설}

　위정자는 명철한 지혜와 인애仁愛의 덕과 위엄을 갖추어야 질
서가 유지되나, 가장 중요한 것은 예禮로써 백성을 다스려야 한
다는 것이다.

(33)

子曰, 君子, 不可小知而, 可大受也요 小人은 不
　자 왈 군 자 불 가 소 지 이 가 대 수 야 　소 인 　불

可大受而, 可小知也니라.
가 대 수 이 가 소 지 야

{풀이}

　공자께서 말씀하시기를,『군자에게는 작은 지혜를 기대할 수 없으
나 큰일을 맡길 수 있고, 소인에게는 큰일을 맡길 수 없으나 사소한
일에는 밝은 것이다.』했다.

{주해}

[小知]: 사소한 일에는 밝음. [大受]: 큰일을 맡김.

{해설}

　군자는 시야가 넓어 작은 지혜로 처리하는 일에는 어두울 수 있으나 큰일을 해낼 수 있고, 소인은 그와는 반대라는 뜻이다.

（34）

子曰, 民之於仁也에 甚於水火하니 水火는 吾
　자왈　민지어인야　심어수화　　수화　오

見蹈而死者矣어니와 未見蹈仁而死者也로다.
　견도이사자의　　미견도인이사자야

{풀이}

　공자께서 말씀하시기를, 『사람들에게 있어, 인仁은 물과 불보다 더 중요한 것이니, 물과 불을 밟아서 죽은 사람은 보았으나 아직까지 인仁을 밟아서 죽은 사람은 보지 못하였도다.』 했다.

{주해}

[民之於仁]: 백성에 있어서 인의 중요성. [甚於水火]: 물이나 불보다

더 긴요함. [蹈]: 밟다. 여기서는 물이나 불에 빠지거나 휩싸인다는
뜻.

{해설}

　생활에 물과 불이 없다면 사람들은 단 하루도 살기 어렵다.
그러나 인仁은 그보다 더욱 중요하다는 뜻이다.

(35)

子曰, 當仁하야는 不讓於師니라.
　자 왈　당 인　　　　불 양 어 사

{풀이}

　공자께서 말씀하시기를, 『인을 주장함에 있어서는 스승에게도 양보
하지 말아야 하느니라.』

{주해}

[當仁]: 인을 행함에 있어. [不讓於師]: 스승에게도 양보 않음.

{해설}

　스승에서 인을 배우는 것이요, 실천함에 있어서는 스승을 앞

지른다. 인仁에는 주저함이 없다는 말로, 인을 행하는데 중요성을 강조한 말이다.

(36)

子曰, 君子는 貞而不諒이니라.
자 왈 군 자 정 이 불 량

{풀이}

　공자께서 말씀하시기를, 『군자는 곧지만 작은 신의를 무턱대고 고집하지는 않는다.』 했다.

{주해}

[貞]: 바르고 곧음. [諒]: 믿음. 시비와 선악을 가리지 않고 고집함.

{해설}

　언약을 하였더라도 그 시비를 가려서 실행해야 한다는 뜻이다.

(37)

子曰, 事君하되 敬其事하고 而後其食이니라.
자 왈 사 군 경 기 사 이 후 기 식

{풀이}

　공자께서 말씀하시기를, 『임금을 받드는 것에 있어서는 그 직무를 성실히 하고 녹은 뒤로 미루는 것이니라.』

{주해}

[君]: 임금. [敬其事]: 직무(事)를 소중히(敬) 여기고 힘을 다함. [後其食]: 식食은 록祿. 그 녹은 뒤로 한다.

{해설}

　먼저 자기 직무에 충실히 하고, 또 공공의 이익에 기여해야 한다는 것이다. 다시 말하면, 맡은 바 책무를 충실히 이행하고, 그 다음에 자기가 받을 급료를 생각하라는 것이다. 통치자를 정성껏 보살펴야 하는데, 현세에 비추어보면 비자금이나 챙기고 떡값이나 생각하는 자를 보고 경고하는 내용인듯하다.

（38）

子曰, 有教면 無類니라.
자 왈 유 교 　　무 류

{풀이}

　공자께서 말씀하시기를, 『가르치면 선인과 악인의 구별이 없어지느
니라.』했다.

{주해}

[有敎]: 가르침이 있음. [無類]: 구별이 없어짐.

{해설}

　올바르게 교육을 하면 누구나 선인善人이 된다는 뜻이다.

（39）

子曰, 道不同이면 不相爲謀니라.
자 왈 　도 부 동 　　　불 상 위 모

{풀이}

　공자께서 말씀하시기를, 『길이 같지 않으면 서로 함께 일을 계획하

지 말아야 한다.』했다.

{주해}

[道不同]: 길(도)이 같지 않음. [爲謀]: 계획을 하다.

{해설}

　군자는 소인과 일을 같이할 수 없다는 뜻이다.

<h1 style="text-align:center">（40）</h1>

子曰, 辭는 達而已矣니라.
자 왈 사 달 이 이 의

{풀이}

　공자께서 말씀하시기를,『문장은 그 뜻을 바르게 전달하는 것이니라.』했다.

{주해}

[辭]: 문장. 말씀.

말과 문장은 표시의 수단이기 때문에 올바른 뜻만 전달하면 된다고 했다.

(41)

師.冕見할새 及階어늘 子曰,階也라 하시고 及席이

사 면 현 　급 계 　자 왈 계 야 　급 석

어늘 子曰,席也라 하시고 皆坐어늘 子告之曰,某在

자 왈 석 야 　개 좌 　자 고 지 왈 모 재

斯요 某在斯라 하시다. 師冕이 出커늘 子張,問曰,

사 　모 재 사 　사 면 출 　자 장 문 왈

與.師言之道與이꼬? 子曰,然타. 固.相師之道也니

여 사 언 지 도 여 　자 왈 연 고 상 사 지 도 야

라.

{풀이}

소경인 악사樂師 면冕이 공자를 찾아와서 층계에 이르면, 공자께서 말씀하시기를, 『층계요.』 하시고, 그가 자리에 이르면 공자께서 『자리요.』 하시고, 모두들 자리에 앉자, 공자께서는 그에게 『누구는 여기에 있고, 누구는 저기 있소.』 하고 일러주셨다. 악사 면冕이 물러가자 자장子張이 물었다. 「이것이 장님인 악사와 이야기하는 도리입니까?」 하니 이내 공자께서 말씀하시기를, 『그렇다. 장님인 악사를 돕는 도리이다.』 했다.

{주해}

[師]: 악사. 이 악사는 장님이었다. [見]: 뵙다. [某在斯]: 아무개가 여기 있다.

{해설}

  장님 악사 면冕에게 친절을 베푸는 공자의 모습에서 그의 인간애人間愛를 볼 수 있다.

제16편

季氏(계씨)

∥ 篇名說 ∥

이 편에서는 내용이 특이한 것이 많다. 다른 편에서 '자왈子曰'이 여기서는 '공자왈孔子曰'로 되어 있고, 여기서는 '삼우三友, 삼악三樂, 삼연三衍, 삼계三戒, 삼외三畏' 등 수자적數字的인 것이 추려져 있는 것이 특색이 있다.

(1)

季氏，將伐，顓臾러니 冉有，季路，見於孔子曰，季
계 씨 장 벌 전 유　　　　염 유 계 로 현 어 공 자 왈　계

氏，將有事於，顓臾로소이다. 孔子曰，求야! 無乃爾，
씨 장 유 사 어 전 유　　　　공 자 왈　구　　무 내 이

是過與아? 夫，顓臾는 昔者에 先王이 以爲東蒙主
시 과 여　　부 전 유　석 자　선 왕　이 위 동 몽 주

하시고且在，邦域之中矣라. 是，社稷之臣也니 何以
　차 재 방 역 지 중 의　시 사 직 지 신 야　하 이

伐爲리오? 冉有曰，夫子欲之언정 吾，二臣者는 皆，
벌 위　　염 유 왈　부 자 욕 지　오 이 신 자　개

不欲也로이다.
불 욕 야

孔子曰，求야! 周任이 有言曰，陳力就列하여 不
공 자 왈　구　주 임　유 언 왈　진 력 취 렬　불

能者止라 하니 危而不持하고 顚而不扶면 則，將焉
능 자 지　　위 이 부 지　전 이 불 부　즉 장 언

用,彼相矣리오? 且爾言이 過矣로다. 虎兕出於柙하
여 龜玉이 毁於櫝中이면 是,誰之過與오?

冉有曰, 今夫顓臾는 固而近於費하니 今不取면
後世에 必爲子孫憂하리이다. 孔子曰, 求야! 君子는
疾夫舍曰, 欲之요 而,必爲之辭니라. 丘也聞有,國
有家者는 不患寡而,患不均하며 不患貧而,患不安
이라 하니 蓋均無貧이요 和無寡요 安無傾이니라. 夫
如是라 故로 遠人이 不服則,修,文德以來之하고 旣
來之則,安之니라. 今由與求也는 相夫子호대 遠人
이 不服하여 而,不能來也하며 邦,分崩離析하며 而,
不能守也하고 而,謀動,干戈於邦内하니 吾恐,季孫
之憂,不在顓臾요 而在,蕭牆之内也하노라.

{풀이}

계씨季氏가 전유顓臾를 정벌하려 함에 염유冉有와 계씨가 공자를
보고 말하기를,「계씨가 장차 전유에 일을 일으키려 하나이다.」하니

공자께서 말씀하시기를, 『구야! 그것은 바로 너의 과실이 아니냐? 전유는 옛 선왕이 동몽산東蒙山의 제주祭主로 삼았고, 또 그 봉지封地는 노나라의 영역 안에 있느니라. 그는 노나라의 사직을 맡은 신하인데 어찌 정벌하겠느냐?』 염유가 말하기를, 「그분이 하고자 하는 것이지 저희 두 신하가 원하는 것이 아니옵니다.」 했다.

공자께서 말씀하시기를, 『구야! 옛날 주임의 말에 '노력을 다하여 벼슬자리에 나아가되 불가능하면 물러나라.'는 것이 있느니라. 위태로운 대도 도와주지 않고 넘어지는데도 붙잡아주지 않는다면, 그러한 신하를 장차 어디에 쓰겠는가? 또 네 말도 잘못이로다. 호랑이나 외뿔소가 우리 밖으로 뛰쳐나오고 귀갑龜甲이나 보옥寶玉이 궤 속에 깨진다면, 이것은 누구의 과실이겠는가?』

염유가 말하기를, 「지금의 전유는 성의 방위력이 견고한데다가 비읍費邑에 가까이 있어서 만일 지금 정벌하여 두지 않는다면 틀림없이 후세에 우환거리가 될 것입니다.」 공자께서 말씀하시기를, 『구야! 군자는 욕망을 솔직하게 드러내지 않고 언사로 꾸미는 것을 미워한다. 내가 듣건대 '나라가 있고 가문을 지니고 있는 사람은 백성의 숫자가 적음을 걱정하지 않고 균등하지 않음을 걱정하며, 가난한 것을 걱정하지 않고 불편함을 걱정한다.'고 하였다. 대체로 고르면 가난하지 않고 화합하면 백성이 적지 않으며, 안정되면 기울어짐이 없느니라. 그렇기 때문에 먼 데 사람이 복종하지 않으면 학문과 덕으로 교화시켜 따르게 하고 이미 따르면 편안하게 해주어야 한다. 지금 유由와 구求는 계씨를 돕고 있으면서 먼 데 사람이 복종하지 않는데도 따르게 하지 못하고, 나라가 갈라져 무너지고 흩어져 쪼개지는데도 이를 능히 지키지 못하며, 오히려 나라 안에서 창과 방패를 움직일 것을 계획하고 있으니, 나는 계손씨의 근심이 전유顓臾에 있지 않고 소장蕭牆 안에 있을까 염려되노라.』했다.

{주해}

[季氏]: 노나라 실권을 장악하고 있는 계손씨. [顓臾]: 노나라를 섬기는 부용국附庸國. 복희씨의 후예. [有事]: 군사행위를 함. 전쟁. [東蒙主]: 몽산의 제주祭主. [周任]: 고대의 사관. [陳力就列]: 자기의 능력을 다해 직책을 담당함. [不能者止]: 자기의 능력이 미치지 못하면 사직함. [兕]: 외뿔소. [柙]: 짐승의 우리. [龜玉]: 점칠 때 쓰는 거북 껍질과 보옥寶玉. [櫝]: 함. 궤짝. [固]: 성곽이 견고함. [疾]: 미워하다. [舍曰欲之]: 바라는 바를 버리고 말하지 않음. [辭]: 핑계. [寡]: 토지나 백성의 수가 적다. [均]: 백성들이 골고루 혜택을 입다. [傾]: 기울어짐. [分崩離析]: 무너지고 떨어져 나감. [動干戈]: 전쟁을 일으킴. [蕭牆]: 작은 담.

{해설}

노나라의 세도가인 계씨가 전유를 정벌하려는 것은 무도한 일이었다. 당시 전유는 사방 50리 안팎의 조그마한 나라로 노나라의 공실公室을 섬기는 부용국附庸國이요 사직지신이었다.

위정자가 인덕을 베풀면 백성들이 저절로 따를 것이나 무력으로 정복하려는 것은 나라를 어지럽게 하는 결과만을 초래할 것이라는 말이다.

(2)

孔子曰, 天下有道면 則,禮樂征伐이 自,天子出
공자왈 천하유도 즉 예악정벌   자 천자출

하고 天下無道면 則,禮樂征伐이 自,諸侯出하나니
천하무도 즉 예악정벌   자 제후출

自,諸侯出이면 蓋,十世에 希不失矣요 自,大夫出이
자 제후출   개 십세 희불실의   자 대부출

면 五世에 希不失矣요 陪臣이 執,國命이면 三世에
오세 희불실의 배신 집 국명   삼세

希不失矣니라. 天下有道면 則,政不在,大夫하고 天
희불실의   천하유도 즉 정부재 대부   천

下有道면 則,庶人不議하나니라.
하유도 즉 서인불의

{풀이}

　공자께서 말씀하시기를,『천하에 도가 있으면 예악과 정벌에 대한 명령이 천자에게 나오고, 천하에 도가 없으면 예악과 정벌에 대한 명령이 제후에게서 나온다. 명령이 제후에게서 나오면 대체로 10대 안에 망하지 않음이 드물고, 대부에게서 나오면 5대 안에 나라가 망하지 않음이 드물고, 배신陪臣이 국권을 잡는다면 3대에 나라가 망하지 않음이 드무니라. 천하에 도가 있으면 정권이 대부에게 있지 않고, 천하

에 도가 있으면 백성들이 나라일을 의논하지 않느니라.』했다.

{주해}

[禮樂]: 예악과 문물제도. 문화적인 통치를 말함. [征伐]: 무력으로 쳐 부수다. [自諸侯出]: 천자의 권한을 제후가 행사함. [蓋]: 대체로. [希 不失]: 정권을 빼앗기지 않음이 드물다. [陪臣]: 가신. [國命]: 국권. [庶人]: 서민, 즉 백성. [不議]: 의논하지 않음.

{해설}

　국가가 정의로 다스려지고 질서가 확립되어 있다면, 신하가 정권을 휘두를 수 없고 백성들도 국사를 비난하지 않는다는 뜻 이다.

(3)

孔子曰, 祿之去公室이 五世矣요 政逮於大夫가
공자왈 녹지거공실 오세의 정체어대부

四世矣니 故로 夫三桓之子孫이 微矣니라.
사세의 고 부삼환지자손 미의

{풀이}

　공자께서 말씀하시기를, 『녹을 주는 권한이 군주에게서 떠난 지 이

미 5대요, 정권이 대부에게 돌아간 지도 4대이다. 그러므로 저 삼환
三桓의 자손도 미약해지는 것이다.』했다.

{주해}

[祿]: 작위와 봉록을 주는 권한. [公室]: 노나라의 임금을 뜻함. [五世]:
노나라의 선공宣公으로부터 성공成公, 양공襄公, 소공昭公, 정공定公에
이르는 동안의 실권. [逮]: 급及. 미치다. [四世]: 노나라의 대부 계문자
季文子, 무자武子, 평자平子, 환자桓子 등의 4대. [三桓]: 노나라의 환공
에서 나온 세 집안.

{해설}

　공자는 노나라의 역사적 실례를 들어 그 정치 상황을 추이 설
명하고 있다. 즉 국권을 나라의 임금에게서 대부의 수중으로,
그리고 다시 가신이 농단하는 과정을 말한 것이다.

(4)

孔子曰, 益者三友요, 損者三友니 友直하며 友
공자왈　익자삼우　　손자삼우　　우직　　우
諒하며 友多聞이면 益矣요, 友便辟하며 友善柔하
양　　우다문　　익의　　우편벽　　우선유
며 友便佞이면 損矣니라.
우편녕　　손의

{풀이}

공자께서 말씀하시기를, 『유익한 벗이 셋 있고, 해로운 벗이 셋 있다. 정직한 사람을 벗으로 삼고, 진실한 사람을 벗으로 삼고, 학식이 많은 사람을 벗으로 삼으면 유익하다. 아첨하는 사람을 벗으로 삼고, 굽실거리기를 잘하는 사람을 벗 삼으며, 말을 잘 둘러대는 사람을 벗으로 사귀면 해로우니라.』

{주해}

[友直]: 벗이 정직함. [友諒]: 벗이 믿음성 있음. [友多聞]: 벗이 박학다식함. [友便僻]: 벗이 남의 비위만 잘 맞춤. [友善柔]: 벗이 아첨을 잘함. [友便佞]: 벗이 성의 없이 말만 잘 둘러대어 비위를 맞춤. 편便은 변辯, 변설辯舌로써 비위를 맞춤.

{해설}

친구의 선택에 관한 내용이다. 그만큼 벗의 선택은 중요한 것이다. 벗의 선택에서 마음 곧은 사람, 성실한 사람, 박학다식한 사람과 사귀면 유익하고, 이에 반해 겉만 번지레한 사람, 마음이 바르지 못한 사람, 남의 눈치나 살피고 아첨하는 사람, 말만 살살 잘 돌려내는 사람을 친구로 하면 해롭다는 내용이다.

예나 지금이나 친구 사귀는 일은 신중해야 한다는 것이다.

(5)

孔子曰, 益者三樂요 損者三樂니 樂節禮樂하며
공자왈 익자삼요 손자삼요 요절예악

樂道人之善하며 樂多賢友면 益矣요. 樂驕樂하며
요도인지선 요다현우 익의 요교락

樂佚遊하며 樂宴樂이면 損矣니라.
요일유 요연락 손의

{풀이}

　공자께서 말씀하시기를,『유익한 즐거움이 세 가지 있고, 해로운 즐거움이 세 가지 있느니라. 예악으로 절제함을 즐기고, 남의 착한 점을 말하기를 즐기고, 어진 벗을 많이 갖기를 즐기면 유익하느니라. 그러나 교만한 쾌락을 즐기고, 안일하게 놀기를 즐기고, 주색의 향락을 즐기면 해로우니라.』했다.

{주해}

[三樂]: 세 가지 기호. 세 가지 즐거움. [要節禮樂]: 예악의 절도에 맞게 몸과 마음을 바르게 갖는 즐거움. [道人之善]: 남의 장점을 말함. [道]: 이르다. [驕樂]: 교만한 쾌락. [佚遊]: 멋대로 놀기만 하는 것. [宴樂]: 술과 여자에 빠지는 즐거움.

{해설}

　사람의 마음은 그대로 버려두면 근면보다는 나태를, 절제보다는 방탕을, 수양보다는 안일과 향락을 추구하려 하기 때문에 자신의 마음을 항상 조종하고 절제하여 올바른 길로 인도해야 한다는 뜻이다.

(6)

孔子曰, 侍於君子에 有三愆하니 言未及之而言을 謂之躁요, 言及之而不言을 謂之隱이요, 未見顔色而言을 謂之瞽니라.

{풀이}

　공자가 말씀하시기를,『군자를 모실 때에 저지르기 쉬운 세 가지 과실이 있으니, 말하기도 전에 먼저 말을 꺼내는 것은 경망함이요, 말하였는데도 대꾸를 하지 않음은 숨김이요, 안색을 살피지 않고 말함은 눈치가 없는 것이다.』했다.

{주해}

[愆]: 허물. [躁]: 성급함. [隱]: 숨기다. [顔色]: 얼굴빛. 표정. [瞽]: 맹인. 눈치가 없음.

스승이나 윗사람을 대할 때, 갖추어야 할 예의를 말한 것이다.

(7)

孔子曰, 君子有三戒하니 少之時에 血氣未定이
_{공 자 왈 군 자 유 삼 계　　　소 지 시　　혈 기 미 정}

라 戒之在色이요, 及其壯也하야 血氣方剛이라 戒
_{계 지 재 색　　　　급 기 장 야　　혈 기 방 강　　　계}

之在鬪요, 及其老也하야 血氣旣衰라 戒之在得이
_{지 재 투　　급 기 노 야　　혈 기 기 쇠　　계 지 재 득}

니라.

{풀이}

공자께서 말씀하시기를, 『군자가 경계해야 할 것 세 가지가 있다. 젊었을 때 혈기가 안정되어 있지 않으므로 여색을 경계하고, 장년기에 이르러서는 혈기가 왕성하므로 싸움을 경계하고, 노년기가 되어서는 혈기가 이미 쇠약했으므로 물욕을 경계해야 하느니라.』

{주해}

[戒]: 경계함. [未定]: 안정되지 않음. [色]: 여색. 성적 욕심. [戒之在

色]: 색은 여색. [壯]: 장년. [方剛]: 한창 왕성함. [得]: 재물과 이득을 탐내다.

{해설}

　인간은 누구나 욕심 속에서 살고 있다. 공자께서는 이 욕심에 관하여 경계하고 있다. 생리적 욕구, 승부욕, 물욕 등이 그것이다. 젊어서는 여색에 조심하고, 청년기에는 힘을 쓰는데 조심하고, 늙어서는 물욕을 삼가며 살아가라는 경고를 하고 있다. 인간은 이런 욕심에서 벗어나기 어렵지만, 인격과 덕망으로 주어진 한계 안에서 살아가야 한다고 경고하고 있다.

(8)

孔子曰, 君子有三畏하니 畏,天命하며 畏,大人하
공자왈 군자유삼외　　외천명　　　　외대인

며 畏,聖人之言이니라. 小人은 不知,天命而不畏也
　외성인지언　　　　소인　 부지천명이불외야

라 狎,大人하며 侮,聖人之言이니라.
　압대인　　　모성인지언

{풀이}

　공자께서 말씀하시기를, 『군자에게 세 가지 두려워하는 것이 있느니

라. 천명을 두려워하고, 대인을 두려워하고, 성인의 말씀을 두려워하느니라. 그러나 소인은 천명을 모르기 때문에 두려워하지 않고, 대인을 존경하지 않으며, 성인의 말씀을 업신여기느니라.』

{주해}

[畏]: 두려워하다. [天命]: 하늘이 부여한 바른 이치. [大人]: 고귀한 사람. 학덕이 높은 현인이나 성인. [狎]: 존경하지 않다. 어려워하지 않고 함부로 대함.

{해설}

외畏는 두려워하고 마음속으로 복종하며 따른다는 뜻이다. 천명은 하늘이 부여한 올바른 이치이고, 대인은 학식과 덕망이 높은 큰 인물이며, 성인의 말씀은 올곧은 진리이다. 그래서 이 세 가지는 항상 존경하고 경외하며 그들을 대할 때는 자신의 몸가짐을 삼가는 것이다.

그러나 소인은 식견이 낮고 욕심에만 사로잡혀 있기 때문에 반드시 이 세 가지를 경외하고 마음속으로 이분들을 따라야 한다. 군자와 소인의 언행에 대한 차이를 비교하여 말하고 있다.

(9)

孔子曰, 生而知之者는 上也요, 學而知之者는
<small>공 자 왈　생 이 지 지 자　　상 야　　　　학 이 지 지 자</small>

次也요, 困而學之는 又其次也니 困而不學이면 民
<small>차 야　　곤 이 학 지　　우 기 차 야　　　곤 이 불 학　　　　민</small>

斯爲下矣니라.
<small>사 위 하 의</small>

{풀이}

　공자께서 말씀하시기를, 『태어나면서 아는 사람은 제일 위요, 배워서 아는 사람은 그다음이요, 막힘이 있으면서도 애써 배우는 사람은 또 그다음이니라. 그러니 애써 배우지도 아니한다면, 이는 곧 최하의 사람이니라.』

{주해}

[困]: 통하지 않고 막히다. [民斯爲下]: 이런 사람이 최하위이다.

{해설}

　사람의 자질에는 4등급이 있는데, 1) 생지生知 2) 학지學知 3) 곤지困知 4) 하우下愚가 그것이다. 생지, 학지, 곤지는 그 지능의 우열의 차이는 있어도 어느 수준까지 이를 수는 있는 것이다. 그러나 하우下愚는 통하지 못하고 막혀있는데도 배우려고 하지 않는 사람, 그것이 문제인 것이다.

　이런 우매한 자는 교육의 힘으로도 이끌어낼 수 없는 것이다. 이런 사람이 '민사위하民斯爲下'이다.

(10)

孔子曰, 君子.有九思하니 視思明하며 聽思聰하
공자왈　군자유구사　　시사명　　청사총

며 色思溫하며 貌思恭하며 言思忠하며 事思敬하며
　색사온　　모사공　　언사충　　사사경

疑思問하며 忿思難하며 見得思義니라.
의사문　　분사난　　견득사의

{풀이}

　공자께서 말씀하시기를, 『군자에게는 아홉 가지 생각하는 일이 있으니, 사물을 볼 때는 명확히 볼 것을 생각하고, 들을 때에는 총명하게 들을 것을 생각하고, 낯빛은 부드럽게 할 것을 생각하고, 자태는 공손하게 하기를 생각하고, 말은 성실하게 할 것을 생각하고, 일에는 조심하기를 생각하고, 의심나는 것에는 묻기를 생각하고, 화가 날 때는 어려움을 당할 것을 생각하고, 이득을 보면 의로운가를 생각하느니라.』

{주해}

[思]: 생각하다. [視思明]: 사물을 볼 때는 명백하고 정확한가를 생각

하다. [聰]: 똑똑하다. [色思溫]: 色은 얼굴빛. 溫은 온화. [貌思恭]: 貌는 온몸의 동작. 기거동작. 즉 몸가짐을 공손히 함. [言思忠]: 忠은 성실. 말은 성실해야 함. [事思敬]: 일을 할 때는 신중하고 성실하게 함. [疑思問]: 의문 나는 일이 있으면 물어서 밝히고자 한다. [忿思難]: 분할 때에는 감정적으로 처리하여 환난患難이 부모께 미치지 않을까를 생각한다. [見得思義]: 이득을 앞에 보면 義를 생각함. 즉 견리사의見利思義와 같음.

{해설}

　인간은 사물을 대할 때 항상 신중하고 그에 따른 행동으로 옮겨야 한다는 것을 말하고 있다. 그것이 이상화되어 모든 행동거지에 나타나고 있는 것이다. 즉 밝은 눈과 총명한 귀, 부드러운 얼굴빛과 공손한 몸가짐, 신의 있는 말씨와 신중한 일 처리, 의문을 캐묻는 것과 분노를 냉철한 이성으로 다스리는 자제력 등이 그것이다. 이득이 생기면 선뜻 취하려는 것이 아니고 의로운 것인가를 생각해야 한다는 것이다.

　위의 9가지를 신중히 생각하고 실천할 수 있을 때 비로소 전인적인 인격을 갖춘 군자라고 할 수 있을 것이다.

　위의 내용을 간추려 보면 사思, 명明, 총聰, 온溫, 모貌, 충忠, 분忿, 난難, 견득사의見得思義가 그것이다.

(11)

孔子曰, 見善如不及하며 見不善如探湯하라. 吾
<small>공자왈 견선여불급   견불선여탐탕   오</small>

見其人矣요 吾聞其語矣로다. 隱居以求其志하며
<small>견기인의 오문기어의   은거이구기지</small>

行義以達其道를 吾聞其語矣요 未見其人也로다.
<small>행의이달기도 오문기어의   미견기인야</small>

{풀이}

　공자께서 말씀하시기를, 『선한 일을 보면 미치지 못한 것 같이하고, 악한 것을 보면 끓는 물에 손을 담그는 것 같이하라. 나는 그런 사람을 보기도 했고, 그런 사람이 있었다는 말을 듣기도 했다. 은거하면서 자기의 뜻을 추구하고, 의를 행하여 자기의 도를 달성한다는 것을, 나는 그런 사람이 있다는 말을 들었어도 아직까지 그런 사람을 보지는 못하였도다.』

{주해}

[如不及]: 거기에 닿기 어려운 듯이 부지런히 좇아감. [如探湯]: 뜨거운 물에 손을 담그듯, 혹은 뜨거운 물에서 손을 빼내는 것처럼 나쁜 일을 멀리함. [隱居]: 초야에 묻혀 있음. [求其志]: 자기의 이상을 이루고자 애씀. [義行]: 벼슬을 하여 군신의 의를 지키다. [達其道]: 올바른 도를 천하에 달성시킴.

선행을 적극적으로 좇고 불선不善을 충분히 경계하는 사람은
있어도, 그것을 실행하는 사람이 없음을 지적하고 있다. 즉, 군
자는 옳은 일을 부지런히 하고 악한 일을 하지 말며, 도道 있는
시대에는 인정을 펴야 한다는 뜻을 피력하고 있다. 직접 사회에
참여해서 실천하고 이상을 펼 수 있는 그런 실천적인 인물을 요
구하고 있는 것이다.

(12)

齊景公이 有馬千駟하되 死之日에 民無德而稱
제 경 공   유 마 천 사   사 지 일   민 무 덕 이 칭

焉이오 伯夷叔齊는 餓於首陽之下하되 民到于今
언   백 이 숙 제   아 어 수 양 지 하   민 도 우 금

稱之하나니 其斯之謂與인져!
칭 지   기 사 지 위 여

{풀이}

제나라 경공景公은 말이 천사千駟가 있었으나 죽었을 때에 백성들
이 그의 덕을 칭송하지 않았고, 백이와 숙제는 수양산 아래서 굶어죽
었으나 백성들은 지금까지 그들의 덕을 칭송하고 있음은, 바로 이를
두고 이르는 말이로다!

[千駟]: 말 4천 필. 駟는 말 4필을 뜻함. [無德而稱]: 칭송할 만한 덕이
없음.

{해설}

　제나라 경공은 대군주였지만 정의롭지 않았으므로 죽은 후에
그를 기리는 사람이 없고, 백이와 숙제는 비록 굶어죽었다고 해
도 덕이 높았기 때문에 후세에 길이 그들을 칭송한다는 뜻이다.

(13)

陳亢이 問於,伯魚曰, 子亦,有異聞乎아? 對曰,
진 항　　문 어 백 어 왈　자 역 유 이 문 호　　　대 왈

未也로다. 嘗,獨立이시어늘 鯉趨而過庭이러니 曰,
미 야　　　상 독 립　　　　　　이 추 이 과 정　　　　왈

學詩乎아? 對曰, 未也로이다. 不學詩면 無以言이라
학 시 호　　대 왈　미 야　　　　불 학 시　무 이 언

거늘 鯉退而學詩호라. 他日에 又,獨立이시거늘 鯉趨
　　　이 퇴 이 학 시　　　타 일　우 독 립　　　　　　이 추

而過庭이러니 曰, 學禮乎아? 對曰, 未也로이다. 不
이 과 정　　　　왈　학 례 호　　대 왈　미 야　　　　불

學禮면 無以立이라거늘 鯉退而學禮호라. 聞斯二
학 례　무 이 립　　　　　　이 퇴 이 학 례　　　문 사 이

者로라. 陳亢이 退而喜曰, 問一得三하니 聞詩聞禮
자　　　진 항　퇴 이 희 왈　문 일 득 삼　　　문 시 문 례

하고 又聞君子之遠其子也호라.
우 문 군 자 지 원 기 자 야

{풀이}

진항陳亢이 백어伯魚에게 묻기를, 「당신은 선생님에게서 특별히 다른 말씀을 들은 것이 있습니까?」 대답하기를, 「없었습니다.」 한 번은 홀로 계실 때 제가 종종걸음으로 뜰을 지나가자, 「시경을 배웠느냐?」 하시기에 「아직 배우지 않았습니다.」 하고 말씀드렸더니, 「시경을 배우지 않으면 남과 이야기 할 것이 없느니라.」 하고 말씀하셨습니다. 저는 물러 나와 시경을 배웠습니다. 다른 날에 또 홀로 계실 때에 제가 종종걸음으로 마당을 지나가자, 「예를 배웠느냐?」 하시기에 「아직 배우지 않았나이다.」 하고 대답하였더니, 「예를 배우지 않으면 남 앞에 설 수가 없느니라.」고 말씀하셨습니다. 저는 물러나와 예를 배웠습니다. 이 두 가지 말씀을 들었습니다. 진항陳亢이 물러나와 기뻐하며 말하기를, 「한 가지를 들었다가 세 가지를 배웠도다. 시를 듣고, 예를 듣고, 또 군자는 자기 자식이라고 해서 특별히 가까이하지 않음을 들어서 알게 되었다.」

{주해}

[陳亢]: 공자의 제자. [伯魚]: 공자의 아들. 이름은 리鯉. [異聞]: 남달리 들은 일. [獨立]: 홀로 서있음. [趨]: 종종걸음으로 걷다. 어른을 존경하는 마음의 표현임.

{해설}

공자는 아들 리鯉에게 시와 예를 배워야만 교양인이 될 수 있음을 일러주고 있다. 자식이라 해서 특별히 애를 써서 가르치지 않는 공자의 군자다운 모습을 여기서 볼 수 있다.

여기는 진항과 공자의 아들 백어와의 대화이다. 백어는 공자의 아들 리鯉를 말한다.

(14)

邦君之妻를 君稱之曰, 夫人이요, 夫人,自稱曰,
방군지처 군칭지왈 부인 부인자칭왈

小童이요, 邦人稱之曰, 君夫人이요, 稱諸異邦曰,
소동 방인칭지왈 군부인 칭저이방왈

寡小君이요, 異邦人이 稱之에 亦曰, 君夫人이니라.
과소군 이방인 칭지 역왈 군부인

{풀이}

『임금의 아내를 임금이 부르는 경우 부인夫人이라 하고, 부인이 스스로 말할 때에는 소동小童이라 하고, 그 나라 사람들이 부를 때에는 군부인君夫人이라 하고, 다른 나라 사람들이 말할 때에는 과소군寡小君이라 하며, 다른 나라 사람들이 부를 때에는 역시 군부인이라 하느니라.』

[邦君]: 나라 임금. [小童]: 작은 어린아이. [寡]: 덕이 부족함.

{해설}

군주의 부인에 대한 호칭과 예법. 즉 임금의 부인을 어떻게
부르느냐에 대한 호칭법을 말하고 있다.

제17편

陽貨(양화)

┃篇名說┃

공자의 처신處身에 대한 것과 세상에 도가 쇠퇴해짐을 한탄하는 것이 많고, 그 외에 여러 가지 기록들로 되어 있다. (양화陽貨: 인명. 본명은 양호陽虎, 계씨季氏의 가신家臣으로 국정을 정권했다.)

(1)

陽貨,欲見孔子어늘 孔子不見하신대 歸,孔子,豚
양화 욕견공자   공자불견   귀 공자 돈

이어늘 孔子,時其亡也而,往拜之러시니 遇,諸塗하시
      공자 시기무 야이 왕배지   우 제 도

다. 謂,孔子曰, 來하라 予與爾言하리라. 曰, 懷,其寶
   위 공자왈 래   여여이언   왈 회 기보

而迷其邦을 可謂仁乎아? 曰, 不可하다. 好,從事而
이미기방   가위인호   왈 불가   호 종사 이

亟失時를 可謂知乎아? 曰, 不可라. 日月이 逝矣라
기실시   가위지호   왈 불가   일월이 서 의

歲不我與니라. 孔子曰, 諾다 吾將仕矣하리라.
세 불아 여   공자왈 약 오 장사 의

{풀이}

　양화陽貨가 공자를 보고자 하였으나 공자가 만나주지 아니하였더니, 그는 공자에게 돼지 새끼 한 마리를 보내왔다. 공자께서는 그가 없는 틈을 타 사례를 하고 돌아오는 길에 그를 만났다. 공자께서 그에게 말씀하시기를,『오시오, 내 당신에게 말을 좀 하리이다.』하고 말씀하시기를,『그 훌륭한 재능을 가슴속에 품고 있으면서 나라를 어지럽게 버려두는 것을 인仁이라 할 수 있겠소?』하니 말하기를,「그렇다고 할 수 없소.」『정치에 임하기를 좋아하면서 자주 때를 잃는 것을 지혜롭다 할 수 있겠소?』말하기를,「그렇다고 할 수 없소.」「나날은 지나가고 세월은 우리를 기다려주지 않소이다.」그러자 공자께서 말씀하시기를,『그렇소. 내 장차 벼슬을 하리다.』했다.

{주해}

[陽貨]: 계씨의 가신. 노나라의 국정을 장악한 자임. [歸孔子豚]: 공자에게 돼지 새끼를 보내다. [時其亡]: 그가 집에 없는 틈을 노려서. [塗]: 길. 도는 도途와 같음. [寶]: 보물. 재능과 덕성을 뜻함. [迷其邦]: 나라의 혼란을 버려두다. [亟]: 자주. 여러 번. [失時]: 때를 놓치다. [歲不我與]: 세월은 나와 함께 머물러주지 않는다.

{해설}

　계씨의 가신으로 있으면서 마음대로 국권을 휘두르는 양화가 공자를 등용할 마음으로 말하지만, 이를 부드럽게 거절하고 있다.

(2)

子曰, 性相近也나 習相遠也니라.
자 왈 성 상 근 야 습 상 원 야

{풀이}

공자께서 말씀하시기를,『사람의 천성은 서로 비슷하나 습관에 의하여 서로 멀어(달라)지느니라.』

{주해}

[性]: 천성. 타고난 성품. [習]: 습관. 후천적인 습관.

{해설}

성품은 본래 개인적으로 그다지 큰 차이가 없으나 후천적인 습관이나 교육에 의해서 큰 차이가 난다는 것이다. 공자의 교육 중시 습관이 바로 이러한 견해에 의한 것이라 하겠다.

(3)

子曰, 唯, 上知與, 下愚는 不移니라.
자 왈 유 상 지 여 하 우 불 이

{풀이}

공자께서 말씀하시기를, 『오직 가장 지혜로운 사람과, 가장 어리석은 사람은 달라지지 않는다.』

{주해}

[唯]: 독獨, 유惟. [上知]: 선천적으로 아는 자. [下愚]: 막혀서 배우지 못한 자. [不移]: 하우下愚인 막힌 자와는 교화가 안 된다.

{해설}

상지자上知者는 선자善者에 고정되어 있고, 하우자下愚者는 우매愚昧에 고정된 사람이 된다는 것임. 공자는 어리석은 사람이 되기 전에 막혀도 배워야 한다고 해서 한번 막히면 바뀌 칠 도리가 없다는 것이다.

'생이지지자生而知之者'와 '곤이부학자困而不學者'는 극과 극인 상태이다. 이 두 가지 상태에서는 서로 비교가 되지 않는다. 즉, 하우下愚는 교화나 개량이 불가능한 인간인 동시에 '상지上知'는 선천적으로 지혜로워서 악으로써도 쉽사리 타락되지 않는 사람이다.

(4)

子之_{자지}武城_{무성}에 聞_문弦歌之聲_{현가지성}하시고 夫子_{부자}莞爾笑曰_{완이소왈},
割鷄_{할계}에 焉用牛刀_{언용우도}리오? 子游_{자유}對曰_{대왈}, 昔者_{석자}에 偃也_{언야}聞_문
諸夫子_{제부자}하니 曰_왈, 君子學道則_{군자학도즉} 愛人_{애인}이오 小人_{소인}은 學道_{학도}
則_즉易使也_{이사야}라 하니라. 子曰_{자왈}, 二三子_{이삼자}아! 偃之言_{언지언}이 是_시
也_야니 前言_{전언}戲之耳_{희지이}니라.

{풀이}

공자가 무성武城에 갔을 때 현악에 맞추어 부르는 노랫소리를 들었
다. 공자께서 빙그레 웃으며 말하기를, 『닭을 잡는데 어찌 소 잡는 칼
을 쓸 수 있겠는가?』 유자子游가 대답하기를 '전에 선생님께서 『군자
가 도를 배우면 사람을 사랑하고, 소인이 도를 배우면 부리기 쉽다.』
라고 하신 것을 들었습니다.' 공자께서 말씀하시기를, 『얘들아! 언偃의
말이 옳다. 내가 조금 전에 한 말은 농담이니라.』

{주해}

[子之]: 공자께서 ~에 가셨다. [武城]: 노나라 변경의 작은 읍성邑城.
당시 자유子游가 무성의 읍재邑宰로 있었다. [弦歌]: 현악으로 된 악기

인데, 여기서는 예악禮樂을 뜻함. [莞爾]: 빙그레 미소 짓다. [割鷄]: 닭을 잡아 베는데. [焉用牛刀]: 어찌 소를 베는 큰칼을 쓰겠느냐. 즉 소읍을 다스리는데, 대국의 예악을 가지고 할 필요가 있겠느냐? [偃]: 공자의 제자인 자유子游의 이름. [易使]: 다스려 쓰기가 쉽다.

{해설}

　제자인 자유와 같은 능력이 있는 사람이 작은 변성인 무성 같은 읍을 다스리는 것을 개탄하여 '割鷄焉用牛刀'라 했을 만큼 그 비유가 극치에 달했다. 자유가 이 읍성邑城에서 대국에나 쓰는 예악을 왜 쓰느냐는 공자의 핀잔에 자유는 공자의 말을 받아 반문했다. 공자께서 일찍이 정치는 예악으로 다스린다고 했는데 무슨 말씀이냐고 물으니, 공자께서 가벼운 농담이라고 말을 받아넘겼다. 공자는 그만큼 제자 자유子游를 사랑했기 때문이리라.

(5)

公山弗擾,以費畔하며 召어늘 子欲往이러시니 子
공 산 불 요 이 비 반　　　소　　　자 욕 왕　　　　자

路,不說曰, 未之也已니 何必,公山氏之,之也시리
로 불 열 왈　미 지 야 이　　하 필 공 산 씨 지 지 야

이꼬? 子曰, 夫,召我者는 而豈徒哉리오? 如有,用我
자 왈　부 소 아 자　이 기 도 재　　　여 유 용 아

者인댄 **吾其爲,東周乎**인저.
자　　오 기 위 동 주 호

{풀이}

　공산불요公山弗擾가 비읍費邑에서 반란을 일으키고 공자를 부르니 그가 가려고 했다. 자로子路가 못마땅하게 생각하여 말하기를, 「가실 곳이 없으시면 그만두실 것이지 하필이면 공산씨公山氏에게로 가시려 합니까?」 하니 공자께서 말씀하시기를, 『나를 부르는 자가 어찌 함부로 부르겠느냐? 나를 써주는 사람이 있다면, 나는 그 나라를 동쪽의 주周나라로 만들리라.』 했다.

{주해}

[公山弗擾]: 비費 땅의 읍재邑宰. [畔]: 반란을 일으킴. 반畔은 반叛과 같음. [召]: 부르다. [末之也已]: 가지 마십시오! '야이也已'는 강제사임. [爲東周]: 주나라의 융성했던 문물. 동쪽에 있는 주나라는, 즉 노나라를 말함.

{해설}

　공산불요는 옳지 않은 사람인 것을 알았지만, 그래도 그에게 기대를 걸고 도와주어야겠다는 공자의 생각이었다.

(6)

子張이 問仁於孔子한대 孔子曰, 能行 五者於天
下면 爲仁矣니라. 請問之한대 曰, 恭寬信敏惠니라
恭則不侮하고 寬則得衆하고 信則人任焉하고 敏
則有功하고 惠則足以使人이니라.

{풀이}

　자장子張이 공자에게 인仁에 대하여 묻자 공자께서 말씀하시기를,
『다섯 가지 덕을 천하에 행할 수 있는 것이 인仁이니라.』자장이 그 다
섯 가지에 대하여 듣기를 청하자 말씀하시기를,『공손하고, 관대하며,
신의가 있고, 민첩하며, 은혜로운 것이 인仁이니라. 공손하면 모욕을
당하지 않고, 관대하면 여러 사람의 지지를 얻고, 신의가 있으면 남들
이 일을 맡기고, 민첩하면 공적을 올리게 되고, 은혜로우면 사람을 부
릴 수 있게 되느니라.』했다.

{주해}

[敏]: 민첩. [侮]: 업신여김. [得衆]: 많은 사람의 지지를 얻음.

인자仁者의 다섯 가지의 덕을 말한 것으로, 이것을 실천하는 인자라야 천하를 평정할 수 있다는 것이었다.

(7)

佛肹이 召어늘 子欲往이러시니 子路曰, 昔者에
由也,聞諸夫子하니 曰,親於其身에 爲,不善者어든
君子不入也라 하시니 佛肹이 以,中牟畔이어늘 子之
往也는 如之何이꼬? 子曰, 然타. 有是言也니라. 不
曰堅乎아? 磨而不磷이니라 不曰白乎아? 涅而不
緇니라 吾豈匏瓜也哉라 焉能繫而不食이니라?

{풀이}

필힐佛肹이 부르거늘 공자가 가려 하자 자로子路가 말하기를,「전에 저는 선생님께서 '직접 그 자신이 악한 짓을 한 사람의 집에 군자는 들어가지 않느니라.' 하시는 것을 들었습니다. 필힐佛肹이 중모읍中牟邑에서 반기를 들었는데도 선생님께서는 가시려 하니 어찌된 일입니까?』하니, 공자께서 말씀하시기를,『그렇다. 그런 말을 한 적이 있느니라. 그러나 갈아도 엷어지지 않는다면 굳다고 할 수 있지 않겠느냐? 검게 물들여도 검어지지 않는다면 희다고 할 수 있지 않겠느냐? 내 어찌 조롱박처럼 매달려 있기만 하고 먹지 못하는 존재가 되겠느냐?』했다.

{주해}

[佛肸]: 진나라의 대부. 중모中牟의 읍재邑宰. [親於其身]: 자기 스스로. [中牟]: 진나라의 읍명邑名. [不磷]: 엷어지지 않음. [涅]: 검은 물을 드리다. [匏瓜]: 표주박. [不食]: 먹히지 않음. 쓸모없는 존재.

{해설}

군자는 덕이 높기 때문에 주변의 환경에 물들지 않고 결백한 채로 있다는 뜻이다.

(8)

子曰, 由야! 女聞,六言六蔽,矣乎아? 對曰, 未也
자왈 유　　여문 육언육폐 의호　　　대왈 미야

로이다. 居하라 吾語女하리라. 好仁,不好學이면 其蔽
　　　　거　　오어녀　　　　호인불호학　　　기폐

也愚요. 好知,不好學이면 其蔽也蕩이요, 好信,不
야우　호지불호학　　　기폐야탕　　　호신불

好學이면 其蔽也賊이요, 好直,不好學이면 其蔽也
　　호학　　　　기 폐 야 적　　　　　호 직 불 호 학　　　　　기 폐 야

絞요, 好勇,不好學이면 其蔽也亂이요, 好剛,不好
교　　　호 용 불 호 학　　　　기 폐 야 란　　　　호 강 불 호

學이면 其蔽也狂이니라.
학　　　기 폐 야 광

{풀이}

　공자께서 말씀하시기를, 『유야! 너는 육언육폐六言六蔽를 들었느
냐?』 대답하여 말하기를, 「아직 듣지 못하였나이다.」 공자께서 『앉아
라. 내 너에게 말하여 주리라. 인仁을 좋아하면서 배우기를 좋아하
지 않는다면 그 폐단은 어리석어지고, 지혜를 좋아하면서 배우기를 좋
아하지 않는다면 그 폐단은 방탕하여지고, 신의를 좋아하면서 배우
기를 좋아하지 않는다면 그 폐단은 남을 해치게 되고, 정직함을 좋아
하면서 배우기를 좋아하지 않는다면 그 폐단은 가혹하여지고, 용기를
좋아하면서 배우기를 좋아하지 않는다면 그 폐단은 난폭하여지고,
굳세기를 좋아하면서 배우기를 좋아하지 않는다면 그 폐단은 과격해
지는 것이니라.』 했다.

{주해}

[六言]: 여섯 가지 말, 즉 인仁, 지知, 신信, 직直, 용勇, 강剛의 덕목임.
[蔽]: 폐단. [未也]: 아직 듣지 못함. [居]: 앉아라. [愚]: 무분별하고 어
리석음. [蕩]: 방탕함. [賊]: 남을 해치다. [絞]: 각박함. [狂]: 과격함.

광적임.

{해설}

학문이 뒤따르지 않는 인은 어리석기 쉽고, 그런 지혜는 불의
를 저지르게 되며, 그러한 신의는 남을 해치기 쉽고, 또한 그러
한 정직은 각박하여지기 쉽다. 그러므로 이러한 덕목은 학문과
예악으로 조절되어 중용의 도를 얻을 때 덕이 된다는 말이다.

(9)

子曰, 小子는 何莫學,夫詩오? 詩는 可以興이며
자왈 소자 하막학부시 시 가이흥
可以觀이며 可以羣이며 可以怨이며 邇之事父며
가 이 관 가 이 군 가 이 원 이 지 사 부
遠之事君이오 多識於.鳥獸草木之名이니라.
원 지 사 군 다 식 어 조 수 초 목 지 명

{풀이}

공자께서 말씀하시기를, 『너희들은 왜 〈시경〉을 배우지 않느냐? 〈시
경〉의 시는 감동을 일으키며, 사물을 살필 수 있게 하고, 무리와 어울
릴 수 있게 하며, 불의를 나무랄 수 있게 하고, 가까이는 부모를 섬기
고 멀리는 임금을 섬길 수 있게 하며, 새와 짐승, 풀과 나무의 이름을

많이 알게 하느니라.』

{주해}

[何莫學]: 왜 배우지 않느냐? [興]: 감흥을 일으킴. [觀]: 시를 통해 사물을 제대로 살핌. [羣]: 시를 통해 화락한 감정으로 남들과 잘 어울림. [怨]: 정치의 잘못을 원망함. [邇]: 가까이.

{해설}

공자의 시에 대한 견해이다. 여기서의 시는 〈시경〉을 말하는 것으로, 시는 그만큼 중요하다는 것이다.

(10)

子謂.伯魚曰, 女爲.周南召南矣乎아? 人而不爲,
자 위 백 어 왈 여 위 주 남 소 남 의 호   인 이 불 위

周南召南이면 其猶.正牆面而.立也與인저.
주 남 소 남   기 유 정 장 면 이 립 야 여

{풀이}

공자께서 백어伯魚에게 말씀하기를,『너는 〈시경〉의 주남周南과 소남召南을 공부하였느냐? 사람으로서 주남과 소남을 공부하지 않는

다면, 그것은 마치 담을 마주 대하고 서있는 것과 같으니라.』했다.

{주해}

[伯魚]: 공자의 아들 리鯉임. [爲]: 배우다. [周南.召南]: 시경의 첫머리 두 편. [正牆面而立]: 담장을 마주하고 서있음. 앞이 막혀 보지 못함을 말함.

{해설}

　시경 첫머리에 있는 주남과 소남은 수신제가修身齊家와 치국 평천하治國平天下를 읊은 것으로, 이것을 배우지 않으면 올바른 삶을 살 수 없음을 강조하고 있다.

(11)

子曰, 禮云禮云이나 玉帛云乎哉아! 樂云樂云이
자 왈 예 운 예 운　　　　옥 백 운 호 재　　악 운 악 운

나 鍾鼓云乎哉아!
종 고 운 호 재

{풀이}

　공자께서 말씀하시기를,『예禮라, 예禮라고 하지만, 어찌 옥과 비

단과 같은 것을 말하리요! 악樂이라, 악樂이라고 하지만 어찌 종과
북과 같은 악기를 말하는 것이리요!』

{주해}

[云]: 어떻다 하고 말하는 것. [玉帛]: 옥과 비단. [鐘鼓]: 종과 북. 즉 악기.

{해설}

　예禮의 근본은 형식에 있지 않고 마음에 있으며, 음악의 근본
은 조화에 있음을 말하고 있음.

（12）

子曰, 色厲而内荏을 譬諸小人컨대 其猶穿窬之
자왈 색려이내임 비제소인 기유천유지
盜也與인저.
도 야 여

{풀이}

　공자께서 말씀하시기를, 『얼굴빛은 위엄이 있으면서 마음속이 유약
한 것을 소인들에게 비유한다면, 마치 벽을 뚫고 담을 넘는 것과 같
으니라.』했다.

[色厲]: 얼굴빛이 사나운 것. 겉모습을 엄숙하게 꾸미는 것. [內荏]: 속마음이 유약하고 겁이 많음. [穿]: 담벽을 뚫다. [窬]: 담장을 넘다.

{해설}

마음과 표정이 일치하지 않는 것은, 소인들이 좀도둑질을 하는 것과 같이 수치스러운 일이라는 것이다.

(13)

子曰, 鄕原은 德之賊也니라.
자 왈 향 원 덕 지 적 야

{풀이}

공자께서 말씀하시기를,『마을 사람들로부터 덕이 있는 사람이라고 칭송을 받으나 실제는 그렇지 않은 사람은 도덕을 해치는 것이니라.』

{주해}

[鄕原]: 향은 고을, 고장. 원原은 착하고 근엄하다.

　겉으로는 의젓한 자세를 취하고 있으나 내심으로는 잔머리를
굴려 대중의 인기에 영합하려는 사람을 도덕을 해치는 사람으
로 보고 있다.

(14)

子曰, 道聽而塗說이면 德之棄也니라.
자 왈 　도 청 이 도 설 　　　덕 지 기 야

{풀이}

　공자께서 말씀하시기를,『큰길에서 듣고 작은 길에 와서 이야기한
다면 덕을 버리는 것이니라.』

{주해}

[道聽而塗說]: 길에서 들은 말을 깊이 생각하지 않고 그대로 길에서
말하는 것. 도塗는 도道이다.

{해설}

　남에게 배운 것을 완전히 체득하여 소화한 다음에 다른 사람
에게 가르쳐야 한다는 뜻이다.

(15)

子曰, 鄙夫는 可與 事君也與哉아. 其 未得之也
<small>자왈 비부 가여 사군야여재 기 미득지야</small>

엔 患得之하고 旣得之하여 患失之하나니 苟患失之
<small>환득지 기득지 환실지 구환실지</small>

면 無所不至矣니라.
<small>무소부지의</small>

{풀이}

　공자께서 말씀하시기를, 『비속한 사람과는 함께 임금을 섬길 수 없
느니라. 지위를 얻기 전에는 그것을 얻지 못하여 염려를 하고, 이미 얻
었으면 잃지 않으려고 염려를 한다면 못하는 짓이 없게 되느니라.』

{주해}

[鄙夫]: 비열하고 천박한 사람. [苟]: 진실로. [無所不至]: 명리와 영달
을 위해서 수단과 방법을 가리지 않음.

{해설}

　소인은 자기의 이득이나 명예를 위해서 중상모략하고 불의를
서슴지 않고 행하기 때문에 같이 정사를 의논할 수 없다는 뜻이
다.

(16)

子曰, 古者에 民有三疾이러니 今也엔 或是之亡
也로다. 古之狂也肆러니 今之狂也는 蕩이요, 古之
矜也는 廉이러니 今之矜也는 忿戾요. 古之愚也는
直이러니 今之愚也는 詐而已矣로다.

{풀이}

　공자께서 말씀하시기를, 『옛사람들에게는 세 가지 병폐가 있었는데, 지금은 그것마저 없어진 것 같다. 옛날의 과격한 사람은 자유분방해서 그랬는데, 지금의 과격한 사람은 방탕해서 그런 것 같고, 옛날의 긍지 높은 사람은 행동이 청렴결백하여 문제점이 있었는데, 지금의 사람들은 분노와 다투기를 잘한다. 옛날의 어리석은 자는 고지식했는데, 지금의 어리석은 자는 속임수가 있을 뿐이로다.』했다.

{주해}

[疾]: 병폐. [亡]: 없음. [狂]: 뜻하는 바가 지나치게 높고 큰 사람. [肆]: 사소한 일에 구애받지 않음. [蕩]: 제멋대로 행동함. [矜]: 긍지. 자존심이 강한 사람. [廉]: 청렴함. [忿戾]: 화내고 다투기를 잘함. [直]: 정직.

세상이 점점 타락하여 예전에 사람들은 자존심과 긍지와 강직함이 지나쳐서 문제가 되었는데, 지금은 방탕과 간사한 꾀가 사람들 마음속에 도사리고 있음을 한탄하는 말이다.

(17)

子曰, 巧言令色이 鮮矣仁이라.
자 왈 교 언 영 색   선 의 인

{풀이}

공자께서 말씀하시기를, 『교묘하게 꾸며대는 말과 보기 좋게 꾸미는 표정에는 인仁이 드무니라.』했다.

{주해}

[巧言令色]: 교묘하게 꾸며대는 말솜씨. [鮮]: 드물다.

{해설}

진심이 담겨있지 않고 꾸며서 하는 말에는 어진 것이 드물다는 말이다.

(18)

子曰, 惡紫之奪朱也하며 惡鄭聲之亂雅樂也하
자왈 오자지탈주야 오정성지난아악야
며 惡利口之覆邦家者하노라.
오리구지복방가자

{풀이}

공자께서 말씀하시기를, 『나는 자주색이 붉은색을 뺏는 것을 미워
하고, 정나라 음악이 아악을 어지럽힌 것을 미워하며, 약삭빠른 말이
나라를 뒤엎음을 미워하노라.』

{주해}

[惡]: 미워하다. [紫]: 자주색. [奪朱]: 붉은빛을 빼앗다. [鄭聲]: 정나라
의 음란한 음악. [雅樂]: 정악. 올바른 음조. [利口]: 날카로운 입놀림.
교묘한 말솜씨. [覆]: 뒤집다.

{해설}

정통적이고 올바른 질서와 리듬을 사악하고 정갈하지 못한
것들에 의하여 흐트러지는 것, 이런 것을 군자는 싫어한다는 것
이다.

子曰, 予欲無言하노라. 子貢曰, 子如不言이시면
자왈 여욕무언   자공왈   자여불언

則, 小子何述焉이니꼬? 子曰, 天何言哉시리오? 四
즉 소자하술언   자왈   천하언재   사

時行焉하며 百物生焉하나니 天何言哉시리오?
시 행 언   백 물 생 언   천 하 언 재

{풀이}

　공자께서 말씀하시기를, 『나는 말을 아니하고자 한다.』 자공子貢
이 말하기를, 「선생님께서 말씀하지 않으시면 저희들은 무엇으로 도를
배우고 전하나이까?」 공자께서 말씀하시기를, 『하늘이 무엇을 말하더
냐? 사시四時가 운행되며 만물이 생겨나지만, 하늘이 무엇이라 말을
하였더냐?』

{주해}

[欲無言]: 말하지 않으려 함. [述]: 도를 전하다.

{해설}

　정통적이고 올바른 모든 질서와 리듬을 사악하고 정갈하지
못한 것들이 흐트리는 것을 군자나 의인義人은 싫어한다는 뜻이
다.

(20)

孺悲,欲見孔子어늘 孔子,辭以疾하시고 將命者
유비 욕견공자   공자 사이질   장명자

出戶어늘 取瑟而歌하사 使之聞之하시다.
출호   취슬이가   사지문지

{풀이}

유비孺悲가 공자를 만나려 찾아오니 공자가 몸이 불편하다는 이유
로 사절하였다. 그러나 명을 전하는 사람이 문을 지나자, 비파를 타시
면서 노래를 불러 그로 하여금 듣게 하였다.

{주해}

[孺悲]: 노나라 사람. [辭]: 거절함. [將命者]: 말을 전할 사자.

{해설}

공자께서 왜 병을 빙자하여 유비孺悲를 만나주지를 않았는지
는 알려진 바가 없다. 다만 유비의 어떤 잘못에 대하여 공자는
그의 방문을 사절함으로써 반성을 촉구한 것 같다.

宰我,問三年之喪이 期已久矣로소이다. 君子三
재아 문 삼 년 지 상　　 기 이 구 의　　　　　　 군 자 삼

年을 不爲禮면 禮必壞하고 三年을 不爲樂이면 樂
년　 불 위 례　 예 필 괴　　 삼 년　 불 위 악　　　 악

必崩하리니 舊穀이 旣沒에 新穀이 旣升하며 鑽燧
필 붕　　　 구 곡　 기 몰　 신 곡　 기 승　　　 찬 수

改火하니 期可已矣로소이다. 子曰, 食夫稻하며 衣
개 화　　 기 가 이 의　　　　　 자 왈　 식 부 도　　　 의

夫錦이 於女여 安乎아? 曰, 安이니다. 女安則,爲之
부 금　 어 녀　 안 호　　　 왈　 안　　　　 여 안 즉 위 지

하라 夫,君子之居喪에 食旨不甘하며 聞樂不樂하
　　　 부 군 자 지 거 상　 식 지 불 감　　　 문 악 불 락

며 居處不安이라. 故로 不爲也하나니 今女安則,爲
　 거 처 불 안　　　 고　 불 위 야　　　　　 금 녀 안 즉 위

之하라 宰我,出커늘 子曰, 予之不仁也여 子生三年
지　　　 재 아 출　　　 자 왈　 여 지 불 인 야　 자 생 삼 년

然後에 免於父母之懷하나니 夫,三年之喪은 天下
연 후　 면 어 부 모 지 회　　　　 부 삼 년 지 상　 천 하

之通喪也니 予也有,三年之愛於其,父母乎아?
지 통 상 야　 여 야 유 삼 년 지 애 어 기 부 모 호

{풀이}

　재아宰我가 묻기를, 「삼년상은 기간이 너무 오래인 것 같습니다. 군
자가 삼 년 동안이나 예를 차리지 않는다면 예는 반드시 무너질 것이
며, 삼 년 동안이나 악樂을 다루지 않는다면 악樂도 반드시 무너질 것

입니다. 묵은 곡식이 다 떨어지고 새 곡식이 나오고 불을 붙이는 나무를 새로 뚫어 불도 고치게 되었으니, 일 년이면 좋을까 하나이다.」 공자께서 말씀하시기를, 『쌀밥을 먹고 비단옷을 입으면 너의 마음이 편하겠느냐?』 말하기를, 「편하나이다.」 『너 마음이 편하다면 그렇게 해라. 군자는 상중에 좋은 음식을 먹어도 맛이 없으며, 음악을 들어도 즐겁지 않으며, 편한 곳에 거처하여도 불안하기 때문에 그렇게 하는 것이다. 이제 네가 편하다면 그렇게 하여라. 재아가 나가자 공자께서 말씀하시기를, 재아는 어질지 못하구나. 자식을 낳은 지 삼 년이 지난 후에야 부모의 품에서 겨우 벗어난다. 그러기에 삼년상이 온 천하에 공통된 상례이거늘, 재아는 그 부모에게서 삼 년 동안의 사랑을 받지 못했단 말인가?』 했다.

{주해}

[宰我]: 공자의 제자. 성은 재宰, 이름은 여予, 자는 자아子我. [三年之喪]: 삼 년 동안의 부모상. [期已久矣]: 기간이 너무 길다. [沒]: 다하다. [升]: 나오다. 등장함. [鑽燧]: 나무를 비벼서 불을 만들다. 마찰시켜서 불이 나오게 함. [改火]: 철따라 불을 붙이는 나무를 바꾸어 새 불을 얻음. [期可已矣]: 일 년으로 끝내도 됨. [通喪]: 널리 통용되는 상례.

{해설}

　재아宰我는 삼년상이 너무 길다고 일 년 상으로 고치자는 제안을 했다가 꾸중을 듣는 것이다. 상례란 마음에서 우러나와야 하는 것이지 관례라는 형식에 매이는 것이 아니라는 말이다.

(22)

子曰, 飽食終日하야 無所用心이면 難矣哉라. 不
자왈 포식종일 무소용심 난의재 불
有博奕者乎아? 爲之猶賢乎已니라.
유 박 혁 자 위 지 유 현 호 이

{풀이}

공자께서 말씀하시기를,『종일 배불리 먹기만 하고 마음 쓰는 데가
없으면 어려운 노릇이다. 장기와 바둑이 있지 않느냐? 그런 것이라도
하는 게 오히려 좋을 것이다.』했다.

{주해}

[飽食終日]: 종일 배불리 먹기만 하다. [無所用心]: 마음 쓰는 바가 없
다. [難]: 곤란하다. [博奕]: 장기와 바둑. [猶賢乎已]: 이已는 지止, 호乎
는 어於, ~보다는 현명하다.

{해설}

우리가 하는 일에는 정신적인 것과 육체적인 노동도 있다. 사

람은 어떤 분야에 종사하든 열심히 일할 때가 아름다운 것이다. 아무런 노력도 없이 시간을 낭비함은 부끄러운 일이다. 공자도 무위도식을 일종의 악덕으로 보고 있다. 그러므로 장기나 바둑이라도 두라고 했다.

(23)

子路曰, 君子尚勇乎잇가? 子曰, 君子, 義以爲上이니 君子, 有勇而無義면 爲亂이요 小人, 有勇而無義면 爲盜니라.

{풀이}

자로子路가 말하기를, 「군자도 용기를 숭상하나이까?」 하니, 공자께서 답변하시기를, 『군자는 정의를 가장 높이 숭상해야 한다. 군자가 용기만 있고 정의를 모르면 난동을 부리게 되고, 소인이 용기만 있고 정의를 모르면 도둑질을 하게 되느니라.』

{주해}

[尙]: 숭상함. [勇]: 용기. 용맹. [義]: 정의. 의로움. [爲上]: 으뜸으로

치다. [爲亂]: 난을 일으킴.

{해설}

용기는 반드시 정의로움이 바탕이 되어야 한다는 뜻이다.

(24)

子貢曰, 君子도 亦有惡乎이꼬? 子曰, 有惡하니 惡
_{자 공 왈 군 자 역 유 오 호}　　　_{자 왈 유 오}　　_오

稱人之惡者하며 惡居下流而訕上者하며 惡勇而
_{칭 인 지 악 자}　　_{오 거 하 류 이 산 상 자}　　_{오 용 이}

無禮者하며 惡果敢而窒者니라. 曰, 賜也아! 亦有
_{무 례 자}　　_{오 과 감 이 질 자}　　_{왈 사 야}　_{역 유}

惡乎아? 惡徼以爲知者하며 惡不孫以爲勇者하며
_{오 호}　　_{오 요 이 위 지 자}　　_{오 불 손 이 위 용 자}

惡訐以爲直者하노이다.
_{오 알 이 위 직 자}

{풀이}

　자공子貢이 말하기를, 「군자도 미워하는 것이 있나이까?」 공자께
서 대답하시기를, 『미워하는 것이 있느니라. 남의 악함을 떠들어대는
것을 미워하고, 아랫사람이 윗사람을 비방하는 것을 미워하고, 용맹
스러우면서 무례한 것을 미워하고, 과감하면서 막힌 것을 미워하느

니라.』 또 말씀하시기를, 『사賜야! 너도 미워하는 것이 있느냐?』 하니 「네, 저도 미워하는 것이 있나이다. 남의 눈치만 살피고 아는 체하는 사람을 미워하고, 용기만 가지고 윗사람에게 불손한 사람을 미워하고, 남의 비밀을 폭로하여 정직한 체하는 사람을 미워하나이다.」 했다.

{주해}

[有惡乎]: 미워함이 있느냐? [訕上者]: 윗사람을 헐뜯다. [窒]: 막다. 앞뒤가 막히다. [訐]: 남의 사사로운 일을 면전에서 들추어내다.

{해설}

군자라 하여도 악행과 불의와 무례함과 부정은 싫어한다는 뜻이다.

(25)

子曰, 唯, 女子與小人이 爲, 難養也니 近之則不
자왈 유 녀자여소인 위 난양야 근지즉불
孫하고 遠之則怨이니라.
손 원지즉원

공자가 말씀하시기를, 『여자와 소인은 다루기가 어렵다. 가까이하면 불손하게 굴고, 멀리하면 원망하느니라.』

{주해}

[爲難養也]: 양養은 대우해주다. 다루다. 즉 '다루기가 어렵다'는 뜻.
[孫]: 공손恭遜하다. [怨]: 원망하다.

{해설}

여기서는 소인과 여자에 대한 견해이다. 여자는 일반적인 여인이 아니고 소인과 비견되는 여자니까 교양 없는 여자로 보면 좋겠다. 그래서 공자는 소인과 교양 없는 여자는 다루기 어렵다는 견해를 밝히고 있다.

너무 가까이 다가가지도 말고, 너무 멀리하지도 말라는 경고이다. 공자의 여자에 대한 관점은 '詩經'의 견해에 잘 나타나 있다. 시경의 관저편을 즐겨 읊은 것으로 보아 '요조숙녀'의 미덕을 예찬한 것으로 짐작이 간다.

（26）

子曰, 年.四十而見惡焉이면 其.終也已니라.
자 왈   년 사 십 이 견 오 언   기 종 야 이

{풀이}

공자께서 말씀하시기를, 『나이 사십이 되어도 남에게 미움을 받는다면 그것은 더 이상 볼 것이 없느니라.』

{주해}

[見惡]: 미움을 받음. [其終也]: 그것은 끝이다.

{해설}

나이 사십이면 불혹이라 해서 인생을 어느 정도 겪을 대로 겪어서 세상을 알만한 사람이다. 자기의 신념이 아직 서지 않고 남에게 원망이나 욕을 들을 정도면 인생에 있어서 볼 장 다 본 셈이다.

사십이면 그 나름대로 인생관이 서야 하는 나이이다. '사십오십이무문언四十五十而無聞焉, 사역부족외야이斯亦不足畏也已'와 같이 그의 삶은 실패작이라 할 수 있다.

제18편

微子(미자)

┃篇名說┃

은자隱者나 현인賢人들의 벼슬에 나아감과 은거에 대한 기록이다. 자연에 묻혀 사는 사람들에 대한 처세관과 단편적인 기록들이다.

(1)

微子는 去之하고 箕子는 爲之奴하고 比干은 諫
미 자　거 지　　　기 자　위 지 노　　　비 간　간

而死하니라 孔子曰, 殷有三仁焉하니라.
이 사　　　공 자 왈　은 유 삼 인 언

{풀이}

미자微子는 가고, 기자箕子는 종이 되고, 비간比干은 간하다 죽었다. 공자께서 이르기를『은殷나라에 인자仁者가 셋이 있느니라.』

{주해}

[微子]: 은나라의 폭군 주紂왕의 배다른 형. [箕子]: 기箕는 국명國名. 자는 작爵, 이름은 서여胥餘, 주紂왕의 백부. [比干]: 주의 숙부. 주紂왕

은 기자를 잡아 가두었고, 비간은 간하다가 죽었다.

{해설}

　은나라 주紂왕은 폭군이었다. 이 은나라 주왕은 주周에 의해 멸망하게 되는데, 이때는 공자孔子보다 600여 년 전의 일이었다 (B.C. 1100). 이때 폭군 주왕에게는 세 사람의 현신賢臣이 있었는데, 주紂의 서형인 미자微子와 주紂의 백부인 기자箕子와 숙부인 비간比干이 그들이었다. 이 세 사람은 한결같이 주왕의 폭정을 간하다가 미자微子는 도주했고, 기자는 거짓 미치광이가 되어 노예 무리 속에 숨어버리고, 비간은 폭정을 간하다가 그에게 죽음을 당하였다. 기자箕子는 은殷나라가 멸망하자 주周왕으로부터 조선朝鮮에 봉함을 받았다고 한다.

(2)

柳下惠, 爲, 士師하여 三黜이어늘 人曰, 子, 未可以
유 하 혜 위 사 사　　　삼 출　　　　인 왈 자 미 가 이

去乎아? 曰, 直道而事人이면 焉往而不三黜이며
거 호　　왈 직 도 이 사 인　　　언 왕 이 불 삼 출

枉道而事人이면 何必去, 父母之邦이리오?
왕 도 이 사 인　　　하 필 거 부 모 지 방

유하혜柳下惠가 사사士師가 되어 세 차례나 쫓겨나자 어떤 사람이 그에게 말하기를, 「당신은 그래도 다른 나라로 갈 수 없었던가요?」하니 말하기를, 「곧은 도리로 사람을 섬기려면 어디에 간들 세 번쯤은 쫓겨나지 않겠소? 정도正道를 굽혀서 사람을 섬기려 하면, 어찌 꼭 부모의 나라(조국)를 떠나야 한단 말이오?」 했다.

{주해}

[柳下惠]: 노나라의 현인. [士師]: 형벌을 관장하는 관명. [三黜]: 여러 번 벼슬자리에서 3번이나 쫓겨남. [直道]: 도를 곧게 지키는 것. [焉… 不]: 어떻게 ~하지 않겠느냐? [父母之邦]: 부모의 나라, 곧 조국.

{해설}

정의로 윗사람을 섬기면 자연히 쫓겨나게 되며, 천하가 모두 어지러워 어디를 가나 마찬가지라면 굳이 조국을 버리고 떠날 필요가 있겠냐는 뜻이다.

(3)

齊景公이 待.孔子曰. 若.季氏則.吾不能이어니와
제 경 공   대 공 자 왈   약 계 씨 즉 오 불 능

以,季孟之間으로 待之하리라. 曰, 吾老矣라. 不能
이 계 맹 지 간 대 지 왈 오 로 의 불 능

用也라 한대 孔子,行하시다.
용 야 공 자 행

{풀이}

　제齊나라의 경공景公이 공자를 대우하는 일에 대하여 말하기를,
「계씨 정도로 대우하지는 못하지만 계씨와 맹씨의 중간쯤은 대우해
주리라.」하고 말했다가 「내 늙었으니, 그나마 쓸 수 없구나.」그러자
공자께서는 떠나갔다.

{주해}

[待]: 대우하다. [季孟之間]: 상경上卿인 계씨와 하경下卿인 맹씨孟氏의
중간 정도의 지위. *맹씨는 삼환의 일족으로 계씨 다음가는 귀족이다.

{해설}

　공자께서 제나라에 갔을 때, 경공이 그를 등용하려 했으나 실
권자들의 반대로 뜻을 이루지 못하는 대목이다.

(4)

齊人이 歸,女樂이어늘 季桓子,守之하고 三日不
제 인 귀 여 악 계 환 자 수 지 삼 일 부

朝한대 孔子行하시다.
조　　　공 자 행

{풀이}

　　제나라 사람들이 여악사女樂士를 보내왔다. 계환자가 이를 받아 들여 삼 일 동안 조회를 열지 않으니 공자는 떠났다.

{주해}

[歸]: 선물로 주다. [季桓子]: 노魯의 대부. 명名은 사斯.

{해설}

　　정공定公 13년에 공자 나이 55세 때 노魯의 대사구大司寇[법무 장]에 앉아 나랏일을 보았는데 크게 치적을 올렸다. 제齊나라가 노魯를 타락시킬 셈으로 미녀 80명을 뽑아 아름다운 옷을 입히고 악무樂舞를 추게 했는데, 계항자季桓子는 3일이나 정사를 잊어버리고 여자의 노래와 춤에 빠져 조회도 하지 않았다. 그래서 공자는 이들과 함께 정사를 돌볼 수 없다고 생각하고 벼슬자리를 버리고 노나라를 떠나고 말았다. '공자행孔子行'은 사기史記에는 공자가 위衛로 갔다고 했으며, 한비자 내저설內諸說 하편에는 초楚나라로 갔다고 했다.

(5)

楚狂,接與,歌而過,孔子曰,鳳兮鳳兮여! 何德之
<small>초 광 접 여 가 이 과 공 자 왈 봉 혜 봉 혜 하 덕 지</small>

衰오. 往者는 不可諫어니와 來者는 猶可追니 已而
<small>쇠 왕 자 불 가 간 래 자 유 가 추 이 이</small>

已而어다. 今之從政者殆而니라. 孔子,下하사 欲與
<small>이 이 금 지 종 정 자 태 이 공 자 하 욕 여</small>

之言이시더니 趨而辟之하니 不得與之言하시다.
<small>지 언 추 이 벽 지 부 득 여 지 언</small>

{풀이}

초나라 광인인 접여接輿가 공자의 앞을 지나치면서 노래하기를,
「봉황새여, 봉황새여! 어쩌다가 덕이 쇠하였는가. 지난 일이야 말릴
수 없지만, 오는 일은 따를 수 있거니, 그만두어라, 그만두어. 지금의
벼슬길을 따른다면 위태롭거니.」공자가 내려가 그와 말하고자 했으
나 급히 도망쳐 말을 나누지 못하였다.

{주해}

[楚狂接輿]: 미치광이로 가장한 초나라의 은자隱者. 천하의 무도함을
탄식함. [鳳]: 여기서는 공자를 비유. 봉鳳은 수, 황凰은 암. [已而]: 이
已는 지止. 그만두라. 말세라는 뜻도 있다. [殆]: 위태하다. 辟→避.

  초나라 미치광이 접여가 노래를 부르며 공자의 곁을 접근하
여 노래 불렀다. '봉황새야, 봉황새여! 어찌 그대의 덕은 그다지
도 쇠하였나!' 그 당시 어지러운 세상을 피해 숨어사는 현인들이
적지 않았다. 이들은 공자의 제세구민濟世求民의 큰 뜻을 냉소적
으로 바라볼 뿐이었다. 접여도 세상의 무도함을 탄식하며 벼슬
을 단념한 은사였다. 그는 지금 상태에서 정치 참여는 위태로운
일이니 그만두라고 공자에게 경고警告하여 알려주려고 했던 것
이다.

  당시 공자는 63세로 초나라 소왕에게 등용될 뻔했으나 영윤
令尹 자서子西의 반대로 뜻을 이루지 못했다. 여기서 접여의 노
래는 초사조楚辭調이며 퍽 음률적音律的이었다.

(6)

長沮桀溺이 耦而耕이어늘 孔子過之하실새 使子
장 저 걸 익   우 이 경   공 자 과 지   사 자

路로 問津焉하신대 長沮曰, 夫.執輿者爲誰오? 子
로   문 진 언   장 저 왈 부 집 여 자 위 수   자

路曰, 爲.孔丘시니라. 曰, 是.魯孔丘與아? 曰, 是也
로 왈 위 공 구   왈 시 노 공 구 여   왈 시 야

시니라. 曰, 是知津矣니라. 問於桀溺한대 桀溺이 曰,
         왈 시 지 진 의   문 어 걸 닉   걸 닉 왈

子爲誰오 曰, 爲, 仲由로다. 曰, 是, 魯孔丘之徒與
자 위 수　왈 위 중 유　　왈 시 노 공 구 지 도 여

아? 對曰, 然하다. 曰, 滔滔者, 天下皆是也니 而, 誰
대 왈 연　　왈 도 도 자 천 하 개 시 야　　이 수

以易之리오? 且而與其從, 辟人之士也는 豈, 若從
이 역 지　　차 이 여 기 종 피 인 지 사 야　　기 약 종

辟世之士哉리오 하고 耰而不輟하더라. 子路, 行하여
피 세 지 사 재　　　우 이 불 철　　　자 로 행

以告한대 夫子憮然曰, 鳥獸는 不可與, 同羣이니 吾
이 고　　　부 자 무 연 왈 조 수　　불 가 여 동 군　　오

非斯人之徒를 與오 而誰與리오 天下有道면 丘不
비 사 인 지 도　여　이 수 여　　　천 하 유 도　　구 불

與易也니라.
여 역 야

{풀이}

　장저長沮와 걸익桀溺이 함께 밭을 갈고 있는데, 공자가 지나가다
가 자로를 보내어 나루터를 물어 오게 하였다. 장저가 말하기를, 「저
수레에 앉아 고삐를 잡고 있는 사람이 누구요?」 자로가 대답하기를,
「공구라는 분입니다.」 「저 사람이 바로 노나라의 공구라는 분이요?」
「그렇습니다.」 「그렇다면 나루터 쯤은 알고 있을 거요.」 자로가 걸익에
게 물으니 말하기를, 「당신은 누구요?」 말하기를, 「중유仲由입니다.」
「바로 노나라 공구의 제자요?」 「그렇습니다.」 말하기를, 「도도한 물결
에 온 천하가 다 휩쓸려 흐르는데, 이를 누구의 힘으로 바꿀 수 있겠
소?」 하고 고무래질하는 것을 멈추지 않았다. 자로가 가서 이 일을 이

야기하자 공자께서 말씀하시기를, 『새나 짐승과는 함께 떼 지어 살
수 없으니, 내가 세상 사람들과 함께 살지 않으면 누구와 함께 산단
말인가. 천하에 도가 행해지기만 하면 나는 구태여 바꾸려들지도 않
을 것이다.』했다.

{주해}

[長沮桀溺]: 초나라의 은자임. [耦而耕]: 나란히 짝지어 밭을 갈다.
[津]: 나루터. [執輿者]: 수레에 말고삐를 잡고 있는 사람. [滔滔]: 물이
흘러가는 모양. [天下皆是]: 온 세상이 이렇게 흘러가다. [誰以易之]:
누가 그 흐름을 바꾸겠는가? [且而]: 또한 그대도. 이而는 여汝와 같음.
[辟世之士]: 세상을 피해서 사는 선비. [耰]: 뿌린 씨를 덮다. [不輟]:
멈추지 않음. [憮然]: 탄식함. [斯人之徒]: 이 세상 사람들.

{해설}

　은자隱者들의 은거 사상과 공자의 현실참여 사상이 대조를 이
루는 문장이다. 어려운 현실을 피하기에는 쉬워도 그것을 극복
하기는 더욱 어렵다는 뜻이다.

(7)

子路從而後러니 遇丈人이 以杖荷蓧하여 子路
자 로 종 이 후　　우 장 인　이 장 하 조　　　자 로

問曰, 子見夫子乎아? 丈人曰, 四體를 不勤하여 五
문왈 자견부자호　　장인왈 사체　불근　　　오

穀을 不分하나니 孰爲夫子리오? 植其杖而芸하더
곡　불분　　　숙위부자　　　식기장이운

라. 子路, 拱而立한대 止, 子路宿하여 殺鷄爲黍而食
자로공이립　　　지 자로숙　　살계위서이식

之하고 見其二子焉이어늘 明日에 子路行하여 以告
지　　견기이자언　　　명일　자로행　　　이고

한대 子曰, 隱者也로다. 使, 子路로 反見之하시니 至
자왈 은자야　　　사 자로　반견지　　　지

則行矣러라. 子路曰, 不仕無義하니 長幼之節을 不
즉행의　　　자로왈 불사무의　　　장유지절　불

可廢也니 君臣之義를 如之何其廢之리오? 欲潔,
가폐야　군신지의　　여지하기폐지　　　욕결

其身而亂大倫이로다. 君子之仕也는 行其義也니
기신이란대륜　　　군자지사야　　행기의야

道之不行은 已知之矣니라.
도지불행　이지지의

{풀이}

　자로子路가 공자를 수행하다가 뒤처졌는데, 지팡이에 대바구니를
꿰어 어깨에 멘 노인을 만났다. 자로가 묻기를, 「영감님께서는 우리 선
생님을 보셨습니까?」 하니, 노인이 말하기를, 「사지를 부지런히 움직이
지도 않고 오곡을 분별할 줄도 모르는 사람이 무슨 선생님이란 말인
가?」 하고 지팡이를 땅에 꽂고 김을 매기 시작했다. 자로가 두 손을
마주잡고 경의를 표한 채 그대로 자리에 서있자, 노인은 자로를 붙들

어 묶게 하고, 닭을 잡아 기장밥을 대접하였으며, 두 아들을 인사시 켰다. 이튿날, 자로가 쫓아가 공자에게 이 사실을 고하였다. 공자께서 말씀하시기를, 『그가 바로 은자일 것이다.』 하고 자로를 보내어 다시 만나보게 하였다. 자로가 그 집에 가보니 노인은 이미 떠나고 없었다. 자로가 말하기를, 「세상에 나가서 벼슬을 하지 않는 것은 의롭지 못한 일입니다. 장유의 예절도 폐할 수 없는데, 어찌 임금과 신하의 의를 폐할 수 있겠습니까? 이것은 자기 몸만 청결하게 하고 대의를 어지럽게 하는 것입니다. 군자가 벼슬살이를 한다는 것은 자기의 의리를 행하는 것이며, 도가 행하여지지 않는다는 것은 이미 알고 있는 바입니다.」

{주해}

[從而後]: 수행하다가 뒤처짐. [丈人]: 노인. [荷]: 둘러메다. [篠]: 대바구니. [不分]: 분간하지 못함. [植]: 꽂다. [芸]: 풀이름. 풀을 뽑다. [拱]: 두 손을 모아 잡다. [止]: 묵어가다. [爲黍]: 기장으로 밥을 짓다. [反]: 되돌아가다. [至則行矣]: 그 집에 이르니 노인은 떠나고 없었다. [不仕無義]: 벼슬하지 않으면 임금과 신하 사이 의리가 없어진다. [大倫]: 임금과 신하 사이의 의리.

{해설}

군자가 나라에 도가 행해지지 않는다면 숨어서 지내는 것은 군신 간의 예가 아니라는 뜻이다.

(8)

逸民은 伯夷와 叔齊와 虞仲과 夷逸과 朱張과 柳
下惠와 少連이니라. 子曰, 不降其志하며 不辱其身
은 伯夷叔齊與인저 謂, 柳下惠, 少連하시되 降志辱
身矣니 言中倫하며 行中慮하니 其斯而已矣니라.
謂, 虞仲, 夷逸하시니 隱居放言하나 身中淸하며 廢
中權이니라 我則異於是하여 無可無不可호라.

{풀이}

　은사隱士에는 백이伯夷와 숙제叔齊, 우중虞仲, 이일夷逸, 주장朱張, 유하혜柳下惠, 소련少連 등이 있다. 공자께서 말씀하시기를,『자기의 뜻을 굽히지 않고 그 몸을 욕되게 하지 않음은 백이와 숙제였지.』유하혜와 소연에 대하여 말하기를,『비록 뜻을 굽히고 몸을 욕되게 하였으나 말이 도리에 맞고 행동이 뜻과 맞았으니 그들은 옳게 살았다고 할 수 있느니라.』우중과 이일에 대하여 말하기를,『숨어 지내며 기탄없이 말했지만 몸가짐이 청렴하였고 세상을 버리는 것이 때가 맞았다. 나는 그들과 달라 꼭 하겠다는 것도, 그렇지 않은 것도 없도다.』했다.

[逸民]: 숨어서 살되 절의와 행실이 뛰어난 인물. [虞仲]: 인명. 형과 함께 왕위를 사양함. [不降其志]: 자기의 뜻을 내리지 않음. [言中倫]: 말이 이치에 맞음. [其斯而已矣]: 그들은 그렇게 살아갔을 뿐이었다. [隱居]: 벼슬하지 않고 숨어서 살다. [放言]: 말을 함부로 함. [廢中權]: 세상을 등진 것이 시의에 맞았다. [無可無不可]: 꼭 그런 것도 아니고, 꼭 그것이 아니라는 것도 아니다.

{해설}

　백이와 숙제를 인자仁者로 받들고 유하혜와 소연, 또 우중과 이일이 그 나름대로 옳게 살긴 하였지만, 공자 자신은 세상을 등지지 않고 때가 되면 도덕정치를 펴보겠다는 신념이 나타나있다.

(9)

大師,摯는 適齊하고 亞飯,干은 適楚하고 三飯,繚
대 사 지　　적 제　　아 반 간　　적 초　　삼 반 료
는 適蔡하고 四飯,缺은 適秦하고 鼓,方叔은 入於河
적 채　　사 반 결　　적 진　　고 방 숙　　입 어 하
하고 播鼗,武는 入於漢하고 少師,陽과 擊磬,襄은 入
파 도 무　　입 어 한　　소 사 양　　격 경 양　　입
於海하니라.
어 해

대사大師 지擊는 제나라로 가고, 아반亞飯 간干은 초나라로 가고, 삼반三飯 요繚는 채나라로 가고, 사반四飯 결缺은 진나라로 갔다. 북 치는 방숙方叔은 황하 유역으로 들어가고, 소고를 흔드는 무武는 한중 으로 들어가고, 소사少師 양陽과 경磬을 치는 양襄은 섬으로 들어갔다.

{주해}

[大師摯]: 노나라의 약관장. 지摯가 이름이다. [適]: 가다. [亞飯, 三飯, 四飯]: 임금이 수라를 들 때 악장을 정하여 연주하는 악관. [鼓方叔]: 북을 치는 방숙. [播鼗]: 손잡이가 달린 작은 북. 흔들면 소리가 난다.

{해설}

노나라의 악사들이 삼환의 횡포로 피하여 사방으로 흩어졌다 는 말이다. 즉 예악정치가 쇠퇴하였음을 말하는 것이다.

(10)

周公이 謂, 魯公曰, 君子不施其親하야 不使大臣
주공　위노공왈　군자불시기친　　　불사대신

으로 怨乎不以하며 故舊無大故則, 不棄也하며 無
원호불이　　고구무대고즉　불기야　　　　무

求備於一人이니라.
구 비 어 일 인

{풀이}

　주공周公이 그의 아들 노공魯公에게 일컬어 말하기를,「군자는 자기의 친척을 버리지 않으며, 대신들로 하여금 그들의 의견을 무시한다고 원망하지 않게 하며, 오랫동안 일해 온 사람은 큰 문제가 없으면 버리지 아니하며, 한 사람에게 모든 재능이 구비되기를 구하지 말아야 하느니라.」

{주해}

[周公]: 주나라 성왕을 보좌한 성인. [魯公]: 주공의 아들. 노나라의 왕. [其親]: 일가친족을 말함. [怨乎不以]: 자기를 기용하지 않는다고 원망함. [故舊]: 원로. 공이 있는 신하. [大故]: 큰 잘못. [求備於一人]: 한 사람에게 모든 것을 완비할 것을 요구함.

{해설}

　주공이 그의 아들이 노나라의 군주가 되어 정치하는 방법을 일러준 대목이다. 3가지 당부의 내용을 보면, 첫째가 친척을 소홀히 말고, 둘째가 옛 공신들을 소홀히 말고, 셋째로 한 사람이 모든 것을 다할 수 없다는 것을 말했다. 오늘날의 정치도 이 세 가지의 항목이 어느 정도 필요하다고 본다.

(11)

周有八士하니 伯達과 伯适과 仲突과 仲忽과 叔
주유팔사   백달   백괄   중돌   중홀   숙

夜와 叔夏와 季隨와 季騧니라.
야   숙하   계수   계왜

{풀이}

주나라에 여덟 선비가 있었는데, 백달伯達, 백괄伯适, 중돌仲突, 중홀仲忽, 숙야叔夜, 숙하叔夏, 계수季隨, 계왜季騧이니라.

{주해}

[伯仲叔季]: 형제간의 장유. 8인은 2인씩 쌍둥이.

{해설}

이들의 생애에 대하여는 제대로 밝혀진 바가 없다. 다만 포함包咸이란 사람은 이렇게 말하고 있다.

'주나라 때에 한 어머니가 네 번 출산에 여덟 아들을 낳았다. 이들은 모두 뛰어난 선비가 되었다. 그러므로 그 일을 적었다.'

하였는데, 나라가 번영할 때에는 이렇게 영재들이 나오는 것이다. 나라가 흥성하려면 이렇게 인재가 배출하는 법이다.

제19편

子張(자장)

｜篇名說｜

공자의 제자들이 한 말을 추려 실었다. 그중에도 자하가 가장 많고 자공,
증자의 순으로 많이 추려져 있다.

(1)

子張曰, 士見危致命하며 見得思義하며 祭思敬
자 장 왈 사 견 위 치 명   견 득 사 의   제 사 경
하며 喪思哀면 其可已矣니라.
상 사 애   기 가 이 의

{풀이}

자장子張이 말하기를, 「선비가 위태함을 보면 목숨을 걸고, 이득을
보면 의를 생각하고, 제사에는 공경함을 생각하고, 상사에는 슬픔을
생각한다면 비로소 족하다 할 수 있겠다.」

{주해}

[致命]: 목숨을 내놓음. [見得]: 이득을 얻다. [思義]: 의를 비추어 자성

함. [祭思敬]: 조상을 제사 지냄. [可已]: 비로소 족하다고 할 수 있다.

{해설}

위의 이 네 가지는 입신하는데 가장 큰 항목이었다. 하나라도 모자라면 안 되는 덕목이다. '見危致命', '見得思義'는 구국과 대의를 강조한 것이며 '祭思敬', '喪思哀'는 군자로서 일생을 두고 해야 할 일이다. 선비는 대의와 경건한 마음으로 충성을 다하되 구국을 위해서는 '살신성인殺身成仁', '사생취의捨生取義'까지 해야 한다고 가르치고 있다.

(2)

子張曰, 執德不弘하며 信道不篤이면 焉能爲有
자 장 왈　집 덕 불 홍　　　신 도 부 독　　　언 능 위 유
며 焉能爲亡이리오.
언 능 위 무

{풀이}

자장이 말하기를, 「덕을 지니되 넓지 못하고, 도를 믿되 두텁지 못하다면, 어찌 덕과 도를 지니고 있다고 할 수 있으며, 또 어찌 없다고 할 수 있으리오.」

[執德]: 덕을 지니고 실천하다. [不弘]: 넓지 못하다. 너그럽지 못하고 편벽되다. [爲有, 爲亡]: 있다, 없다. (하겠느냐?)

{해설}

　사람은 덕과 윤리에 대한 실천의지가 있어야만 자기 발전을 이룰 수가 있는 것이다. 철저하게 덕과 도를 실천하며 진리 속에 들어가지 않고 겉으로 믿는척하다가 말면 아무것도 아니다. 덕과 도는 심오하고 무궁한 진리이기 때문이다. 즉, 인과 덕은 철저하지 않으면 있으나 마나 한 존재란 것이다.

(3)

子夏之門人이 問交於子張한대 子張曰, 子夏云
何오? 對曰, 子夏曰, 可者를 與之하고 其不可者를
拒之라 하다. 子張曰, 異乎吾所聞이로다. 君子는 尊
賢而容衆하며 嘉善而矜不能이니 我之大賢與인대
於人에 何所不容이며 我之不賢與인댄 人將拒我

니 *如之何其拒人也*리오.
　여　지　하　기　거　인　야

{풀이}

　자하子夏의 제자가 자장子張에게 교우에 관하여 물으니 자장이
말하기를, 「자하는 무엇이라 하였는가?」 자하께서는 「'좋은 사람과
사귀고 좋지 못한 사람은 사귀지 말라.'고 하셨나이다.」 자장이 말하
기를, 「내가 들은 바와 다르구나. 군자는 현자를 존경하고 많은 사람
들을 포옹하며, 선한 사람을 칭찬하며 그렇지 못한 사람도 동정한다.
내가 현자라면 사람들에게 용납되지 않을 것이 두려웠겠는가, 내가
현자가 아니라면 사람들이 나를 멀리할 것인데, 어찌 남을 멀리할 수
있겠는가.」 했다.

{주해}

[問交]: 사람 사귀는 도를 물음. [可者]: 올바른 사람. [與之]: 그와 함께
사귐. [容衆]: 보통 사람과도 널리 사귐. [嘉善]: 탁월한 사람을 칭송
함. [矜]: 긍휼히 여김. [不能]: 능력이 없는 사람. 능하지 못한 사람.

{해설}

　교우관계에 대한 자하와 자장의 견해의 차이를 알 수 있는 말
이다.

(4)

子夏曰, 雖小道나 必有.可觀者焉이어니와 致遠
자 하 왈　수 소 도　　필 유 가 관 자 언　　　　치 원
恐泥라 是以로 君子不爲也니라.
공 니　　시 이　　군 자 불 위 야

{풀이}

　자하子夏가 말하기를, 「비록 작은 도라 할지라도 반드시 볼만한
것이 있다. 그러나 원대한 뜻을 이루는데 방해가 될까 염려되므로, 군
자는 이런 것을 하지 않느니라.」

{주해}

[小道]: 잔재주. 각종 기예들. [致遠]: 원대한 도를 이룸. [泥]: 통하지
않음. [不爲]: ~하지 않는다.

{해설}

　한 가지 분야에 몰두하는 것도 생활에 필요한 것이기는 하나,
이런 일에 빠지면 원래의 목표를 이루는데 장애가 될 수도 있다
는 뜻이다.

子夏曰, 日知其所亡하며 月無忘其所能이면 可
자 하 왈 일 지 기 소 무 　　　월 무 망 기 소 능 　　　가

謂好學也已矣니라.
위 호 학 야 이 의

{풀이}

자하子夏가 말하기를, 「날로 모르던 것을 알아가고, 달이 가도 할
수 있는 것을 잊지 않는다면 배우기를 좋아한다고 말할 수 있느니라.」
했다.

{주해}

[所亡]: 알지 못하던 것. 亡는 '無'로 읽음.

{해설}

날마다 새로운 것을 배우고 달마다 안 것을 잊어버리지 않는
다면 배움을 좋아하는 사람이라 할 수 있다는 말이다.

(6)

子夏曰, 博學而篤志하며 切問而近思하면 仁在
자 하 왈 박 학 이 독 지 　　　절 문 이 근 사 　　　인 재

其中矣니라.
기 중 의

{풀이}

　자하가 말하기를, 「넓게 배우고 뜻을 독실하게 하며, 깊이 묻되 가까운 것부터 생각하면, 인仁은 저절로 그 가운데 있기 마련이다.」 했다.

{주해}

[博學而篤志]: 넓게 배우고 깊이 있게 알다. [切問]: 깊이 파고 묻는다.
[近思]: 자기가 할 수 있는 일부터 생각한다. *近思於,己所能及之事.

{해설}

　학문에 뜻을 두고 공부하는 사람은 올바른 목적의식과 가치관을 지니고 넓게 배우고 익히며, 이것저것 알뜰하게 찾아 읽는 가운데 모르는 것이 있으면 절실하게 파고 물어야 한다. 자기의 능력 안에 가까운 일부터 사색한다면 인을 그러한 가운데서 체득할 수 있게 될 것이다.

(7)

子夏曰, 百工이 居肆하여 以成其事하고 君子學
자 하 왈 백 공 　 거 사 　 이 성 기 사 　 　 군 자 학하여 **以致其道**니라.
　　이　치　기　도

{풀이}

　자하子夏가 말하기를, 「모든 기술자들은 작업장에서 일을 이루어내고, 군자는 학문으로써 그 도를 이루게 된다.」했다.

{주해}

[百工]: 모든 장인匠人들. [肆]: 관청의 작업장. [致]: 이루어내다.

{해설}

　기능인은 공장에서 오랜 세월동안 수련을 쌓아야 하고, 군자는 학문을 배움으로써 도를 이룰 수 있다는 말이다.

(8)

子夏曰, 小人之過也는 **必文**이니라.
자 하 왈　소 인 지 과 야　　필 문

{풀이}

　자하子夏가 말하기를, 「소인은 잘못을 하면 반드시 꾸미려 한다.」

[文]: 꾸미다. 거짓말로 남을 속이다.

{해설}

소인은 그의 잘못을 인정하지 않고 남을 속이려 든다는 것이
다.

(9)

子夏曰, 君子有三變하나니 望之儼然하고 卽之
<small>자 하 왈 군 자 유 삼 변　　　　망 지 엄 연　　　즉 지</small>
也溫하고 聽其言也厲니라.
<small>야 온　　　　　청 기 언 야 려</small>

{풀이}

자하子夏가 말하기를, 「군자의 태도는 세 가지로 다르게 나타난
다.」 「바라보면 엄숙하게 보이고, 가까이하면 온화하고, 그 말소리를
들으면 바르고 엄정하니라.」 했다.

{주해}

[三變]: 외모, 언어 등 군자의 태도 3가지가 다르게 나타난다. [望之]:

멀리서 외모만 바라보다. [儼然]: 엄정하다. 엄연嚴然과 같음. 말의 뜻이 바르고 확실함. [卽之]: 가까이에서 바라보다. [厲]: 의리에 맞고 정확하다. 바르다.

{해설}

이 글은 군자의 외모와 태도를 가르친 구절이다. 멀리서 바라볼 때와 가까이 볼 때와는 다르며, 멀리서 보면 엄하고 딱딱하게 보이나 가까이 보면 온화하고 부드럽고 친밀감이 든다.

그러나 그 말은 엄숙하고 조리가 정연하다. 이것이 군자의 태도이다. 자하가 스승인 공자의 모습을 보고 하는 말일 것이다.

(10)

子夏曰, 君子信而後에 勞其民이니 未信則以爲
자하왈 군자신이후 노기민 미신즉이위

厲己也니라 信而後에 諫이니 未信則以爲謗己也
려기야 신이후 간 미신즉이위방기야

니라.

{풀이}

자하子夏가 말하기를, 「군자는 신뢰를 받고 난 뒤에야 백성을 부린다. 신뢰를 받기도 전에 백성을 부리면 자기를 심하게 부린다고 생각한다. 또한 신임을 받은 뒤에 간해야 하니, 신임을 받기도 전에 간하면 자기를 비방한다고 생각하게 된다.」했다.

{주해}

[信]: 신임을 받다. [厲己]: 자기를 괴롭힌다고 여김. [以爲]: ~라고 생각하다. [謗己]: 자기를 비방함.

{해설}

어느 한 국가나 사회에서 신임을 받지 못하고 국민 앞에 나서면 국민들은 자기를 괴롭힌다고 생각하게 된다. 그리고 윗사람이나 친구나 교분이 있는 사람에게 신임을 받아야만 그들을 간諫할 수 있다. 그렇지 않으면 비방하는 것으로 밖에 생각하지 않는다.

여기서 군자란 위정자는 물론이고 지도자나 남의 앞에 나서서 백성을 이끌어가는 사람 모두를 말하고 있다.

(11)

子夏曰, 大德이 不踰閑이면 小德은 出入이라도
자하왈 대덕 불유한 소덕 출입

可也니라.
가 야

{풀이}

　자하子夏가 말하기를, 「큰 덕의 한계를 벗어나지 않는다면 작은 예절은 변동이 있어도 괜찮다.」

{주해}

[大德.小德]: 대덕은 군신지의君臣之義, 부자지친父子之親 같은 기본적인 덕행德行. 소덕小德은 사소한 행동 규범 같은 범절. [踰]: 넘어서다. [閑]: 울타리. 테두리. 경계. 막다. 한閑은 란闌. [出入]: 융통성.

{해설}

　기본적인 큰 덕행, 즉 군신 간이나 부자간의 대간적大幹的인 윤리 도덕을 넘지 않는 이상 조그만 규범이나 지엽적인 예절 같은 것은 약간의 융통성이 있어도 관계없다는 뜻이다.

　곧 큰 틀만 벗어나지 않으면 괜찮다는 것이니, 기본적인 예절을 벗어나서는 안된다고 했다.

(12)

子游曰, 子夏之門人小子는 當灑掃應對,進退
則可矣나 抑末也라 本之則無하니 如之何오? 子夏
聞之曰, 噫라! 言游過矣로다. 君子之道孰先傳焉
이며 孰後倦焉이리오. 譬諸草木컨대 區以別矣니
君子之道를 焉可誣也리오 有始有卒者는 其惟聖
人乎인저.

{풀이}

　자유子游가 말하기를, 「자하子夏의 제자들은 물을 뿌리고 쓸고, 부르는데 응하고, 묻고 대답하고, 나아가고 물러가는 예절 따위에는 제법이지만, 그런 것들은 말단의 일들이다. 근본이 되는 학문이 없으니, 어찌하겠는가?」 자하子夏가 듣고 말하기를, 「아아! 자유의 말은 잘못이로다. 군자가 도를 전함에 있어서 어느 것을 먼저 하고 어느 것을 뒤로 미루어 게을리하겠는가. 초목에 비유하면 종류에 따라 구별이 되는 것이니, 군자의 도야 어찌 속일 수 있으리오. 처음도 있고 끝도 있는 사람은 오직 성인聖人뿐이니라.」 했다.

[灑掃]: 물 뿌리고 쓸다. [應對]: 손님을 접대하는 예절. [進退]: 나고 들고 하는 예절. [可]: 매우 잘함. [抑]: 문득. [末]: 지엽적인 문제. [本之則無]: 근본적인 것에는 능한 것이 없다. [噫]: 아, 감탄사. [孰先傳焉, 孰後倦焉]: 어느 것을 먼저 하고, 어느 것을 뒤로 미루어 게을리하겠는가. [焉可誣也]: 어찌 속일 수 있겠는가? [有始有卒]: 처음이 있고 끝이 있음.

{해설}

자유子游와 자하子夏의 교육에 대한 관점의 차이가 드러난 문장이다. 자하는 예절에 치중하고, 자유는 학문에 더 큰 비중을 두고 있다.

(13)

子夏曰, 仕而優則學하고 學而優則仕니라.
자 하 왈 사 이 우 즉 학   학 이 우 즉 사

{풀이}

자하子夏가 말하기를, 「벼슬을 하면서도 여력이 있으면 배우고, 배우면서도 여력이 있으면 벼슬을 할 수 있다.」 했다.

[仕而優則學]: 사仕는 벼슬. 벼슬을 하다가도 여력이 있으면 배울 수 도 있다. 우優는 여유. 힘이 넉넉함. 여력이 있다.

{해설}

군자는 정치에 나아갈 수 있다. 반드시 벼슬한다는 것을 본령 으로 할 수 있다. 이 벼슬을 하기 위해서는 '학學'을 해야 한다. 학문은 시작과 끝과 그 한계성이 없다. 벼슬을 하면서도 시간적 여유가 있으면 공부를 할 수 있고, 학문을 닦으면서도 여유만 있 으면 벼슬길에 나아갈 수도 있다는 것이다. 즉「仕而優」,「學而 優」가 바로 그것이다.

(14)

子游曰, 喪은 致乎哀而止니라.
자 유 왈 상 치 호 애 이 지

{풀이}

자유子游가 말하기를, 「상사에는 슬픔을 다하면 되느니라.」했다.

{주해}

[致]: 다하다. [哀而止]: 슬퍼하면 그것으로 된다.

상을 당했을 때에는 진심에서 우러난 슬픔을 다한다는 뜻이다.

(15)

子游曰, 吾友張也는 爲難能也니 然而未仁이니
자유왈 오우장야 위난능야 연이미인
라.

{풀이}

자유子游가 말하기를, 「내 벗 자장은 어려운 일을 잘해냈지만, 그러
나 아직은 어질지는 못하다.」 했다.

{주해}

[張]: 자장. [爲難能]: 어려운 일에 능함. [未仁]: 어질지 못함.

{해설}

자유와 자장에 대해 평한 말이다.

(16)

曾子曰, 堂堂乎라 張也여! 難與並爲仁矣로다.
증자왈　당당호　　장야　　난여병위인의

{풀이}

　증자曾子가 말하기를, 「당당하도다. 자장이여! 그러나 함께 어울려
인을 실천하기는 어렵도다.」했다.

{주해}

[堂堂]: 풍채가 당당함. [難與並爲仁]: 어울려 함께 인을 실천하기는
어렵다.

{해설}

　증자曾子가 자장의 위풍이 당당함을 보고 칭찬하였으나 그가
어질지는 않다는 뜻이다.

(17)

曾子曰, 吾聞諸夫子하니 人未有, 自致者也나 必
증자왈　오문저부자　　인미유　자치자야　　필

也親喪乎인저.
야　친상호

증자曾子가 말하기를, 「내 선생님께 들었는데 '사람이란 스스로 진심을 다하는 일은 없지만 부모상을 당하여서만은 이를 볼 수가 있다.'고 말씀하셨도다.」 했다.

{주해}

[夫子]: 선생님. 여기서는 공자를 말함. [自致]: 스스로 정성을 다하다.

{해설}

공자는 사람이 부모상만은 보통 일과는 달리 성의를 다하게 된다는 뜻이다.

(18)

曾子曰, 吾聞諸夫子하니 孟莊子之孝也其他는
증자왈 오문제부자 맹장자지효야기타

可能也어니와 其,不改父之臣과 與父之政이 是,難
가능야 기불개부지신 여부지정 시난

能也라 하니라.
능야

　증자曾子가 말하기를, 「내가 선생님께 들으니, 맹장자孟莊子의 효는 다른 것은 남들도 해낼 수 있겠으나 아버지의 가신과 정책을 바꾸지 않는 점은 아무나 하기 어려우니라.」고 했다.

{주해}

[孟莊子]: 노나라의 현대부 맹헌지의 아들. 아버지의 정책을 받들어 잘 다스렸다고 함.

{해설}

　맹장자孟莊子는 효성이 지극하여 아버지가 죽은 후에 4년 동안이나 아버지가 하던 일을 고치지 않고 잘 따랐다고 한다.

(19)

孟氏　使　陽膚로　爲　士師라　問於曾子한데　曾子
맹 씨 사 양 부　　위 사 사　　문 어 증 자　　증 자
曰　上失其道하여　民散이　久矣니　如　得其情則　哀
왈　상 실 기 도　　민 산 이　구 의　여 득 기 정 즉　애
矜而勿喜니라.
긍 이 물 희

맹씨孟氏가 양부陽膚에게 사사士師를 시킨지라 양부가 증자曾子에
게 물었다. 증자가 말하기를, 「윗사람이 정도正道를 잃어 민심이 흩어
진지 오래되니, 만일 그 진상을 알게 된다면 슬퍼하고 불쌍히 여길 것
이며 기뻐해서는 안 되느니라.」했다.

[陽膚]: 증자의 제자. [士師]: 죄인을 다스리는 옥사장. [失其道]: 올바
른 도를 잃음. [如]: 만약. [得其情]: 범죄의 실정을 알게 됨. [哀矜]: 불
쌍히 여김. [勿喜]: 기뻐하지 말 것.

노나라가 삼환의 무도한 세력으로 민심이 흩어졌으니, 죄인
을 다스릴 때 그 범죄의 진상을 알게 되면 죄를 밝힌 것을 기뻐
하지 말고, 범죄의 동기를 생각하여 불쌍히 여기라고 증자가 제
자인 양부에게 하는 말이다.

(20)

子貢曰, 紂之不善이 不如是之甚也니 是以로
자 공 왈   주 지 불 선   불 여 시 지 심 야   시 이

君子는 惡居下流하나니 天下之惡이 皆歸焉이니라.
군자 오거하류   천하지악   개귀언

{풀이}

자공子貢이 말하기를, 「주왕의 악함이 그처럼 심한 것은 아니다. 그러므로 군자는 하류에 처하기를 싫어한다. 천하의 모든 것이 다 그리로 돌아가기 때문이니라.」했다.

{주해}

[紂]: 은나라의 폭군. [下流]: 도덕적으로 저열한 수준을 말함.

{해설}

강의 하류에 있는 모든 물줄기가 다 모이는 곳으로, 군자는 그런 하류처럼 모든 악이 몰려드는 위치에 서지 말아야 한다는 뜻이다.

(21)

子貢曰, 君子之過也는 如日月之食焉이라. 過
자공   군자지과야   여일월지식언   과
也에 人皆見之하고 更也에 人皆仰之니라.
야   인개견지   경야   인개앙지

{풀이}

자공子貢이 말하기를,「군자의 잘못은 일식과 월식과 같다. 잘못하면 남들이 모두 일식, 월식처럼 그것을 보게 되고, 또 잘못을 고치면 남들이 모두 그것을 우러러본다.」

{주해}

[過]: 잘못된 점. [日月之食]: 일식日蝕과 월식月蝕. [見之]: 그것을 보다. [更]: 고치다. 잘못을 바로잡다. [仰之]: 그것을 우러러보다.

{해설}

군자라고 하면 그 사회의 중심인물이기 때문에 그 사람의 행동을 모든 사람이 주시하고 있다. 특히 그 사람의 잘못된 행동이나 말씨 같은 것도 사람들의 눈에 뜨이게 마련이다. 바로 군자의 모든 행동 말씨가 다른 사람의 거울이 된다는 뜻이다.

그렇기 때문에 그 사람의 잘못된 행동을 고치고 말과 의지가 뚜렷하면 모든 사람들이 우러러본다는 말이다. 즉, 군자의 언어 행동은 모든 사람들이 주시하고 이를 본받으려 하고 있다는 뜻이다.

(22)

衛公孫朝問於子貢曰, 仲尼는 焉學고? 子貢曰,
위 공 손 조 문 어 자 공 왈   중니   언 학   자 공 왈

文武之道未墜於地하여 在人이라 賢者는 識其大
문 무 지 도 미 추 어 지   재 인   현 자   식 기 대

者하고 不賢者는 識其小者하여 莫不有文武之道
자   불 현 자   식 기 소 자   막 불 유 문 무 지 도

焉하니 夫子焉不學이시며 而亦何常師之有시리오?
언   부 자 언 불 학   이 역 하 상 사 지 유

{풀이}

　위衛 나라의 공손조公孫朝가 자공子貢에게 묻기를,「중니仲尼께서
는 어디서 배우셨습니까?」자공이 말하기를,「문왕과 무왕의 도가 아
직 땅에 떨어지지 않고, 사람들 사이에 남아 있으니, 현자는 그 큰 것
을 기억하고 그렇지 못한 사람은 작은 것을 기억하고 있으니, 문왕과
무왕의 도가 없는 곳이 없습니다. 저의 선생님께서야 어디에선들 배
우지 않는 데가 있었으며, 그리고 어찌 일정한 스승이 있었겠습니까?」
했다.

{주해}

[公孫朝]: 위나라의 대부. [仲尼]: 공자의 자字. [焉]: 어디에서. [文武之
道]: 주나라의 문왕과 무왕이 베푼 도덕정치. [未墜於地]: 땅에 떨어지
지 않음. [常師]: 정해진 스승.

　공자께서는 일정한 스승이 없이 성현과 소인을 가리지 않고 얻을 것은 얻고, 취할 것은 취하는 자세로 배웠다는 말이다.

(23)

叔孫武淑이 語大夫於朝曰, 子貢이 賢於仲尼
하나니 子服景伯이 以告子貢한대 子貢曰, 譬之宮
牆컨대 賜之牆也는 及肩이라 窺見室家之好어니와
夫子之牆은 數仞이라. 不得其門而入이면 不見宗
廟之美와 百官之富니 得其門者或寡矣라 夫子
之云이 不亦宜乎아.

{풀이}

　숙손무숙叔孫武淑이 조정에서 한 대부에게 말하기를, 「자공이 중니보다 더 현명하다.」 자복경백子服景伯이 이 말을 자공에게 전하자 자공이 말하기를, 「궁궐의 담에 비유한다면, 저의 담은 겨우 어깨에 차서 방과 집의 좋은 것을 들여다 볼 수 있습니다. 선생님의 담은 몇 길

이나 되어서 그 문을 찾아 들어가지 않는다면 종묘의 아름다움과 백
관의 부함을 보지 못합니다. 그러나 그 문을 찾아 들어간 자가 별로
없는지라, 그분이 그렇게 말하는 것도 당연한 일이지요.」했다.

{주해}

[叔孫武淑]: 노나라의 대부. [子服景伯]: 노나라의 대부. [牆]: 담. [及
肩]: 어깨 높이. [室家之好]: 작은 주택이 잘 짜여 있는 모양. [宗廟之
美, 百官之富]: 종묘 건축의 아름다움, 관원의 수가 많음. 탁월한 공자
의 학문을 비유했음. [不亦宜乎]: 또한 당연한 일이 아니겠느냐.

{해설}

　자공이 애공 때 등용되어 여러 차례 어려운 일을 해내자, 대
부인 숙손무숙이 공자보다 그를 더 높이 평가하였다.
　그러자 자공은 공자의 인격이 너무 높고 훌륭하여 아무나 알
아볼 수 없음을 말한 것이다.

（24）

叔孫武叔이 毀,仲尼어늘 子貢曰, 無以爲也하라.
숙손무숙　　　훼중니　　　자공왈　무이위야

仲尼는 不可毁也니 他人之賢者는 丘陵也라 猶可
중니　불가훼야　타인지현자　구릉야　　유가

蹜也어니와 仲尼는 日月也라 無得而蹜焉이니 人
雖欲自絶이나 其何傷於日月乎리오 多見其不知
量也로다.

{풀이}

　숙손무숙叔孫武淑이 공자를 헐뜯자 자공이 말하기를, 「소용없는 일
이로다. 공자는 감히 헐뜯을 수가 없으니, 다른 현자라면 언덕이나 산
과 같아서 그대로 넘을 수가 있겠지만, 공자께서는 마치 해와 달과
같은지라 도저히 넘을 수가 없는 분이다. 사람들이 비록 해와 달과
스스로 인연을 끊으려 하나 그렇게 한들 해와 달을 어떻게 손상시키
겠느냐? 자신의 지각없음만 훤히 드러낼 뿐이다.」 했다.

{주해}

[毀]: 헐뜯다. [丘陵]: 언덕. [蹜]: 넘다. [自絶]: 스스로 관계를 끊음. [多
見]: 다만 드러낼 뿐이다. 견見은 현現임. [不知量]: 분수를 모를 뿐이다.

{해설}

　공자는 해와 달에 비유하여 스승의 인격을 옹호하는 자공의
그 뜻을 엿볼 수 있다.

(25)

陳子禽_{진자금},謂_위,子貢曰_{자공왈},子爲恭也_{자위공야}언정 仲尼_{중니},豈賢於_{기현어}

子乎_{자호}리오? 子貢曰_{자공왈},君子一言_{군자일언}에 以爲知_{이위지}니 一言_{일언}에

以爲不知_{이위부지}니 言不可不愼也_{언불가불신야}니라. 夫子之不可及也_{부자지불가급야}

는 猶天之_{유천지},不可階而升也_{불가계이승야}니라. 夫子之得_{부자지득},邦家者_{방가자}인

댄 所謂_{소위},立之斯立_{립지사립}하며 道之斯行_{도지사행}하며 綏之斯來_{수지사래}하

며 動之斯和_{동지사화}하며 其生也榮_{기생야영}하고 其死也哀_{기사야애}니 如之_{여지}

何其_{하기},可及也_{가급야}리오.

{풀이}

　진자금陳子禽이 자공에게 말하기를, 「선생님께서 겸손한 것입니다. 공자가 어찌 선생님보다 현명하겠습니까?」 하니 자공이 말하기를, 「군자는 한 마디로 지혜로워지기도 하고, 또 그렇지 않을 수도 있으니 말은 조심하지 않을 수 없느니라. 선생님에게 미칠 수 없는 것은 마치 층계를 밟고 하늘에 오를 수 없는 것과 같으니라. 선생님께서 만일 제후국을 맡아 다스린다면, 이른바 세우면 서고, 이끌면 따라가고, 어루만지면 모이고, 움직이면 조화를 이룬다는 말 그대로여서 살아계시면 기쁨이요 돌아가시면 슬퍼할 것이니, 어찌 그분에게 미칠 수 있으리

오.」했다.

{주해}

[陳子禽]: 성은 진陳, 이름은 항亢, 자금子禽은 그의 자字. [爲恭]: 겸손하다. [階]: 계단. 사다리. [邦家]: 제후의 나라와 대부의 가문. [立之斯立]: 백성들에게 생업을 주어서 자립케 함.

{해설}

진陳나라의 자금子禽이 자공을 공자보다 높다고 하자, 이번에는 공자를 하늘에 비유하여 모든 현자가 그를 따라갈 수 없음을 비유한 말로 일축해 버린다.

제20편

堯曰(요왈)

┃ 篇名說 ┃

이 요왈편은 모두 3장으로 되어있다. 제1장은 요, 순, 우, 무왕 등의 왕조의 교체시의 내용을 적었고, 제2장은 자장의 질문에 대하여 '오미오덕五美五德'을 들어 그의 정치 이상을 풀었고, 제3장은 논어의 마지막 장으로 천명을 강조했다.

(1)

1) 堯曰,「咨,爾舜아! 天之曆數在爾躬하니 允執
   요 왈   자 이 순   천 지 역 수 재 이 궁   윤 집

其中하라. 四海困窮하면 天祿이 永終하리라.」舜이
기 중   사 해 곤 궁   천 록   영 종   순

亦以命禹하시니라.
역 이 명 우

2) 曰,「予小子履는 敢用玄牡하야 敢昭告于,皇
   왈   여 소 자 리   감 용 현 무   감 소 고 우 황

皇后帝하노니 有罪를 不敢赦하며 帝臣不蔽니 簡
황 후 제   유 죄   불 감 사   제 신 불 폐   간

在帝心이니이다. 朕躬有罪는 無以萬方이요 萬方
재 제 심   짐 궁 유 죄   무 이 만 방   만 방

有罪는 罪在朕躬하니라.」
유 죄   죄 재 짐 궁

3)「周有大賚하신대 善人이 是富하니라. 雖有周親
   주 유 대 뢰   선 인   시 부   수 유 주 친

이나 **不如仁人**이요 **百姓有過**는 **在予一人**이니라.」
　　불여인인　　　백성유과　　　재여일인

　　4) **謹權量**하며 **審法度**하며 **修廢官**하신대 **四方之**
　　　　근권양　　　심법도　　　수폐관　　　　사방지

政이 **行焉**하니라. **興滅國**하며 **繼絶世**하며 **擧逸民**하
정　　행언　　　　홍멸국　　　계절세　　　거일민

신대 **天下之民**이 **歸心焉**하니라. **所重**은 **民食喪祭**
　　　천하지민　　귀심언　　　　　소중　　　민식상제

러시다. **寬則得衆**하고 **信則民任焉**하고 **敏則有功**하
　　　　관즉득중　　　신즉민임언　　　　민즉유공

고 **公則說**이니라.
　　공즉열

{풀이}

1) 요堯임금이 말하기를, 「아아, 너 순舜아! 하늘의 역수曆數가 너의 몸에 있으니 진실로 그 중용을 취할지니라. 사해四海가 곤궁해지면 하늘의 녹이 영원히 끊어지리라.」 순임금도 이 말을 우禹임금에게 일러주었다.

2) 은나라 탕왕湯王이 말하기를, 「나 불초한 리履는 검은 황소를 제물로 바쳐 감히 높고 위대하신 천제天帝께 밝히어 고하옵니다. 죄있는 자는 감히 용서할 수 없으며, 천제의 신하들을 버려둘 수가 없으니, 이를 분별함은 오직 천제의 마음에 달려있나이다. 짐朕이 지은 죄는 만백성들에게 있는 것이 아니라, 만백성들이 지은 죄만이 오로지 짐에게 있는 것이니라.」

3) 그때에 무왕이 말하기를, 「주나라는 하늘이 내려준 큰 은혜가

있어 선량한 사람들이 많으니라. 비록 주왕에게 많은 지친至親이 있다 하나, 그것은 주나라에 있는 어진 사람에겐 미치지 못한다. 백성들이 지은 죄는 나 한 사람에게 있는 것이니라.」

4) 무왕은 저울추와 말[斗]을 엄중히 다스리고 모든 예악과 제도를 자세히 살피고, 폐지했던 관서를 다시 세우자 천하사방의 정사가 바르게 시행되었다. 멸망한 나라를 다시 일으키고, 끊어진 대를 이어주고, 초야에 묻힌 인재를 등용하자 천하의 민심은 그에게로 돌아갔다. 무왕은 백성과 양식과 상사喪事와 제사를 소중히 다스렸다. 관대하면 백성의 지지를 얻고, 신뢰가 있으면 백성들이 신임하고, 근면하면 업적이 쌓이고, 공정하면 백성들이 기뻐하느니라.

{주해}

[咨]: 감탄사. [天之曆數]: 역수曆數는 천자의 순차. [躬]: 자신. [允]: 참으로. 성誠. [執其中]: 중용의 도를 지켜라. [履]: 은나라 탕왕湯王의 이름. [玄牡]: 검은 빛의 소. 즉 제사 희생물. [皇皇]: 매우 큰 모양. [后帝]: 천제의 뜻. [有罪不敢赦]: 죄 있는 걸왕은 감히 용서할 수 없다. [簡]: 보다. 열閱. [大賚]: 하늘이 크게 복을 내리다. [雖有周親]: 비록 주가周家의 친족이라 할지라도. [權量]: 저울과 무게의 단위. [法度]: 예악 제도. [興滅國]: 왕손의 나라로서 쇠멸한 것을 다시 일으켜주다. [繼絶世]: 후손이 없는 종가를 다시 이어주다. 요堯→순舜→우禹→17대 걸왕桀王→탕왕湯王(商→殷)

이 문장은 네 단락으로 나뉘어져 있는데, [첫째 단락]은 요임 금이 순임금에게 왕위를 물려주면서 일러준 교훈이다.

[두 번째 단락]은 은나라 탕왕湯王이 하夏나라의 걸왕桀王을 토벌할 때 한 말이다. 천명을 거역하고 백성을 곤궁에 빠뜨린 폭군을 용서할 수 없어서 토벌하려 한다는 뜻이다.

[세 번째 단락]은 주나라 무왕이 은나라의 마지막 임금인 주 왕紂王을 토벌할 때 한 말이다.

그리고 마지막으로 [네 번째 단락]은 주나라 무왕이 천하를 다스린 뒤에 그의 덕행을 칭송하는 말이다.

(2)

1) 子張,問於孔子曰, 何如라야 斯可以,從政矣니
자 장 문 어 공 자 왈 하 여 사 가 이 종 정 의

이꼬? 子曰, 尊,五美하고 屛,四惡이면 斯可以,從政
자 왈 존 오 미 병 사 악 사 가 이 종 정

矣리라. 子張曰, 何謂五美니이꼬? 子曰,君子는 惠
의 자 장 왈 하 위 오 미 자 왈 군 자 혜

而不費하며 勞而不怨하며 欲而不貪하며 泰而不
이 불 비 노 이 불 원 욕 이 불 탐 태 이 불

驕하며 威而不猛이니라.
교 위 이 불 맹

2) 子張曰, 何謂惠而不費니이꼬? 子曰, 因民之
자 장 왈 하 위 혜 이 불 비 자 왈 인 민 지

所利而利之니 斯不亦惠而不費乎아 擇可勞而勞
소 리 이 리 지　　　사 불 역 혜 이 불 비 호　　　택 가 로 이 로

之어니 又誰怨이리오. 欲仁而得仁이어니와 又焉貪
지 어 니　　우 수 원　　　　욕 인 이 득 인　　　　우 언 탐

이리오 君子無,衆寡하며 無,小大히 無敢慢하나니 斯
　　　　군 자 무 중 과　　　무 소 대 히　무 감 만　　　　사

不亦泰而不驕乎아. 君子正其衣冠하며 尊其瞻
불 역 태 이 불 교 호　　군 자 정 기 의 관　　　존 기 첨

視하야 儼然,人望而畏之하나니 斯不亦,威而不猛
시　　　엄 연　인 망 이 외 지　　　　사 불 역 위 이 불 맹

乎아.
호

　3) 子張曰, 何謂四惡이니꼬? 子曰, 不敎而殺을
　　　자 장 왈　하 위 사 악　　　　자 왈　불 교 이 살

謂之虐이요, 不戒視成을 謂之暴이요, 慢令致期를
위 지 학　　　불 계 시 성　위 지 폭　　　만 령 치 기

謂之賊이요, 猶之與人也로되 出納之吝을 謂之有
위 지 적　　　유 지 여 인 야　　　출 납 지 인　위 지 유

司니라.
사

{풀이}

　1) 자장이 공자께 묻기를, 「어떻게 해야 정치에 종사할 수 있겠습
니까?」 공자께서 말씀하시기를, 『다섯 가지의 미덕을 존중하고 네 가
지의 악덕을 물리칠 수 있다면 정치에 종사할 수 있느니라.』 자장이,
「무엇을 다섯 가지 미덕이라 합니까?」 공자께서 말씀하시기를, 『군자
는 은혜를 베풀되 낭비하지 않으며, 수고를 시키되 원망을 사지 않으

며, 하고자 하되 탐욕을 내지 않으며, 태연하되 교만하지 않으며, 위엄이 있되 사납지 않아야 하니라.』

2) 자장이 말하기를, 「은혜를 베풀되 낭비하지 않는다 함은 무엇을 말합니까?」 공자께서 말씀하시기를, 『백성의 이로운 것에 따라서 이로움을 행한다면, 이것이 곧 은혜를 베풀되 낭비하지 않는 것이 아니겠느냐. 마땅히 수고할 만한 것을 가려서 백성을 동원시킨다면, 또 누가 원망을 하겠는가. 선함을 베풀고자 하여 인정을 베푼다면, 그 무슨 탐욕스러운 것이겠느냐, 군자가 사람이 많거나 적거나 작거나 크거나 가리지 않고 감히 소홀하게 다루는 일이 없다면, 이 또한 태연하되 교만하지 않는 것이 아니겠는가. 군자는 그 의관衣冠을 단정히 하고, 표정을 엄숙히 하면, 그 엄숙한 모양을 사람들이 바라고 두려워하는 것이니, 이 또한 위엄이 있되 사납지 않는 것이 아니겠느냐.』

3) 자장이 말하기를, 「무엇이 네 가지 악덕입니까?」 공자께서 말씀하시기를, 『백성을 가르치지 않고 죽이는 것은 잔학하다고 이르며, 미리 경계하지 않고서 일의 결과를 재촉하는 것을 난폭하다고 이르며, 소홀하게 명령을 해놓고 시기를 재촉하는 것은 해친다고 이르며, 마땅히 주어야 할 것을 내주는데 인색하게 구는 것을 유사有司라 이르니라.』

{주해}

[從政]: 정치에 종사하다. [尊五美]: 다섯 가지 미덕을 존중하고 행하다. [屛四惡]: 병屛은 제거, 즉 제거하다. [惠而不費]: 백성에게 은혜를 주되 재물은 소비하지 않음. [勞而不怨]: 백성들에게 부역賦役을 시키

더라도 의義에 맞고 그들이 원망하지 않게. [欲而不貪]: 의욕적으로 하되 사욕을 탐하지 않게 하다. [泰而不驕]: 세력이 크다고 약하고 작은 것을 깔보고 교만하지 않다. [威而不猛]: 위엄은 있으나 사납지 않다. [人望而畏之]: 바라보면 엄숙하고, 가까이에서 보면 온화하고, 그 이야기를 들으면 경외감을 느낀다. [瞻視]: 용모와 표정을 보다. [不敎而殺]: 정치의 도는 먼저 교육을 시키는 것이다. 만일 교육을 시키지 않고 잘못된 백성을 사형만 시킨다면 그것은 군주의 학虐이다. [謂之虐]: 학虐은 혹독하다. [不戒視成]: 미리 경고를 하지 않고 결과만을 꾸짖음. [謂之暴]: 폭暴은 졸폭卒暴. [賊]: 백성을 해롭게 하다. [猶之]: 어차피. [出納之吝]: 출납에 인색함. [有司]: 출납을 맡아보는 벼슬아치로 말단 관원.

{해설}

정치는 국민의 행복과 국가의 발전을 위하여 필요한 것으로, 위정자가 갖추어야 할 다섯 가지 미덕과 네 가지 악덕을 말한 것이다.

다섯 가지 미덕은, 국민의 복리를 도모할 뿐, 자신의 낭비를 금할 것과, 백성을 동원함과, 세금의 부과는 국민이 원망하지 않도록 할 것, 인정을 베풀 때는 과욕과 사리사욕을 버릴 것 등이다.

또 네 가지 악덕은, 백성을 가르치지 않고 죄로 다스리는 것과, 미리 경계시키지 않고 잘못된 결과만 보고서 나무라는 것과, 명령을 소홀히 하고서 일의 완성을 독촉하는 것과, 그리고 의당히 주어야 할 것을 주지 않으려 하는 것 등이다.

(3)

子曰, 不知命이면 無以爲 君子也오, 不知禮면
자왈 부지명 무이위 군자야 부지례

無以立也요, 不知言이면 無以知人也니라.
무이립야 부지언 무이지인야

{풀이}

공자께서 말씀하시기를,『천명을 알지 못하면 군자가 될 수 없고,
예를 알지 못하면 세상에 설 수 없으며, 말을 알지 못하면 남을 알아
볼 수가 없느니라.』

{주해}

[知命]: 천명을 알다. [知禮]: 예를 알아야 입신의 근본이 된다. [立]: 사
회에 서다. [知言]: 말을 알아야 완상玩賞할 수가 있다.

{해설}

공자는 천명을 알고 예를 알며, 말을 아는 사람이었다. 이것
이 논어의 최종 편집자가 붓을 놓을 즈음에 총괄적으로 표현한
공자의 상像이었다. 그도 역시 혼자 중얼거렸을 것이다. [그만
두려도 그만둘 수는 없도다.(자한편自罕篇 11)
즉, 천명을 알아야 하고, 예를 알아야 하며, 또 교양을 갖춰 말
귀를 알아들을 수 있어야 군자가 된다는 뜻이다.

[부록]

공자孔子 연보年譜

공자孔子를 전후前後한 고대역사연대古代歷史年代

중국中國 상고약사上古略史

공자孔子 연보年譜

*B.C. 551년.

주周나라 영왕靈王 21년.

노魯나라 양공襄公 22년.

11월에 노魯나라 평창향平昌鄕 추읍鄹邑에서 탄생하다.

이때는 조선朝鮮 부여국扶餘國 수성왕壽聖王 재위 10년이 되는 해이다.

*공자 3세 때 부친 숙량흘叔梁紇이 별세하다.

*공자 8세 때 제기祭器를 벌여놓고 제사 지내는 놀이를 했다고 한다.

*19세 때 송宋의 변관씨辨官氏와 결혼하다.

*20세에 아들 공리孔鯉가 태어나다. 노魯의 위리委吏가 되다.

*21세 때 노魯나라 사직리司職吏가 되다.

*22세 때 처음으로 교육敎育에 당當하게 되었다.

*24세 때 모친 안씨顔氏가 별세하다.

*30세에 노자에게 예를 묻다.

*35세 때 제齊나라에 갔다가 돌아옴. 벼슬을 하지 않고 교수

教授를 하니 그때부터 제자들이 모여들기 시작하다.

*52세 때 노魯의 사구司寇 벼슬을 하다.

　노정공魯定公을 도와 제경공齊景公과 협곡峽谷에서 회담하다.

*55세 때 노魯에서 뜻을 얻지 못하여 위衛로 가다.

*56세 제齊에서 여악女樂을 보내다. 광匡에서 난을 당하다.

*57세 때 환퇴桓魋가 공자를 죽이려 하다.

*59세 때 다시 위衛로 가다.

*60세 송宋을 지나 진陳으로 가다.

*65세 때 부인 변관씨辨官氏가 별세하다.

*68세 때 노인魯人이 폐백幣帛으로 공자孔子를 부르므로 노魯
로 돌아오다. 시詩, 서書, 예禮를 정리하다.

*69세 때 공리孔鯉와 안회顔回가 죽다.

*70세 노애공魯哀公이 정치를 묻다.

*71세 때 노魯에서 기린麒麟을 얻다. 춘추春秋를 짓다.

*B.C. 479년.

　공자 나이 73세 때, 하사월夏四月 기축己丑에 세상을 떠나다.

공자孔子를 전후前後한 고대역사연대古代歷史年代

기원전 1500년 전설의 시대―요堯, 순舜, 우禹, 하夏, 은殷, 주周

삼황三皇―오제五帝―요堯―순舜―우禹―하夏―은殷―[주周]―
(상탕商湯) (문왕文王, 무왕武王)
1027

551   480   453
춘추시대春秋時代―[공자 탄생]―오吳, 월越―전국시대戰國時代

(논어의 자료)

중국中國 상고약사上古略史

1. 선사시대先史時代

1) 신화창조시대神話創造時代—천황씨天皇氏, 지황씨地皇氏, 인황씨人皇氏.

2) 삼황三皇—복희씨伏羲氏, 신농씨神農氏, 황제씨黃帝氏.

3) 오제시대五帝時代—소호少昊, 전욱顓頊, 제곡帝嚳, 제요帝堯, 제순帝舜.

2. 요堯, 순舜, 우禹 시대

1) 요堯—어질기가 하늘과 같고, 지혜가 산과 같으며, 가까이하면 해와 같고, 멀리 바라보면 구름과 같았다고 한다. 제위 기간이 70년이라고 한다.

2) 순舜—요의 양위에 의하여 '하늘의 뜻이다' 하면서 요의 뒤를 이어서 태평성대를 이루어 순은 정사를 보게 되자 민생에 힘을 쏟고 교화를 널리 펴며 형벌을 완화했다. 천자의 자리에 있은 지 30년 만에 죽고, 우가 후계자로 양위되었다.

3) 우禹—순舜이 치수治水의 사업을 맡긴 우禹에게 천자의 자리를 양보하여 그야말로 평화적인 정권교체를 이루었다.

우禹 역시 성왕으로 손꼽는다.

3. 하夏(殷)나라 시대

우禹가 죽고, 그의 아들 계啓가 천자의 자리에 앉았다. 그는 나라 이름을 하夏라고 했다.

17대에 이르러 이계履癸가 즉위하니, 그가 바로 걸왕桀王이었다. 유력한 제후인 탕湯이 덕을 닦아 제후의 지지를 얻어 마침내 군사를 일으켜 폭군 걸桀을 정벌하고 천자의 자리에 올라 새 왕조를 열었다. 국호를 상商이라 하다가 후에 은殷이라 하였다. 하夏왕조는 470년 동안 계속되다가 은殷의 마지막 왕인 주왕紂王에 이르러 포악하여 멸망하게 된다. 주나라 무왕이 폭군인 주紂왕을 치고 나라를 건설하니, 그가 무왕武王이다.

하夏: B.C. 2200~1760, 은殷: B.C. 1761~1122, 주周: B.C. 1122~221.

4. 주周나라의 등장(B.C. 1027년)

문왕文王과 무왕武王—주나라의 문왕文王은 병력을 중원으로 진출시키다가 죽고, 그의 아들 발發에게 인계되어 그가 진격하여 은나라 군사를 전멸시키고, 폭군 주왕紂王은 궁전으로 달아나서 불을 지르니 그는 그 속에서 타죽었다. 그리하여 주나라 천하가 시작되니, 그가 무왕武王이다. 문왕에서 무왕에 이르러 군사로서 중책을 맡은 사람이 태공망太公望이었다. 강태공이 바로 그렸다. 백이숙제도 이 시대의 인물이다.

5. 춘추시대

노魯나라 은공隱公이 즉위해서 애공哀公 14(B.C. 481)년까지 242년간의 일을 〈춘추〉라는 책에 기록하고 있다. 따라서 주나라 왕실의 동천東遷(B.C. 770) 이후의 시대는 '춘추시대'라 부르게 되었다. 춘추라는 책은 B.C. 551년에 출생한 공자가 71세 때 집필하였는데, 공자는 이 주나라를 정통으로 세워 바로잡았다고 전해진다.

주周나라를 중심으로 정鄭, 송宋, 진秦, 초楚, 진晉, 위衛, 노魯, 제齊, 연燕 등의 제후국이 벌려 있는 시대다.

6. 오월의 시대(B.C. 480년)

오나라의 합려闔廬와 월나라의 구천勾踐이 왕으로 있던 나라였고 원수의 나라로 오늘날까지 알려진 두 나라이다.

7. 춘추전국시대(B.C. 453~)

진秦, 초楚, 연燕, 제齊, 한韓, 위魏, 조趙 7웅이 각축하다가 진시황의 천하통일(B.C. 221) 처음으로 군현제郡縣制를 실시하고 황제皇帝라 칭했다.

현대적 교양을 위한 새로운 이해

논어論語

초판 인쇄	2024년 7월 15일
초판 발행	2024년 7월 19일

해석·주해·해설	정민호
발 행 자	김동구
디 자 인	이명숙 · 양철민
발 행 처	명문당(1923. 10. 1 창립)
주 소	서울시 종로구 윤보선길 61(안국동)
	국민은행 006-01-0483-171
전 화	02)733-3039, 734-4798, 733-4748(영)
팩 스	02)734-9209
Homepage	www.myungmundang.net
E-mail	mmdbook1@hanmail.net

등 록	1977. 11. 19. 제1~148호

ISBN 979-11-987863-9-5 (03140)

30,000원